Fritz Morgenthaler
Psychoanalyse, Traum, Ethnologie
Vermischte Schriften

Das Anliegen der Buchreihe Bibliothek der Psychoanalyse besteht darin, ein Forum der Auseinandersetzung zu schaffen, das der Psychoanalyse als Grundlagenwissenschaft, als Human- und Kulturwissenschaft und als klinische Theorie und Praxis neue Impulse verleiht. Die verschiedenen Strömungen innerhalb der Psychoanalyse sollen zu Wort kommen, und der kritische Dialog mit den Nachbarwissenschaften soll intensiviert werden. Bislang haben sich folgende Themenschwerpunkte herauskristallisiert:

Die Wiederentdeckung lange vergriffener Klassiker der Psychoanalyse – wie beispielsweise der Werke von Otto Fenichel, Karl Abraham, W. R. D. Fairbairn und Otto Rank – soll die gemeinsamen Wurzeln der von Zersplitterung bedrohten psychoanalytischen Bewegung stärken. Einen weiteren Baustein psychoanalytischer Identität bildet die Beschäftigung mit dem Werk und der Person Sigmund Freuds und den Diskussionen und Konflikten in der Frühgeschichte der psychoanalytischen Bewegung.

Im Zuge ihrer Etablierung als medizinisch-psychologisches Heilverfahren hat die Psychoanalyse ihre geisteswissenschaftlichen, kulturanalytischen und politischen Ansätze vernachlässigt. Indem der Dialog mit den Nachbarwissenschaften wiederaufgenommen wird, soll das kultur- und gesellschaftskritische Erbe der Psychoanalyse wiederbelebt und weiterentwickelt werden.

Stärker als früher steht die Psychoanalyse in Konkurrenz zu benachbarten Psychotherapieverfahren und der biologischen Psychiatrie. Als das anspruchsvollste unter den psychotherapeutischen Verfahren sollte sich die Psychoanalyse der Überprüfung ihrer Verfahrensweisen und ihrer Therapie-Erfolge durch die empirischen Wissenschaften stellen, aber auch eigene Kriterien und Konzepte zur Erfolgskontrolle entwickeln. In diesen Zusammenhang gehört auch die Wiederaufnahme der Diskussion über den besonderen wissenschaftstheoretischen Status der Psychoanalyse.

Hundert Jahre nach ihrer Schöpfung durch Sigmund Freud sieht sich die Psychoanalyse vor neue Herausforderungen gestellt, die sie nur bewältigen kann, wenn sie sich auf ihr kritisches Potential besinnt.

Bibliothek der Psychoanalyse
Herausgegeben von Hans-Jürgen Wirth

Fritz Morgenthaler

Psychoanalyse, Traum, Ethnologie

Vermischte Schriften

Herausgegeben von Judith Valk

Unter Mitwirkung von Christian Hauser
und Ralf Binswanger

Psychosozial-Verlag

Bibliografische Information der Deutschen Bibliothek
Die Deutsche Bibliothek verzeichnet diese Publikation in der Deutschen Nationalbibliografie; detaillierte bibliografische Daten sind im Internet über <http://dnb.d-nb.de> abrufbar.

Originalausgabe

E-Mail: info@psychosozial-verlag.de
www.psychosozial-verlag.de

Umschlagabbildung: Fritz Morgenthaler:
»Schwarze Vögel in Äthiopien«, Öl auf Leinwand, 1964.

Umschlaggestaltung: Christof Röhl
nach Entwürfen des Ateliers Warminski, Büdingen
Redaktion: Kristine Klein
Satz: Katharina Appel
Printed in Germany
ISBN 978-3-89806-471-2

Inhaltsverzeichnis

Vorwort

Die Idee zu diesem Buch entstand im Kontext des vom 3.–5. März 2005 ausgerichteten Kongresses anlässlich des 20. Todestages unseres Lehrers, des Zürcher Arztes und Psychoanalytikers Fritz Morgenthaler (1919–1984).[1]

Wir möchten an dieser Stelle dem Psychosozial-Verlag und insbesondere dessen Verleger Hans-Jürgen Wirth für die spontane Bereitschaft danken, weitere Texte Morgenthalers mit diesem (vierten) Band der Publi kation zugeführt zu haben. Ebenso gilt der Dank den beiden Zürcher Kollegen Ralf Binswanger und Paul Parin für die tatkräftige Unterstützung bei der Herausgabe des vorliegenden Bandes.

Die hier versammelten Texte sind unterschiedlicher Natur und für unterschiedliches Publikum verfasst. Einen Höhepunkt bildet das übersetzte Transskript eines von Fritz Morgenthaler Anfang der 80er Jahre in Italien durchgeführten Traumseminars. Es vermag, die Lebendigkeit der Arbeitsweise Fritz Morgenthalers in vorzüglicher Weise zu vergegenwärtigen. Zudem befinden sich zwei bis dahin unveröffentlichte Vorträge »Initiation und Introjektion« (1957) und »Exhibitionismus« (o. J.) in diesem Buch. Die Quellenangaben sind am Schluss dieses Bandes aufgeführt. Abgerundet wird diese Textsammlung durch das von Ralf Binswanger erarbeitete Werkschema, welches die Leitgedanken Morgenthalers in ihrem gedanklichen Aufbau nachzuzeichnen versucht und welches mit ausführlichen Erläuterungen versehen wurde.

Obwohl die Texte Morgenthalers vor gut vierzig Jahren verfasst worden sind, zeichnet sie noch heute eine Tiefe psychoanalytischen Denkens aus, die wir nach wie vor für sehr lesenswert erachten und denen die Kraft eigen ist, in Fragen der Technik und der Metapsychologie der Psychoanalyse uns zum Denken anzuregen.

Zürich, im Dezember 2004

Judith Valk
Christian Hauser

---

1 »Faire travailler Morgenthaler...!« Kongress zum 20.Todestag Fritz Morgenthalers. Traum – Technik – Sexualität. Volkshaus Zürich, veranstaltet vom Psychoanalytischen Seminar Zürich (PSZ).

Lebenslauf

Paul Parin

Leben

Fritz Morgenthaler wurde 1919 geboren als zweiter Sohn des bekannten impressionistischen Malers Ernst Morgenthaler und der Sasha Morgenthaler von Sinner, die künstlerisch hervorragende Puppen kreiert hat, die weltberühmt geworden sind. Der Vater stammte aus einer angesehenen landbernischen Familie, die Mutter aus dem Stadtadel von Bern. Volksschule in Paris, Gymnasium und Medizinstudium (abgeschlossen 1945) in Zürich. 1946 Arzt an der Poliklinik Prijedor (Jugoslawien) der »Schweizerspende« (Nachkriegshilfe). 1946–51 Assistenzarzt der Neurologischen Universitätspoliklinik Zürich; gleichzeitig Ausbildung zum Freudschen Psychoanalytiker bei Professor Rudolf Brun. 1951/52 Assistenzarzt in Paris (Kardiologie). Ab 1952 Praxis als Psychoanalytiker in Zürich. M. war verheiratet und hatte zwei Söhne. Während seiner Ehe ging er immer wieder intensive, Monate oder Jahre dauernde Liebes- und Sexualbeziehungen zu Männern ein, was er weder verheimlichte noch demonstrativ betonte.

Seit 1958 hat Morgenthaler während vieler Jahre das von ihm mitbegründete Psychoanalytische Seminar Zürich (PSZ) der Schweizer Gesellschaft für Psychoanalyse (SGP) geleitet, dort als Dozent gewirkt und ist dem selbstverwalteten PSZ treugeblieben; nachdem diesem 1977 die Anerkennung durch die SGP entzogen worden war. In der SGP war er als Mitglied des Vorstandes, Herausgeber des Bulletin und Leiter des Unterrichtsausschusses tätig. Anfang der 60er Jahre war er Mitglied des »sponsoring committee« für Italien der Internationalen Psychoanalytischen Vereinigung. Er dozierte Psychoanalyse an vielen Instituten, in den letzten Jahren besonders in Italien (Bologna, Mailand, Turin, Parma, Bari); seine »Traumseminare« waren berühmt.

1954 bis 1971 unternahm Morgenthaler sechs ethnopsychoanalytische Forschungsreisen nach Westafrika zusammen mit Paul Parin und Goldy Parin-Matthéy, 1979/80 eine Forschungsreise ins Sepik-Gebiet von Papua-Neuguinea zusammen mit den Ethnologen Florence Weiss, Milan Stanek

und seinem Sohn Marco. Auch vor und nach diesen Jahren ist er viel gereist, meist zusammen mit seiner Frau Ruth, nach Nord- und Süd-Indien, dem Fernen Osten, China, Australien, Indonesien, Mittel- und Südamerika.
Morgenthaler war nicht nur Arzt und Psychoanalytiker, sondern auch Artist und Maler. Schon vor der Matura war er ein bühnenreif ausgebildeter Jongleur. Er beherrschte diese Kunst bis ins Alter. Während der letzten 15 Jahre seines Lebens wandte er sich – zuerst auf Reisen, dann in seinen Ateliers in Sardinien, Bologna und Zürich – immer mehr der Malerei zu. Mit etwa einem Dutzend Ausstellungen seiner Aquarelle, Ölbilder und Kreidezeichnungen in Zürich, Basel und Berlin (West) erwarb er sich einen bedeutenden Ruf als Künstler. Er starb 1984 auf einer Reise in Äthiopien 65jährig an einem Herzinfarkt.

Werk

Die Beschäftigung mit sexuellen Fragen und ganz besonders mit der männlichen Homosexualität hat sich in der psychoanalytischen Praxis Morgenthalers entwickelt. Seine wichtigen Publikationen darüber, aus den Jahren 1961–83, sind, von ihm selbst überarbeitet (leider nicht in chronologischer Folge), 1984 in einem Sammelband erschienen und deshalb leicht zu verfolgen.

Zuerst waren es Erfahrungen in der Analyse männlicher Homosexueller, die sich zu neuen behandlungstechnischen Empfehlungen verdichteten und als Beiträge zur Theorie der Technik der Psychoanalyse publiziert wurden. Sie können darum nur im Rahmen der psychoanalytischen Theorie verstanden werden. Bis dahin galten männliche Homosexuelle bei Psychoanalytikern als Problempatienten. Sie schienen in der Behandlung besonders resistent zu sein, und deshalb wurde angenommen, dass sie ausnahmslos schweren oder früh erworbenen Störungen unterworfen wären. Der erste wichtige Schritt war die Einsicht in eine besondere Form der Übertragung, die sich bei der Analyse männlicher Homosexueller in der Regel einstellt. Auf den Analytiker werden in rascher Folge wechselnde Gefühle übertragen. Phallisch-aggressive (rivalisierende) Strebungen wechseln mit anal gefärbter (passiver) Unterwerfung, oder aktive anal-sadistische mit passiven phallisch-exhibitorischen Strebungen. Nur wenn die oszillierenden widerstrebenden Regungen zusammen gedeutet werden, kann es zu einer Vertiefung der Beziehung zwischen den Gesprächspartnern kommen. Diese Gefühlskonstellation, die sich bei Homosexuellen regelmäßig einstellt, kommt auch bei anderen Analysanden vor. Sie erweist sich als ein Versuch, eine besondere Autonomie aufrechtzuerhalten und nicht in Abhängigkeit vom Übertragungsobjekt bzw. vom Liebespartner zu geraten. Wenn die Deutungsarbeit diesem Sinn Rechnung trage, sei die Analyse männlicher Homosexueller nicht schwieriger als die irgendwelcher anderer Analysanden.

Als Morgenthaler in den folgenden Jahren die emotionale Bewegung beider Partner, des Analytikers und des Analysanden, als Movens der Analyse, als die »Dialektik der psychoanalytischen Praxis« erkannte und in die Theorie der psychoanalytischen Technik einführte, wurde – immer am Gang der Übertragungsbeziehung – das Bild der »Entwicklung zur Homosexualität« differenzierter. Der rasche Wechsel der Gefühle betreffe bald den Partner als Teil des eigenen Selbst, bald wieder als Liebesobjekt (Wechsel von narzisstischer und objektbezogener Übertragung). In der Entwicklung zur Homosexualität ließen sich drei entscheidende Weichenstellungen erkennen: Eine frühkindliche Phase, in der ein Ungleichgewicht zwischen Triebentwicklung und Ichbildung entsteht, und zwar so, dass die autoerotische Triebentwicklung der Abgrenzung und Besetzung des Selbst (Identitätsbildung) vorauseilt. Die »autoerotische« Überbesetzung bestimmt den Verlauf der ersten triangulären Erfahrungen, die ödipalen Konflikte. Und in einer dritten Phase, im »coming out« des Homosexuellen, das gewöhnlich etwa in der Pubertätszeit erfolgt, greift die Außenwelt, die Realität der gesellschaftlichen Verhältnisse, noch einmal tief in den Entwicklungsprozess ein.

Die Aufklärung der hier skizzierten inneren Entwicklung hat für den Umgang der Psychoanalyse mit dem Phänomen der männlichen und der weiblichen Homosexualität weitreichende Folgen und führt zu einer grundlegenden Revision der psychoanalytischen Sexualtheorie, die seit den *Drei Abhandlungen* von Sigmund Freud (1905) kaum weiterentwickelt worden war. Die Einsichten, die Morgenthaler vermittelt, sind so neu – sie widersprechen z. T. eingefahrenen Denkmustern und basieren auf der Überwindung traditioneller kulturspezifischer Vorurteile –, dass sie noch nicht allgemein zur Kenntnis genommen wurden. Die Konsequenzen seiner Auffassung sind noch längst nicht ausgearbeitet. Ich versuche die wichtigsten Ergebnisse zusammenzufassen:

1. Es gibt eine normale Entwicklung zur Homosexualität, so wie es eine Entwicklung zur Heterosexualität gibt.
2. Neurotische Störungen Homosexueller müssen im Zusammenhang mit den Entwicklungsphasen verstanden werden, so wie neurotische Störungen Heterosexueller oder Perverser jeder Art im Rahmen ihrer spezifischen Entwicklung zu verstehen sind.
3. Erlebnisse in der Adoleszenz sind nicht nur prägend für die weitere Entwicklung jeder Form von Sexualität; sie können auch im Sinn einer sekundären Neurotisierung regressive und kompensatorische Entwicklungen erzwingen oder auslösen. Diese imponieren als psychische Symptome und können früh erworbene und/oder schwerwiegende »tiefe«, ja psychotische Störungen vortäuschen.
4. Das »Sexuelle« ist von der »Sexualität« zu unterscheiden. Das »Sexuelle« ist strukturell dem Es zugeordnet. Es ist ziellos, zeitlos, ungerichtet und gleichbedeutend mit dem Emotionellen. Es ist Bewegung, äußert sich in der Liebe, der Kreativität, in jeder Form des Lebendigen, in jeder Form menschlicher Beziehung, natürlich auch in der Psychoanalyse, bei beiden Partnern. Das Sexuelle ist von Anfang an da, entwickelt sich nicht, kann sich nicht ändern, auch nicht erkranken.
5. Die »Sexualität« ist das Gewordene, das Ergebnis einer Entwicklung, bei der die Regungen aus dem Es unter die Herrschaft des Ich gestellt werden. Daher kann sich die Sexualität in verschiedenster Weise entwickeln, ausformen. Unter dem Einfluss der sozialen Umwelt und des sich bildenden Überichs kann sich Sexualität in verschiedener Weise verändern, verzerren, zu frustrierenden oder auch zu befriedigenden oder beglückenden Erlebnissen führen. Erst der werdenden oder gewordenen Sexualität kommt ein Objekt, eine Richtung, ein Ziel zu; sie kann »erkranken« und »gesunden«. In der Therapie sexueller Störungen soll die Diktatur der Sexualität über das Sexuelle gemildert oder gebrochen und eine freie Äußerung des Emotionellen, des »Sexuellen« wiederhergestellt werden.

Die abstrakt zusammengefassten Einsichten ergeben eine neue Orientierung nicht nur der Therapie, sondern in der Auffassung sexuellen Verhaltens. Keine menschliche Sexualität ist ohne Entwicklung denkbar. Daher ist die Frage, ob Homosexualität angeboren oder erworben ist, falsch gestellt. Jede Sexualität, Homosexualität, Heterosexualität, Perversionen jeder Art, kann – muss aber nicht – durch konflikthafte Entwicklungen gestört, verzerrt, krankhaft verändert werden. Das Sexuelle ist jedoch nie krankhaft. Eine freie Emotionalität, die sich gleichsam spielerisch dem oder jenem leiht, ist identisch mit dem Sexuellen, das weder die Beschränkung auf die eine oder andere Äußerung des Lebendigen noch auf eine bestimmte Kultur oder auf spezifische soziale Verhältnisse kennt.

Sigmund Freud hat die »Kulturheuchelei« seiner Zeit durchschaut, die sexuelle Entwicklung der Kindheit entdeckt und die bisexuelle Anlage des Menschen erkannt. Vor der Anerkennung der Homosexualität und anderer Formen der Sexualität als gleichwertige, gültige Möglichkeiten des Sexuellen und vor der Ubiquität des Sexuellen im Lebendigen hat nicht nur der Entdecker der Psychologie des Unbewussten, sondern haben auch die meisten Nachfolger Freuds halt gemacht. M. konnte auf Freuds grundlegende Beschreibung des Unbewussten zurückgreifen und diese mit seinen psychoanalytischen Erfahrungen zu einer Würdigung und Einschätzung des Sexuellen ausbauen. Wie war das möglich?

Sicher hat das veränderte, der Sexualität gegenüber offenere – wenn auch zu neuen Formen der Unterdrückung und Manipulation neigende – kulturelle Klima in der westlichen Welt nach dem Zweiten Weltkrieg dazu beigetragen. Unser Autor brachte jedoch fast einmalige gute Voraussetzungen mit, vorurteilslos und kreativ mit seinen Beobachtungen und Erfahrungen umzugehen. Als Sohn großbürgerlicher Eltern in einer von den Normalbürgern ausgegrenzten Familie von Künstlern war er von schicht- und kastenspezifischen Einschränkungen relativ unabhängig. In der Teilnahme am Leben der Artisten fand er eine Subkultur, die den spielerischen Umgang mit dem Körper zum Berufsziel gemacht hat. Seine grundlegende Kritik gesellschaftlicher Verhältnisse vertiefte sich auf den vielen Reisen und besonders durch die ethnopsychoanalytischen Erfahrungen. Zwei Beispiele: Bei den Dogon (Mali) kann kein Verhalten, auch kein sexuelles, unanständig sein, das nicht verheimlicht wird. Nur das von der Gemeinschaft abgetrennte, verborgene, verstellte gilt als tabuiert, als unanständig. Oder: Bei den Iatmul (Sepikdistrikt in Papua-Neuguinea) ist öffentlicher, ritueller Transvestitismus in den Dienst der sozialen Eingliederung, des Zusammenhalts der Generationen und der Konstituierung der sexuellen Identität gestellt.

Morgenthalers besondere Freiheit im Umgang mit sexuellen Phänomenen, auf der seine praktische und theoretische Arbeit beruht, bringe ich jedoch vor allem mit seiner künstlerischen Begabung zusammen. Im Umgang mit Farben und Formen, im Gestalten der eigenen Emotion äußert sich bei ihm das Lebensgefühl, das ihm den Zugang zum Sexuellen in jeder Form ermöglicht. Die Ermäßigung der Diktatur der Sexualität über das eigene Sexuelle ist die beste Voraussetzung für den Forscher, die traditionellen Hindernisse, Einschränkungen und Unterdrückungen, denen Sexualität ausgesetzt ist, zu durchschauen, in sich selber zu überwinden und mitunter bei anderen rückgängig zu machen.

Brief an Heinz Kohut

Ich war über viele Jahre mit Heinz Kohut befreundet. Wir liebten es, über Psychoanalyse zu diskutieren. In Chicago war ich sein Gast, lernte seine Frau und seinen Sohn kennen, in Wien zeigte er mir voller Begeisterung die Stätten seiner Kindheit und in Rom wünschte er mit mir die Bauwerke und Plätze, die er liebte, wieder zu sehen. Heinz Kohut war ein Europäer, der, wie kaum ein anderer, davon überzeugt war, Amerikaner geworden zu sein, sich in den Vereinigten Staaten glücklich und widerspruchsfrei eingelebt zu haben. Als ich ihn einmal, in Chicago, darauf ansprach, dass er in seinem Wesen, Denken und Fühlen ganz europäisch sei und mir das an ihm so gefalle, wies er meine Ansichten zurück und erklärte mir auf dem Weg zum Parkplatz an der Michigan Avenue, weshalb ich ihn unrichtig einschätzte. Ich würde den way of life Amerikas nicht verstehen und könnte deshalb vieles nicht sehen. Wir näherten uns dem riesigen Parkplatz auf dem mehrere tausend Wagen standen. Ich sagte zu Kohut: »Wie können Sie in diesem Labyrinth Ihren Wagen wieder finden?«

Kohut lachte und meinte, das sei ganz einfach, eine Frage der Gewohnheit. Er führte mich durch das Labyrinth dieses Parkplatzes und fand, zum ersten Mal, wie er sagte, seinen Wagen nicht mehr. Ich erschrak und spürte, dass ich mit dem sensiblen Heinz Kohut vorsichtiger umgehen musste. Schließlich fand er den Wagen und wir fuhren über den Highway an den Negerslums vorbei ins wohlbehütete Universitätsviertel, wo Kohut wohnte und seine Frau uns zum Mittagessen erwartete.

Von Zeit zu Zeit wechselten wir Briefe. Kohut schrieb mir zum letzten Mal im September 1981, weil er sich darüber gefreut hatte, dass ich ihm eine Einladung zu meiner Bilder-Ausstellung schickte. Er schrieb mir im Zusammenhang mit meiner künstlerischen Tätigkeit, auf die er eher eingehen konnte, als auf meine psychoanalytischen Publikationen, dass er vernommen habe, es seien ihm nun auch in Zürich viele Kritiker seiner Forschung erwachsen. Er fragte mich, ob auch ich ihm kritischer als früher gegenüberstehe. Ich wollte Heinz Kohut einen Brief schreiben und ihm die kritischen Stimmen vermitteln, die in diesem Buch aus dem Psychoanalytischen Seminar Zürich zu Worte kommen. Ich wollte aber auch gleichzeitig meine zurückhaltende Einstellung zu ihm durchbrechen, die ich nach meinen Parkplatzerfahrungen in Chicago eingenommen hatte, und ihm meine Ansicht über seine Narzissmusforschung mitteilen, wobei ich vorhatte, auch all das mit einzubeziehen, was ich an Missverständnissen rund um seine Forschungstätigkeit erfahren hatte.

Ich habe Heinz Kohut den folgenden Brief geschrieben, den er nicht mehr erhalten hat. Ich kam zu spät. Heinz Kohut ist am 8. Oktober 1981 unerwartet gestorben.

Lieber Heinz Kohut,
herzlichen Dank für Ihren Brief nach langer Zeit. Sie schreiben u. a., dass Sie vernommen hätten, es seien Ihnen im psychoanalytischen Kreis in Zürich in den letzten Jahren viele Kritiker erwachsen und fragen mich, ob ich jetzt unter diesen zu finden sei. Ich wäre nicht mehr, wie einst, einer, der wie kaum ein anderer, Sie und Ihre Forschung im deutschen und französischen Sprachgebiet vertreten hatte. Auch das, was Sie gehört haben, lässt sich unter die vielen Missverständnisse einordnen, die rund um Ihre Forschung entstanden sind. Meine Einstellung zu Ihnen und meine Auffassung über die Bedeutung Ihrer Thesen zum Narzissmus haben sich nicht verändert. Bereits vor Jahren in Chicago und dann an verschiedenen Tagungen in Europa und am Kongress in Rom habe ich in unseren lebhaften Diskussionen immer eine eigene Meinung über die Bedeutung Ihrer Forschung gehabt, die Sie aber jeweils so interpretierten, als hätte ich Sie und was Sie erkannt haben, nicht richtig verstanden. Am Kongress in Paris, als die beiden kontroversen amerikanischen Lager der Narzissmusforscher aneinander vorbeiredeten und Sie in einer offenen Diskussion Fragen der Kongressteilnehmer beantworteten, hatte es eine Wendung gegeben. Dort sagten Sie öffentlich, scherzhaft und doch ernst gemeint, dass ich Kohut manchmal besser verstünde, als Kohut sich selbst verstehe. Das hatte sich damals so ergeben, weil ich eine Frage aus dem Publikum, die Sie viel zu allgemein angegangen waren, im Sinne des Heinz Kohut, den Sie oft verkennen, psychoanalytisch präzis und technisch korrekt beantwortete. Gerade das hatte Ihnen ja gefallen. Sie selbst sind ohne Zweifel auch psychoanalytisch präzis und technisch korrekt, wenn Sie nicht durch äußere Einwirkungen verschiedener Art daran gehindert werden. Ich glaube, dass derartige Hinderungen tatsächlich in Erscheinung treten und anderen mehr auffallen als Ihnen und Ihren Schülern. Die Folgen sind unbewusster Natur und haben etwas damit zu tun, dass die Berühmtheit, die Sie erlangt haben

und die Bewunderung, die Sie von vielen umgibt, zu den bestehenden Missverständnissen mehr beigetragen haben, als man denkt, ganz besonders auch deshalb, weil Sie – ich glaube, ohne es zu bemerken – am Entstehen des Missverständnisses beteiligt sind.

Zu diesen Missverständnissen nimmt das soeben bei Syndikat, Frankfurt, erschienene Buch: »Die neuen Narzissmustheorien: Zurück ins Paradies?« aus dem psychoanalytischen Seminar Zürich, Stellung. Die neun Autoren sprechen in ihren acht Beiträgen zwar nicht oft von Missverständnissen. Sie wollen mit wenigen Ausnahmen nicht zeigen, was an Ihren Thesen zum Narzissmus stimmt, sondern was kritisierbar und in Frage zu stellen ist. Untergründig geht es aber um die entstandenen Missverständnisse. Wenn man von zwei Beiträgen absieht, die sich nicht mit Ihrer Narzissmustheorie befassen (Lilian Berna-Simons Kritik der Grunbergerschen Narzissmusthese und Emilio Modenas Kritik von A. Millers Bestseller »Das Drama des begabten Kindes«) könnte ich das neue Buch des psychoanalytischen Seminars mit Pirandellos Theaterstück »Sechs Personen suchen einen Autor« vergleichen. Ja, man sucht Sie wirklich, Heinz Kohut, und findet Sie nicht immer am richtigen, oft am falschen Platz.

In einer Synopsis der metapsychologischen Entwicklung des Narzissmusbegriffs eröffnet Judith Valk in dem erwähnten neuen Buch ein weites Feld, wo man Sie ansiedeln könnte. Doch dann geraten Sie bei den praktizierenden Analytikern in ein Seilziehen mit den Forschungen Kernbergs und Mahlers. Sie wollten diese Kluft nie überbrücken und bestanden darauf, die eine Theorie der anderen entgegenzusetzen. Weshalb eigentlich? Für mich ist der Widerspruch zwischen Ihnen und Kernberg recht oberflächlich, eben theoretisch und praktisch nur insofern, als analytisches Handeln von der Theorie hergeleitet wird, was immer zu fundamentalen Missverständnissen führt. Psychoanalytische Technik bestätigt die Theorie, wird aber nicht von ihr bestimmt. So eindeutig hatte ich das Ihnen gegenüber nie ausgesprochen, weil es mir selbst noch nicht so klar war, wie heute. Doch glaube ich, dass sowohl Sie wie Kernberg dieser Eigenart der Psychoanalyse nicht die Bedeutung zugemessen haben, die sie hat. Gerade daran ist es oft gelegen, dass Sie in unseren Diskussionen nicht verstanden haben, was ich vertrete, und immer der Ansicht waren, ich verstünde Ihre Erkenntnisse nicht.

Nach Judith Valks einleitendem Beitrag diskutiert Berthold Rothschild den Stellenwert Ihrer Theorie im Rahmen der psychoanalytischen

Metapsychologie. Er zeigt, wie das Gewicht, das dem Anliegen nach Theorie anhaftet, leicht dazu führen kann, dass ein theoretisches Modell durch unbewusste Motivationen und unreflektierte Affekte eine Ideologie entstehen lässt, die vor allem dazu auffordert, die gesellschaftlich wichtigen Einflüsse kaum zu berücksichtigen, die bei der Entwicklung psychischer Störungen immer eine große Rolle spielen.

Wenn auch von einer ganz anderen Seite kommend, kritisieren Werner Bohleber und Marianne Leuzinger in ihrem Beitrag zum modisch gewordenen Begriff des Neuen Sozialisationstypus etwas Ähnliches wie Rothschild. Sie zeigen wie einseitig T. Ziehes Ableitungen aus Ihren Theorien sind und missverständlich der psychischen Verfassung zahlreicher Jugendlicher der heutigen Zeit krankhafte Entwicklungen unterstellen, die gar nicht krankhaft sind, sondern aus den repressiven gesellschaftlichen Zwängen entstehen.

Als ich Sie einmal auf die Bedeutung gesellschaftlicher Auswirkungen angesprochen habe, sagten Sie mir, Sie hätten keine Zeit mehr, diese Aspekte darzulegen. Das sollten dann die Jüngeren machen. Auch hätten Sie sich mit gesellschaftlichen Fragen nie so ernsthaft auseinandergesetzt wie mit der Psychoanalyse. Gut, sage ich, aber dann muss man andere Wege finden, um ein Abgleiten eines Konzeptes, wie es das Ihrige ist, in eine Ideologie, in eine Art Weltanschauung zu verhindern. Bei Sigmund Freud bestand diese Gefahr auch. Er war schließlich den bürgerlichen Idealen seiner Zeit verhaftet. Ich meine, da gibt es gar nichts anderes, als ganz dicht an der Auseinandersetzung der beiden Partner im analytischen Prozess zu bleiben und die Dialektik in der sich entwickelnden Beziehung so in den Mittelpunkt zu stellen, dass ideologische und weltanschauliche Interpretationen keinen Platz mehr haben. Das war es doch, was Freud vertrat, zum Beispiel in »Erinnern, Wiederholen und Durcharbeiten«.

Verstehen Sie mich richtig: Ich bin der Ansicht, dass Sie durchaus in der Lage sind, ganz dicht am analytischen Prozess zu stehen und ihre Theorie auch von dort herzuleiten, doch hat Ihr diesbezüglicher Standpunkt nicht durchgehende Priorität. Sie gestatten Ihren Lesern ins allgemein Menschliche abzuschweifen, amplifizierend das eine für das Ganze zu nehmen und sich die Auseinandersetzung mit sich selbst und mit dem, was der Analysand ist, zu ersparen, also gerade das nicht zu unternehmen, was Sie mit Ihrer Forschung an sich selbst durchgemacht haben. So werden Sie zu einem Guru, und es entsteht eine Bewegung, die man hierzulande den Kohutismus nennt.

Darüber handelt der dritte Beitrag des Buches, in welchem Thomas von Salis die Begriffsbildung in Ihrer Narzissmustheorie kritisiert und zum Schluss kommt, dass Sie damit für viele einen Vorschub leisten, der Ihnen gar nicht entspricht, den Vorschub nämlich, anzunehmen der analytische Prozess sei nicht mehr notwendigerweise an das Übertragungsgeschehen und die Objektbesetzungen gebunden.

Ich glaube, das kommt daher, dass Sie in Ihren Falldarstellungen vieles zu kurz fassen und Reduktionen vornehmen, die darauf bezogen sind, Ihr analytisches Handeln von Ihrer neuen Narzissmustheorie herzuleiten. Wie ich schon erwähnt habe, halte ich das grundsätzlich für eine Quelle von Missverständnissen, die deshalb entstehen, weil bei diesem Vorgehen die eigene unbewusste Abwehr der emotionalen Bewegung, in die wir mit unserem Partner geraten, nicht in den Mittelpunkt gestellt wird. Genau das, was Freud in der Geschichte einer infantilen Neurose mit seinem Russen widerfahren ist, hat sich hei Ihnen wiederholt. Was Ruth Mack Brunswick später aufgedeckt hatte, das unerkannte Gegenübertragungsproblem Freuds, entwickelt jetzt, in diesem neuen Buch J. Cremerius an Ihrem Mr. Z. Dort wo Cremerius »das Kind mit dem Bade ausschüttet«, wie es Peter Passett im letzten Beitrag des Bandes nennt, zeigt sich gleichzeitig mit Cremerius' scheinbar vernichtender Kritik, was an Ihrer Auffasssung des Narzissmus, wenn man sie richtig versteht, für die institutionalisierte Psychoanalyse bahnbrechend und revolutionär ist. Cremerius zeigt ganz richtig, wie Sie in der ersten Analyse mit Mr. Z. in der Gegenübertragung mitagiert haben und wie Sie in der zweiten Analyse mit Mr. Z. diese Problematik überwinden konnten. Er wirft Ihnen vor, diese Bewältigung einer emotionalen Krise, in der Sie sich mit Ihrem Partner befunden haben, damit zu erklären, dass Sie von der sogenannt klassischen Auffassung der Psychoanalyse zur Analyse des Selbst übergegangen seien. Cremerius sagt eigentlich nichts zu Ihrer Narzissmustheorie. Er zeigt bloß, dass sie unnötig ist, um den Erfolg der zweiten Analyse bei Mr. Z. zu verstehen. In seiner Kritik ist Cremerius aber der einzige, der das Allerwesentlichste Ihrer Forschung erwähnt, aber nicht klärt, dass nämlich ganz unzweifelhaft Ihre Auseinandersetzung mit dem Narzissmus und Ihre Forschungstätigkeit auf diesem Gebiet dazu geführt hat, dass Sie Ihre Befangenheit im Umgang mit den Analysanden aufgeben konnten und sich vom Druck einer zunehmend programmierten Psychoanalyse als Institution befreit haben. Das ist also der Heinz Kohut, den alle suchen und den die meisten immer an einem falschen Platz finden. Das ist aber auch die Seite an Ihnen, von der Sie selbst mehr weg- als hinschauen. Ich habe immer gerade dorthin geschaut, wo ich jenen Kohut entdeckt habe, der auf dem Umweg einer »neuen Theorie« Erkenntnisse vermittelt, die es mir ermöglichen, unter dem Schutz der Vorstellung eines jetzt erweiterten metapsychologischen Wissens, mutiger zu werden, im Umgang mit meinem analytischen Partner ganz ich selbst zu sein und die Beziehung zum anderen wirklich zu öffnen.

Im letzten Beitrag des Buches bringt Peter Passett diesen Aspekt, wenn auch von einer anderen Seite her angegangen, zur Sprache und wird damit Ihnen und Ihrer Forschung gerecht.

Freud hat mit seinem Werk die Möglichkeit geschaffen, aber nicht erzwungen, mit dem eigenen Unbewussten und mit dem der anderen umzugehen. Die Theorien, die er aufgestellt hat, bilden den Weg dazu, waren nicht das Ziel. Sie, Heinz Kohut, haben mit Ihrem Werk die Möglichkeit geschaffen, aber nicht erzwungen, die emotionale Befangenheit, in der wir alle leben, im Dienste des analytischen Prozesses in einer ganz spezifischen Weise aufzugeben, nämlich so, dass unser emotionales Angebot beim Analysanden ein wirkliches emotionales Echo erzeugt. Die Theorien, die Sie aufstellen, bilden den Weg dazu, sind nicht das Ziel. Viele Ihrer Kritiker mögen andere Wege gefunden haben oder noch finden, um die Beziehung zu ihren analytischen Partnern zu öffnen, doch ist es bisher nur Ihnen gelungen, entwicklungsgeschichtliche Kriterien aufzuzeigen, die diesen Weg, bei richtiger Einschätzung Ihrer Theorien, allgemein zugänglich machen.

Fritz Morgenthaler, Zürich, im Sommer 1983

Ein Traum-Seminar mit Morgenthaler in Italien[1]

Dieser Text ist von einer Tonbandaufnahme verbatim übersetzt und redigiert von Judith Valk.

Bitte, erzählen Sie uns nur den Traum!

Wir wollen uns dann auf das Unbewusste dieses Traumes einlassen. Wenn es uns gelingt, die Tendenz des Unbewussten in diesem Traum zu erkennen, so werden wir auch etwas von der aktuellen Übertragungssituation verstehen.

Daraus werde ich dann, weil ich frech bin, auch Aussagen über die Symptomatologie des Patienten machen und auch folgern, wie sich diese in der Übertragungssituation manifestiert.

Unsere Schwierigkeiten bei der Traumdeutung entstehen dadurch, dass uns in der Psychoanalyse die Grundlagen zu einer Theorie der Technik der Traumdeutung fehlen, und eine Traumdeutung muss immer von der Theorie der Technik ausgehen.

Schon Freud sagte, dass jeder Traum die Erfüllung eines unbewussten Wunsches sei, darum müsse man den unbewussten Wunsch finden. Hier zeigt sich schon die erste Quelle eines Irrtums: Ein Wunsch ist nicht identisch mit der unbewussten Tendenz des Traumes, weil die Tendenz einem Es zugehörig ist, der Wunsch sich jedoch in den unbewussten Anteilen des Ichs bildet. Der latente Trauminhalt zeigt diese beiden unbewussten Anteile, welche voneinander unterschieden werden müssen:

1. unbewusster Ich-Anteil
2. die Tendenz des Es, ein energetisches Potential
   Emotionalität: Sie ist an allem beteiligt, wo sich seelisches Leben kundtut.

Wir werden versuchen, die Tendenz zu erkennen, *bevor* wir uns den Inhalten des Traumes und den unbewussten Ich-Anteilen zuwenden. Wir suchen nach der *Richtung*, in welcher sich die Emotionalität (Affektivität) in der aktuellen Übertragung bewegt.

---

[1] Ich danke Christian Hauser für seine editorische Hilfe und dafür, dass er mit seiner Begeisterung für den Text mir Mut machte, diesen zu veröffentlichen.

Der Traum ist deshalb die via regia zum Unbewussten, weil er eine einzigartige Möglichkeit bietet, die Tendenz des Unbewussten zu erkennen.

Der Traum[2]

A: *»Der Patient befindet sich in einer Berghütte, es ist Winter und alles ist tief verschneit. Er schaut zum Fenster hinaus, und in der Ferne sieht er den Rücken einer Frauengestalt, die im Schnee den Berghang hinaufsteigt, ein steiler Aufstieg, den Berg hinauf.*
Sie geht im Schnee. Diese Frau ist nicht mit einem modernen Skianzug bekleidet, sie trägt einen alten Arbeitsoverall, einen Arbeitsanzug für Mechaniker oder Maurer, und auf den Schultern, auf einer Schulter, trägt sie ein Paar alte Holzskis.
Also, im Traum war dieser Berg ein Grenzberg zwischen Italien und der Schweiz, und der Patient weiß im Traum, dass diese Frau in die Schweiz ging; sie wollte die Grenze überschreiten, weil sie in Italien wegen dem Diebstahl der alten Holzskis gesucht wurde.
An diesem Punkt erfolgt ein Szenenwechsel, und das Innere der Berghütte wird zu einem Wiener Salon des 19. Jahrhunderts, wo gerade ein großes, rauschendes, bürgerliches Fest stattfindet, an dem auch Intellektuelle dieser Epoche, des 19. Jahrhunderts teilnehmen; die Leute verteilen sich: Teils hat es Paare, die Walzer tanzen... teils sitzen die Leute ringsherum an Tischchen und schauen den Tanzenden zu, und der Patient ist unter diesen Personen, die sich umschauen. Auf einmal begegnet er während des Festes der Frau mit den Skis, die in die Schweiz gegangen und nun wieder nach Italien zurückgekehrt war. In diesem Augenblick möchte der Patient die Frau warnen, dass sie in Italien von der Polizei gesucht werde, aber die Frau lächelt nur... fast ironisch, hänselnd, indem sie sagt: ›Ja, ja, ich weiß schon, aber

[2] Abkürzungen:
FMo: Fritz Morgenthaler
A: Analytikerin
TN: Teilnehmer

es interessiert mich nicht und ich mach mir keine Sorgen!‹ Der Patient verbleibt ein wenig überrascht, weil er nicht gedacht hätte, dass die Frau es schon wüsste und sie eine solche distanzierte Haltung und Interesselosigkeit zeigen würde.
Die Szene wechselt wieder, ein zweites Mal. Der Patient und diese Frau sind jetzt zusammen in Paris, wo eine Karnevalsatmosphäre wie in Rio herrscht mit Musik, Lichtern und Tanz in den Straßen, und sie zwei treten aus einem Palast direkt auf die Champs Elysées, und die Frau zeigt mit dem Finger, er solle ans Ende der Allee schauen, wo das Denkmal, der Arc de Triomphe, steht. Er schaut und wird sich bewusst, dass diese Champs Elysées viel länger und größer sind als in Wirklichkeit und daher auch die Entfernung enorm groß ist von ihrem Standpunkt am Anfang der Allee bis zum Ort, wo das von der Frau angewiesene Monument steht. Doch trotz dieser unendlichen Distanz kann er das Denkmal am andern Ende der Allee ganz deutlich erkennen, und er sieht, dass es nicht der Arc de Triomphe ist, sondern eine riesige, gewaltige, ungeheuerliche Statue eines nackten Mannes, der etwas im Arm hält, aber er kann nicht genau sagen, ob es ein Kind oder die Welt ist. Und hier endet der Traum.«

FMo: Beginnen wir die Tendenz des Traumes zu suchen. Die Veränderungen, die Bewegungen der manifesten Trauminhalte, sind wichtig, und auch die Sukzession ist zu beachten, wenn man nach der Tendenz des Traumes sucht. Die *Richtung* der Bewegung ist das *dynamische* Element des Traumes.
Wir haben hier drei Episoden: Der Wechsel von der ersten in die zweite Episode: Ist er identisch mit dem Wechsel von der zweiten in die dritte Episode? Ist das dieselbe Bewegung? In diesem Traum gibt es einen großen Unterschied in der Bewegung. Wie ist er? Wie ist der Unterschied im Wechsel von der ersten Szene zur zweiten und von der zweiten Szene zur dritten?

TN: Der Übergang von der ersten zur zweiten Szene ist kontinuierlich, während von der zweiten zur dritten Szene ein sprunghafter Wechsel da ist.

FMo: Sehen Sie, es ist, als ob eine Brücke zwischen der ersten und zweiten Szene vorhanden wäre, und dann gibt es etwas in der

Mitte – es ist wie ein Fluss, sodass eine Verbindung zwischen der ersten und der zweiten Szene besteht. Demgegenüber gibt es zwischen der zweiten und der dritten Szene einen Sprung.

Es gibt drei Episoden, zwischen welchen der Wechsel nicht gleich ist:

1 –> 2 Transformation

2 –> 3 Sprung

TN: Könnte die Verbindung die Frau sein?

FMo: Nein, denn das ist schon ein Inhalt. Es ist, wie wenn Sie bei einem Umzug in eine neue Wohnung die Möbel, das Klavier in den Camion tun würden, ohne zu wissen, wo die Wohnung sein wird.

TN: Es besteht ein Unterschied zwischen den Szenen auch insofern, als man sich in der ersten und zweiten Szene drinnen befindet, und in der dritten Szene sind wir draußen.

FMo: Das ist eine deskriptive Bemerkung. Wir müssen daraus etwas für die Tendenz herausholen. Die Deskription muss in Richtung einer Bewegung gehen und sich nicht an Inhalten festklammern.

TN: Zuerst ist die Frau weit weg, in der zweiten Szene beginnt sie zu reden, und in der dritten Szene sind sie zusammen.

FMo: Das ist gewiss so, auch dies ist wiederum ein deskriptives Element, aus welchem wir eine dynamische Konklusion ziehen müssen. Ich möchte, dass wir einen Schritt machen, weg vom Deskriptiven, weg vom Erzählerischen, wir suchen die Tendenz des Unbewussten.

Die Tendenz dieses Traumes ist zu trennen, es ist die *Isolierung*. Es gibt sehr viele Dinge in diesem Traum, und die Traumarbeit separiert, isoliert sie. Dass die Frau näher kommt, ist dynamisch, es besagt, dass etwas eine *Priorität* hat, eine Bedeutung verliehen bekommt. In einem Traum könnte auch alles diffus bleiben. Es gibt Träume, die keine Priorität haben. Hier hingegen, in diesem Traum, haben wir zunächst eine affektive Tonalität, die diffus ist. Die affektive Tonalität ist an die Triebhaftigkeit geknüpft. Zuerst hat nichts Priorität, und dann quer durch die drei Episoden hindurch, entsteht Priorität im Traum: die Frau erscheint in allen drei Episoden. Das zeigt auch der Gigant, etwas das wächst und enorm wird, auch das weist auf die Priorität hin. Diese Priorität ist kein Inhalt, sondern die Priorität im Traum entsteht durch die affektive Besetzung der Objekte. Zudem lässt sich am Giganten eine zweite Bewegung der unbewussten Tendenz erkennen: Das Element der *Verdichtung*, der Transformation. Auch sie ist unbewusst und gehört zur Traumarbeit, zur Zensur. Sie ist eine unbewusste Aktivität des Ichs, welches zur Camouflage besondere Techniken verwendet (wie die Umkehr, Symbolisierung, Kondensation, Verschiebung, Dezentralisation).

FMo: Die Alphütte verwandelt sich in einen Ballraum und nachher kommt die große Länge der Champs Elysées und der Arc de Triomphe wird in einen Giganten transformiert. Wir sehen in diesen Transformationen die Tendenz des Unbewussten: die Verdichtung. Freud betonte, dass von allen Methoden der Traum-Arbeit die Verdichtung die wichtigste sei.

TN: Ich sehe eine Symmetrie zwischen zwei Teilen des Traumes in Bezug auf die Umgebung. Im ersten Teil gibt es die Alphütte, die sich in einen Ballsaal umwandelt. Die Perspektive ändert sich räumlich. Im zweiten Teil des Traumes haben wir dasselbe Element, dieselbe räumliche Veränderung: Die Entfernung zum Arc de Triomphe, von ihrem Standpunkt aus gesehen, wird enorm groß.

FMo: Sie wollen sagen im dritten Teil? Also, wo besteht die Symmetrie?

TN: Eigentlich sehe ich zwei Traumteile. Jeder dieser zwei Teile ist zweigeteilt. Der eine ist die Alphütte, die sich in einen Tanzsaal verwandelt, dann gibt es den Sprung, und wir sind in Paris, wo sich zwei Verwandlungen ergeben. Der Arc de Triomphe scheint viel weiter weg zu sein, als er in Realität ist, und die zweite Transformation ist, dass sich der Arc de Triomphe in eine Statue umwandelt. Darin sehe ich die Symmetrie in beiden Teilen des Traumes.

FMo: Also, Sie sehen die Symmetrie in der Transformierung, in der Verwandlung in allen Episoden des Traumes? Wir haben schon zwei Bewegungen des Unbewussten gefunden: Eine, dass etwas

Diffuses bezüglich der emotionalen Bewegung *Priorität* gewinnt (durch die Frau, die kommt, und den nackten Mann, der zum Riesen wird), und zur gleichen Zeit taucht das Element der *Verdichtung* auf, nämlich dass etwas, das sich *zeitlich* verändert im Traum auch *räumlich* transformiert wird.

Sie sprachen vorher von der Symmetrie als Dynamischem Element des Traumes. Schon die Tatsache, dass ein Traum *drei* Episoden hat, signalisiert mir, dass es sich um Symmetrie handelt, wie in der Kunst des Mittelalters (z. B. das Triptychon in Colmar). Wenn es vier, fünf, sechs Episoden hat, ist es unklar, ob auch das mit Symmetrie zu tun hat oder mit einem Widerspruch, oder ob sich darin eine Wiederholungs-Tendenz zeigt. In jedem Fall sind drei Episoden für Symmetrie typisch.

Was sagt uns die Symmetrie? Wie beim Rorschachtest wird die besondere Beachtung der Symmetrie in ihrer Abwehrbedeutung interpretiert. Ob sie zwanghaft ist oder ob sie Isolierung bedeutet, – in jedem Fall gehört sie zum Abwehrverhalten und zur Abwehrorganisation. (La simmetria fa sempre appello ad una tendenza difensiva.)

Der Traum beginnt linear und endet in der Schlussepisode mit einer Verdichtung. Wir sagten schon, dass der Übergang von der zweiten zur dritten Episode in einem jähen Wechsel geschieht. Auch das ist Zeichen einer Abwehr, um den Schlaf zu schützen. Ohne diese Fähigkeit der Traumarbeit wäre der Träumer mit Angst erwacht.

Verdichtung und Isolierung sind defensive Möglichkeiten dieses Patienten. Sie dienen ihm dazu, sein seelisches Gleichgewicht aufrecht zu erhalten. Dieser Mann ist ein Mensch, der dazu neigt, in lineare Beziehung einzutreten. Dann tauchen unbewusste Triebtendenzen auf (moti pulsonali inconsci), die ihn in Spannung versetzen. Um sich davon zu befreien und sich relativ entspannt zu fühlen, setzt sich in seinem Denken die Tendenz zu trennen und zu verdichten durch. Somit muss er nicht mit Angst aus dem Traum erwachen.

Wir sehen jetzt schon eine relativ gute angepasste, nicht stark triebhafte Persönlichkeit, die an sich Beziehungen haben möchte, aber wenn dem Patienten das nicht gelingt, verheimlicht/versteckt er den Konflikt und wendet sich nur innerlich ab. (Er distanziert sich unbewusst; bewusst meint er, er sei nah, aber innerlich hat er sich abgewandt, zurückgezogen. Dann macht er eine Verdichtung, um die Konflikte zu vermeiden.) All das zeigt uns die unbewusste Tendenz dieses Traumes, ohne dass wir über Inhalte gesprochen hätten. Nun wissen wir, in welche Richtung wir umziehen (Süden oder Norden), wissen aber die Stadt noch nicht.

Der Regisseur des Traumes gehört dem unbewussten Ich an. Schauen wir, *wo* er die Verdichtung einsetzt. Wo sind die *Auffälligkeiten* in diesem Traum? Wenn die Regie im Theater der Traumarbeit sich für *eine* Technik entschlossen hat, dann wendet sie sie konsequent an.

Wenn wir in Ägypten sind und in diesem Land eine neue Strasse gebaut werden muss, dann kommen 100 Leute mit ihren Werkzeugen. Diese Technik genügt vollkommen, wenn wir aber in den U.S.A. oder in der Schweiz sind, und eine Straße muss repariert werden, dann kommt eine riesige Maschine und erledigt die Sache. Alles wird nicht in Handarbeit sondern mittels modernster Technik gemacht. Es wäre idiotisch, in Bern 100 Männer mit ihren Werkzeugen aufzubieten wie in Ägypten, und das gleiche gilt für die Traumarbeit. Sie, die Regie, (die Stadt Bern oder New York) hat Maschinen zur Verfügung, die die Ägypter nicht haben, die treffen eine andere Wahl.

Die Regie des Traumtheaters hat also eine Wahl getroffen und die Zensur sagt: »Nehmen wir die Technik der Verdichtung!« In diesem Traum wird mit der Verdichtung gearbeitet, d. h. sie wird konsequent angewendet. Schauen wir den Anfang des Traumes an. *Wer* ist diese Frau? Sagen Sie mir nicht, es sei die Mutter oder ein sexuelles Bedürfnis, oder die Skis seien der Peniswunsch der Frau! Sondern: Was bedeutet es, dass er hinter dem Fenster steht, es draußen schneit und die Grenze und all das?

(Verschiedene Vorschläge der Teilnehmer folgen.)

Es ist sehr einfach: Tatsache ist, dass der Patient den Traum der Kollegin erzählt hat. Aus den 1000 Möglichkeiten, die er hat (ihn zu vergessen, zwei Wochen später zu erzählen, erst nächsten Dezember, etc.), wählt er diese.

Auch wir wissen es nicht, weil sie es nicht gesagt hat, wann der Traum geträumt wurde, nur dass er ihn der Analytikerin erzählt hat. Wir wissen auch nicht, ob der Patient den Traum vorher seiner Mutter oder seiner Freundin oder etc. erzählt hat, all das wäre auch möglich gewesen. Ohne Zweifel wissen wir, dass er *diesen* Traum, in *dieser* Stunde, *dieser* Analytikerin erzählt hat. Nun sagen Sie mir: Warum erzählt eine Person einer anderen Person einen Traum? Warum?

TN: Der Patient will, dass man ihm hilft, er bringt das Material, damit die Analytikerin dieses interpretiert.

FMo: Ja, er bringt das Material. Und wer schaut das Material an?

TN: Die Analytikerin.

FMo: Die Analytikerin. Und wer *schaut* im Traum? Der Patient. Folglich handelt es sich hier um eine Identifikation mit dem Analytiker, um eine bedeutende Übertragungsreaktion. Ohne eine hintergründige unbewusste Identifikation gibt es keine Traumerzählung.
Nun, der Mann, der in diesem Traum hinausschaut, ist der Patient. Er erzählt den Traum in der aktuellen Situation der Kollegin und stellt sich vor, dass sie zuhört. Klar hört sie zu und spaziert nicht im Zimmer herum oder geht nicht hinaus, währenddessen er erzählt, – das ist seine bisherige Erfahrung. Also was stellt die Frau mit den Skis dar, die er draußen sieht? Passen Sie auf, machen Sie keine Fehler!...?

TN: Es ist der Patient mit dem Material.

FMo: Oh, Sie haben einen Fehler gemacht! Was bietet der Patient der Analytikerin zum Schauen an?

TN: Den Traum.

FMo: Ja, der mit der Analytikerin identifizierte Träumer schaut hinaus und sieht die Frau – den Traum. Wieso Arbeitsanzug und Skis? Weil der Traumregisseur mit der Verdichtung arbeitet, sobald eine konfliktuelle Spannung auftaucht. Der Traum mit seinen drei Episoden ist der erzählerische (manifeste) Trauminhalt. Der Traum ist die Frau im Übergwändli mit den alten Skis aus Holz.

TN: Entschuldigen Sie, ich möchte fragen: Die Frau steigt den Berg hinauf im Schnee, – ist dieser Aspekt nicht auch wichtig?

FMo: Warten Sie einen Moment! Das ist das Ambiente. Der Schnee, die Berge sind Zusatzerklärungen (Ausschmückungen) der Tatsache, dass er die Frau im Arbeitsoverall und mit Skis sieht. Priorität hat diese Frau, weil sie durch alle drei Episoden hindurch immer wiederkehrt. Also die Frau ist der Traum, der später in drei Episoden geteilt ist (= formales Element). Es wäre keine solche Teilung vorhanden, wenn der Träumer gesagt hätte: »Ich sah im Traum eine Frau,« – und sonst gar nichts. Die Ausschmückungen dienen der Erklärung; der Träumer ist sehr genau in diesen Einzelheiten, – jemand sagte vorhin etwas von zwanghaften Tendenzen. Dieser Traum in drei Episoden findet im Schnee statt. Der Schnee, die Berge, die Grenze zur Schweiz, der Diebstahl, die Verfolgung, – all das gibt der Tendenz eine zusätzliche stimmungsmäßige Färbung (jetzt wissen wir, dass wir nach Florenz und nicht nach Neapel umziehen). Die Geschehnisse mit dieser Frau stellen die unbewusste Tendenz dieses Traumes dar. (Dunque in questo sogno il destino di questa donna rappresenta il destino della funzionalità inconscia di questo sogno.)

In der ersten Episode spielt auch die Verfolgung eine Rolle. Diese Tendenz des Unbewussten zeigt die Neigung zu projizieren. Wir werden sehen, dass dieses Element, verfolgt zu werden, später negiert, aufgehoben wird (in der zweiten Episode), als die Frau lächelnd sagt, es mache ihr keine Sorgen. Das ist die Verleugnung der Verfolgungstendenz. Also: in der ersten Episode taucht eine Tendenz, verfolgt zu sein, auf, und in der zweiten Szene wird sie verleugnet. Wie geht das vor sich? Wir haben ein Element noch nicht beachtet, das die erste von der zweiten Szene *formal* unterscheidet.

TN: Das Fest.

FMo: Das ist deskriptiv. Was sehen Sie in der zweiten Szene?

TN: Das Fest ist eine Umwandlung der Verfolgung aus der ersten Szene.

FMo: Sie sind sehr mutig! Ihre Fantasie macht Sprünge und führt zu Aussagen, die vielleicht stimmen, vielleicht nicht. Ich suche nach etwas, das *unanfechtbar* ist.

TN: Ein formales Element ist, dass in der ersten Szene nur er und die Frau vorkommen und in der zweiten Szene sind ganz viele Leute da. Zudem findet ein Wechsel in die Vergangenheit (19. Jahrhundert) statt.

FMo: Ich möchte jetzt etwas erklären:
Die Wahl des Träumers, dass er eine Person und nicht einen Baum oder ähnliches gewählt hat, ist sehr wichtig. Er hat ein *lebendiges* Objekt gewählt und kein devitalisiertes. Hätte er im Fenster eine Wüste gesehen, oder einen roten Stein, oder eine offene Konservendose wie in einem Bild von Dali, wäre das ein Anzeichen dafür, dass die Triebhaftigkeit in seinen Objektbeziehungen devitalisiert wird. Da hätte ich an narzisstische Besetzungen oder in Richtung Fetischismus denken müssen, an Partialtriebe. Hier hingegen handelt es sich um eine Person, die lebt, darum denke ich, der Patient ist weder psychotisch noch schwer narzisstisch gestört. Er macht eine objektale Übertragung auf die Analytikerin, die Tendenz des Unbewussten geht als affektive Besetzung auf lebendige und nicht auf leblose Objekte zu. Die Beifügungen (Kleider, Skis) mögen Gegenstände sein, aber die zentrale Figur des Traumes, die – wie wir schon sagten, – Priorität hat, ist eine Person, die lebt. Ob die Tendenz in Richtung lebend oder deanimiert geht, ist wichtig, weil dies ein Licht auf das Übertragungsgeschehen zum Zeitpunkt der Traumerzählung wirft.
Gehen wir zur zweiten Episode des Traumes zurück. Die Zeit spielt dort eine große Rolle und auch, dass viele Personen auftauchen im Gegensatz zur ersten Szene. Was bedeutet das? Schon Freud hat eine Regel zur Interpretation formuliert (Fortsetzung auf S. 32).

TN: Geht es hier um eine Umkehrung ins Gegenteil?

FMo: Wie meinen Sie das?

TN: Statt der Verfolgungstendenz der ersten Episode findet ein großes Fest in der zweiten statt. Das ist eine Umkehrung ins Gegenteil.

FMo: Sie bleiben an der Verfolgung hängen! Ich hatte dieses Element vorher nur wegen der Tatsache erwähnt, dass eine Tendenz (verfolgende, projektive, symbolische – was auch immer) annulliert, *aufgehoben* wird und zwar unter bestimmten Voraussetzungen. Unabhängig vom erzählerischen Inhalt wollte ich dabei nicht von der Verfolgung als solcher reden, sondern suchte zu verstehen, unter welchen Umständen eine Tendenz aufgehoben wird. Die persekutorische Tendenz projiziert der Träumer auf die Frau, d. h. auf den Traum, um sich von der direkten Nähe zur Analytikerin zu befreien, weil diese Nähe ihm Angst macht.

Die Verleugnung der Verfolgung hat mit der Übertragungstendenz zu tun. Das gibt uns Auskunft über die Abwehr-Organisation dieses Menschen, nämlich darüber *wie* die Ich-Funktionen der Abwehr in diesem Übertragungsgeschehen strukturiert sind (posizione transferale).

Ich nähere mich jetzt den Inhalten des Traumes, weil ich die Tendenz kenne und weiß, dass wir nach Florenz umziehen.

Wir sprachen von der Symmetrie und von deren Abwehr – resp. Schutzfunktion. Gegen welche Gefahr muss sich der Patient hier im Traum wehren? Schauen Sie: Die Triebhaftigkeit ist nicht wie unser tägliches Leben. Es kann plötzlich eine furchtbare Angstsituation entstehen, wie wenn wir im Flugzeug über dem Atlantik wären, ein Fenster zerbirst und es ist -25° kalt. So wäre es, wenn die Triebhaftigkeit untransformiert, unverändert ins Bewusstsein einbrechen würde. Darum will ich unterstreichen, dass die strukturellen und formalen Elemente des Traumes uns zeigen, wie dieser Traum gebaut ist. Damit eine Annäherung in Richtung Intimität ohne Rückzug konfliktfrei möglich werde, wird der Übergang vom 19. Jahrhundert in die Aktualität (in Paris) im Traum inszeniert – der Träumer und die Frau sind zusammen, die Trennung ist aufgehoben.

Wir wollen uns jetzt den *formalen* Aspekten dieses Traumes zuwenden; wie ist dieser Traum konstruiert?

Als die Szene sich ändert, werden wir in die Vergangenheit versetzt (19. Jahrhundert) und viele Personen tauchen auf. Es handelt sich hier um eine *horizontale Multiplikation* – es sind *viele* Leute, und zwar nicht mein Bruder, mein Vater oder der Onkel Marco meiner Freundin. Zuerst waren es zwei Menschen und nun sind es viele unbestimmte Personen.

Schon Freud hat daraus eine Regel abgeleitet (FMo kehrt zur Frage von S. 30 zurück).[3]

Die horizontale Multiplikation ist die Wiederholung von etwas, das vertikal in der Zeit stattgefunden hat. Auch das ist ein Instrument der Zensur, der unbewussten Ich-Funktion der Abwehr. In unserem Traum wird etwas, das im aktuellen Erleben Angst macht, in die Vergangenheit verlegt. Die Zensur verwendet in der zweiten Episode des Traumes eine Verdichtung, die als horizontale Multiplikation von etwas erscheint, von etwas, das sich beim Patienten aus der Vergangenheit bis in die Gegenwart wiederholt.

All das sind Ich-Funktionen. Es ist, wie wenn das unbewusste Ich, das träumt, sagen würde: »Moment einmal, das sind keine neuen Dinge, sie sind in meiner Beziehung mit der Analytikerin wiederbelebt, die Bindung, die ich zu ihr verspüre, ist etwas, das sich in meinem Leben immer wiederholte.« Es ist aber auch so, dass er sich von diesem aktuellen Erleben entfremdet, als ob er gleichzeitig unbewusst sagen würde: »Ah, ich kenne dich, konfliktive Neigung! Der Wiederholungszwang bringt immer etwas Fremdes in meine Beziehungen. Es ist, wie wenn sich etwas immer wiederholen müsste, mir Symptome verursacht, und innerlich weiß ich, dass es im Grunde meiner Person nicht entspricht, fremd ist.« Wenn ein Mensch dieses tiefe innere Gefühl der Disharmonie nicht hat, wird er nie eine Psychoanalyse machen. Bewusst oder unbewusst spürt er die Disharmonie, und wenn der Konflikt reaktiviert, aktualisiert ist, gebraucht das starke Ich diese Erlebnisse seines Lebens, und gestaltet sie im Traum zu einer horizontalen Multiplikation, um der Analytikerin zu zeigen, dass es etwas in ihm gibt, das sich vertikal durch sein ganzes Leben und in allen Analysestunden wiederholt. Diese Multiplikation bereitet die Möglichkeit vor, die Beziehungen

---

3 »Die zeitliche Wiederholung eines Akts wird im Traum regelmäßig zur zahlenmäßigen Vermehrung eines Objektes.«
Freud, S.: Der Traum, 1900, GW Bd. II/III S. 377 und »... der Traum stellt die Relation der Häufigkeit durch die Vervielfältigung von Gleichwertigem dar.« »Häufigkeit wird durch Häufung ausgedrückt.« In: Neue Folge der Vorlesungen..., 1932, GW Bd. XV S. 26f.

nicht abbrechen lassen zu müssen, wenn sie intimer werden. Dies ist, so könnten wir sagen, der *unbewusste Wunsch*.

Kehren wir nach diesem Exkurs zum Traum zurück. Dieser Patient konnte seinen Traum nur erzählen dank seiner Identifikation mit der Analytikerin (Bedingung). Er schaut den Traum mit ihren Augen an. Folglich: Dieser Patient musste sich seit seiner Kindheit immer mit jemandem identifizieren, idealisierend identifizieren, um sich mit dem, was in ihm selber ist, befassen zu können. Ohne diese Identifikation geht es nicht. Dank der Identifikation kann er eine Objektbeziehung eingehen: Die devitalisierten Elemente (Übergwändli, die Skis, der Schnee, etc.) sind Überreste seines infantilen Erlebens, als ob die unlebendigen (devitalisierten) Objekte Teile der lebenden Objekte wären. Etwas, das ursprünglich zum lebendigen Objekt gehört, wird separiert, fremd, abgetrennt, – das macht Angst, könnte zur Kastrationsangst gehören. Auch die »alten« Skis weisen in die infantile Vergangenheit. Auch sie sind devitalisiert, sind aber Mittel, um grandios über den Schnee zu flitzen wie ein Vogel. Sie sind ein möglicher Hinweis auf (verdichtete) Größenideen des Träumers. Diese devitalisierten Objekte (Übergwändli, die Skis) sind ein verstecktes Geheimnis, um sich grandios zu machen. Hier wird am Anfang dieses Traumes die Kastrationsangst sichtbar, die tief verborgen ist. Später im Traum kann sich der Patient der Frau nähern – dank der sich vertiefenden Übertragung. Er nähert sich mutiger seiner Analytikerin im analytischen Prozess und dank dem kommen die verborgenen Aspekte mehr in den Vordergrund. Er ist nicht in der Lage, offen und direkt zu sagen: »Ich bringe Dir diesen Traum, in welchem ich all jene Dinge getan habe, die unsere Beziehung stören würden; der Traum versichert mir, dass unsere Beziehung entspannt bleibt.« Wenn wir dem Script des Traumes in die dritte Episode folgen, sehen wir, welche Gefahren der Übertragungsbeziehung drohen. Da sind wir nicht mehr in der (infantilen) Vergangenheit, sondern in der Aktualität (in Paris). Die horizontale Multiplikation soll die Wiederholungstendenz der Triebbesetzung beschwichtigen, als ob der Patient sagen würde: »Achten Sie nicht darauf, das war immer schon so, immer wenn mir etwas Angst macht, wiederholt es sich gleich. Es ist, als ob ich von etwas verfolgt werden würde, das ich aus mir hinauswerfen will.«

Nach diesen Anfangsschwierigkeiten in der ersten und zweiten Episode kommt der Traum schließlich zur dritten Episode. Da ist er mit einem libidinös besetzten Objekt zusammen, das in der zweiten Episode sagte: »Was Du mir sagst, interessiert mich nicht.« (Dies ist ein weiterer Beweis für uns, dass die Frau den Traum darstellt.) »Es besteht die Gefahr« – sagt der Patient –, »dass das, was ich einer Person zeige, diese nicht interessiert, es ablehnt, wegwischt. Darum habe ich so große Angst, mich zu zeigen, weil das, was ich zeige (den Traum), dem andern missfallen könnte.« Von der Warte des Patienten gesehen, ist es wirklich exhibitionistisch, dass er einen Traum erzählt. Folglich befürchtet er unbewusst, dass der andere enttäuscht und angewidert sei, wenn er sich zeigt, weil etwas an ihm (an seinem Körper oder seiner Person) ist, was der andere ablehnt, sobald er sich ihm affektiv nähert. Sobald er – und jetzt gehe ich tiefer – erotische Gefühle in der Übertragung habe, sobald seine Sexualität die Beziehung zu färben beginnt, kommt etwas in ihm auf, von dem er nicht weiß, was es sei, ob es devitalisiert, unlebendig ist oder ob es zu seinem lebendigen Wesen gehört.

Jetzt verstehen wir, woher die Verfolgungstendenz stammt: Er hat innerlich, in seiner Selbstrepräsentanz (im inneren Bild seiner selbst), etwas Devitalisiertes, das von seinem Selbstgefühl abgetrennt ist. Dieser Patient ist ein Mann, der immer Schwierigkeiten hat, lebendig und vital zu bleiben, wenn er erotisch gefärbte Gefühle in einer Beziehung empfindet. Es ist, als ob ihn etwas hindern würde, diesen Teil seiner Person real in eine Beziehung einzubringen.

Ich stelle mir vor, dass dieser Mann zu magischem Denken neigt und ständig bemüht ist, alles zu kontrollieren. Wenn er z. B. unsicher ist, ob seine Freundin, wie verabredet, komme, denkt er: Nein, dieser Stuhl muss hier stehen und die Rosen in der Vase dort. Er ist ein Mensch, der auf Einzelheiten schaut und nicht das Gesamte sieht, der darauf achten muss, dass alles in Ordnung ist. Weil die Gefahr besteht, dass er sich in libidinös gefärbten Beziehungen unwohl fühlt, taucht sofort die Neigung zu projizieren auf, so dass er das Störende nicht in sich selber, sondern außerhalb erlebt. Ich stelle mir vor, dass dieser Patient, wenn er sich ein wenig lockert und frecher wird, sich beim Hereinkommen nicht sofort auf die Couch legt, sondern ein wenig im Zimmer herumschaut und sagt: »Ah, dieses Bild hängt nicht richtig! Sehen Sie, ich würde es anderswie/anderswohin hängen (u. ä.).« Und erst nachher legt er sich auf die Couch. Oder vielleicht sagt er anfangs: »Sie sehen heute müde aus.« Er ist eine Person mit einer Ich-Struktur, die ihm nie zu genügen scheint, weil ihm seine Triebhaftigkeit so stark vorkommt, dass er nicht in der Lage ist, sie in einer sich vertiefenden Beziehung aufrecht zu halten. Darum ist es klar, dass es diesem 38-jährigen Patienten in seinem Leben nie möglich war, eine real existierende affektive Beziehung zu einer anderen Person einzugehen. Vielleicht kam er deshalb in die Analyse, sei es wegen Symptomen, sei es wegen einem allgemeinen Gefühl des Unbehagens, immer und ewig etwas distanziert zu bleiben, wie wenn Glas zwischen ihm und seinen Bezugspersonen wäre. Es ist wie bei einem Besuch im Gefängnis, wo man sich nicht die Hand geben kann und schreien muss – irgend so ein Eindruck. Er ist ein Mensch, der ganz unmittelbar Beziehungen aufnehmen kann, aber etwas, das er nicht versteht, blockiert ihn dann. Verstehen wir es? Schauen wir uns die dritte Episode an. Wir sind in Paris, – was stellt das dar? Es ist, als ob er sagen würde: »Frau Doktor, ich habe in der Übertragung gemerkt, dass ich mich sehr bemühen muss, um nach Paris zu gelangen. Ich muss über Schneeberge steigen, nach Italien flüchten, um nicht von der Polizei verhaftet zu werden, nachher ins 19. Jahrhundert wechseln, horizontale Multiplikationen vornehmen, all das, bis ich endlich diese Frau treffen kann. Ich fühle mich ein wenig dumm wegen meiner Gefühle und schäme mich ein wenig, dass ich sie zeige. So viel Mühe, so viel Unbehagen bis ich in der Lage bin zu sagen: Endlich sind wir in Paris auf der Champs Elysées an einem Fest, ich bin mit jemandem zusammen da. Endlich kann ich sagen: Schauen Sie, Frau Doktor, ich habe diese Exhibitionshemmung nicht mehr, ich konnte den Traum erzählen, in der Übertragung sind wir in Paris!«

So viel Mühe, während so vieler Stunden: 120/80/60; sicherlich ist das kein Traum aus der 12. Stunde einer Analyse. Diese Analyse dauert vermutlich mindestens zwei Jahre, um an diesen Punkt zu gelangen, bis sich diese Öffnung in der Übertragung einstellen konnte, sodass der Patient exhibitionistisch nicht mehr so gehemmt sein musste und diesen Traum erzählen konnte. Es ist neu, es ist das erste Mal.

Ich sehe die Champs Elysées, die nie endet, alles ist groß, und statt dem Arc de Triomphe sehe ich diesen Riesen, nackt, statt der Frau sehe ich einen nackten Mann. Die unbewusste Triebhaftigkeit zeigt sich am Exhibitionismus, der nicht mehr gehemmt ist. Jetzt kommen auch die Größenfantasien des Patienten zum Vorschein. Dass sich all dies als eine Architektur, eine architektonische Konstruktion manifestiert, zeigt die Traumarbeit (die Abwehr), welche den infantilen Größenwahn, die exhibitionistischen infantilen Größenideen transformiert, umwandelt. Folglich zeigt dieser Traum, dass in der aktuellen Phase des analytischen Prozesses die Übertragung sich so weit vertieft hat, dass der Patient den Übertragungs-Widerstand (d. h. die Abwehr in der Übertragung) aufgeben und sich zeigen konnte.

Dieser Mann ist in seiner Persönlichkeit gut strukturiert, hat aber gewisse narzisstische Züge – wie Pferde, die weiße Füße haben, so als ob sie in Milch gestanden hätten –, ohne dass es zu einer tiefer gehenden narzisstischen Störung gekommen wäre. Es scheint, als ob sich dieses Kind bis zur ödipalen Phase ungestört entwickelt habe, dann aber die Kastrationsangst es veranlasst hätte, seine Füße in eine sekundäre narzisstische Regression zu tauchen.

Wie bei Kohut und Kernberg zu lesen ist:

Es gibt zwei Arten der narzisstischen Störung: Primäre Störungen der narzisstischen Entwicklung (strukturelle Defizite) einerseits, wobei sowohl die Triebentwicklung *und* die Entwicklung der Ich-Funktionen gestört sind und bleiben. Das sind die schweren Persönlichkeitsstörungen. Andererseits gibt es jene Patienten, deren libidinöse Entwicklung bis zur ödipalen Phase störungsfrei verläuft. Erst der Ödipus-Komplex bringt bei ihnen jene Konflikte hervor, die eine Regression auslösen, magisches

Denken, Größenfantasien, – wie in unserem Traum, der ja auch sehr gut strukturiert ist.

Bei einer Regression und Fixierung auf der analen Stufe, bei ungestört ausgebildeten Ich-Funktionen – wie hier – finden wir solche narzisstischen Züge, die immer in Form von Größenfantasien auftreten. Das wird uns im Traum durch die enorme Länge der Champs Elysées verraten und durch die Größe des nackten Riesen. Die libidinöse Gefahr (Triebgefahr) besteht in der Exhibitionstendenz, als ob der Patient sagen würde: »Wenn ich nicht aufpasse, könnte ich Exhibitionist werden; wie jemand, der sich beliebigen Personen sofort nackt zeigt.«

Was bedeutet im Traum die Unsicherheit, ob der Riese ein Kind oder die Welt trägt? Diese Unsicherheit am Ende des Traumes ist sehr schön! Sie war zu Beginn nicht vorhanden. – Warum? Weil zu Beginn des Traumes alles kontrolliert war. Erst im Laufe des Traumes, gegen das Ende zu, steigt die Triebhaftigkeit, alles wird unsicherer, er sieht das Objekt (Riese) nicht mehr genau. Was trägt also dieser Mann? Es ist sehr einfach. Sie denken zu viel, wie alle Psychoanalytiker, – was trägt er?

TN: Seine Schwäche.

FMo: Nein – wieso? Nicht seine Schwäche sondern seine Kreativität kommt in diesem Traum zur Geltung. Was der Riese trägt, ist die Wiederholung der Frau aus der ersten Episode, d. h. den Traum.

Zuerst war die Frau draußen, ein lebendiges Objekt, nachher, nach der Projektion, ist der Gigant eine Statue, devitalisiert. Das ist typisch. Mit den Größenfantasien taucht immer Devitalisierung auf. Jetzt verstehen wir, wieso der Patient das Gefühl hat, dass mit seiner Sexualität etwas nicht stimmt. Er könnte impotent sein, sei es, dass er die Erektion verliert, sei es, dass er eine Orgasmusstörung hat, z. B. vorzeitigen Samenerguss (ejaculatio praecox). Jedenfalls hat er – wie ein triebhafter Charakter – immer ein wenig Angst, zu stark exhibitionistisch, zu triebhaft zu sein. Es ist auch möglich, dass er jemand ist, der mit verschiedenen Personen Liebe macht, ohne sich je voll befriedigt zu fühlen. Wäre er eine Frau, könnte es sich auch um eine nymphomane Tendenz handeln. Was hält der Riese in der Hand – ein Kind oder die Welt? »Werde ich durch diesen analytischen Prozess ein entspannter Mann, der von dieser Angst frei ist – halte ich ein Kind in der Hand, d. h.: dann kann ich ein lebendiges, entspanntes, kontinuierliches Liebesleben haben. Oder ich bleibe megaloman, mit der Weltkugel als Repräsentanz der Devitalisierung.«

In der Übertragung besteht immer diese Frage: Ist unsere Beziehung mit dem Patienten eine lebendige, affektive Beziehung? Oder ist sie eine intellektuelle wie mit einem devitalisierten Objekt? Ich stelle mir vor, dass dieser Patient große Widerstände hat und schwer zu behandeln ist, weil er immer rational ist, oder Vorwürfe macht, die einem lästig fallen. Solche Patienten ärgern einen, weil sie immer alles verstehen oder immer »aber« sagen. Es ist oft schwer für den Analytiker, die Übertragung im Gleichgewicht zu halten, auch weil der Patient seine eigene Irritation an den Analytiker zu delegieren vermag.

Ich bin jetzt sehr mutig gewesen, wie ich diesen Menschen beschrieben habe und befürchte, mich geirrt zu haben. Jetzt wird es sich herausstellen, dass er manifest homosexuell, sehr schüchtern und depressiv ist und kaum reden kann. Das macht aber gar nichts. Ich wollte zeigen, wie man an den Traum herangehen und sich gewissen Dingen annähern kann, so dass wir uns gewisse *Konzepte* erarbeiten, mit denen wir das manifeste Material an die Übertragungsbeziehung annähern können. Dann können wir schauen, ob sich unsere Konzepte verifizieren lassen oder nicht. Je nachdem wird sich dann unsere Deutungsarbeit danach richten.

Wenn sich z. B. zeigen würde, dass sich diese gehemmte Exhibitionstendenz aktuell nicht bestätigen lässt, müssten wir suchen, welche andere Bedeutung diese unbewusste Tendenz hat. Ich behaupte nicht, dass wir uns nie irren sollten, dass unsere Konzepte immer richtig sein müssen. Auch wenn wir total fehlgehen, wird uns der Widerspruch des Irrtums einen Hinweis dafür geben, wo wir stehen. Ohne ein Konzept sind wir hingegen wie zwei Neger in einem Tunnel, die etwas miteinander tun wollen. Es ist dunkel und sie sind schwarz, also machen sie nichts. Es ist immer noch besser, mit einem Konzept künstlich Licht zu machen, auch wenn es nicht stimmt. In Afrika zeigte mir ein Dogon sein schönes, neues Haus. Ich schaute es mir an und sagte: »Ein schönes Haus, hat aber keine Fenster!« Er antwortete. »Wenn Du Licht willst, gehe nach draußen!« So ist es. Jetzt bin ich sehr neugierig, was uns die Kollegin sagt.

A: Wir sind am Ende des vierten Jahres der Analyse.

FMo: Erzählen Sie, wie die Übertragung ist. Beschreiben Sie ein wenig seine Person.

A: Er ist ein hochgewachsener, schöner Mann, äußerst gehemmt, sich physisch zu zeigen. Er ist zwar groß, geht aber gebückt, ist verschlossen.

FMo: Aha, er kann sich nicht zeigen, als ob etwas ihn daran hindern würde.

A: Er gab mir nie die Hand.

FMo: Aber er ist kein Amerikaner, die nie die Hand schütteln?

A: Er ist Italiener. Kommt dreimal die Woche. Er wurde mir vom Analytiker seiner Frau geschickt, praktisch – von seiner Frau, der so ein Ehemann verleidet ist. Ich kenne diesen Analytiker nicht. Offenbar kennt er mich. Die telefonische Anmeldung kam zu einer absolut unüblichen Zeit: Um 23 Uhr rief er plötzlich zuhause bei mir an, er wolle eine Verabredung für eine Analyse.

FMo: Sehen Sie, das ist die Triebhaftigkeit, die libidinöse Tendenz, die zu weit geht: Zeigt sich halb nackt, mitten in der Nacht, nur um zu sagen: »Ich hörte, dass Sie Analytikerin sind« oder so etwas Ähnliches. Zu mir ist einmal ein Mann in die Praxis gekommen mit dem Hut auf dem Kopf und einem Regenschirm in der Hand und sagte: »Ich bin homosexuell. Sind Sie berechtigt, Analysen zu machen, so jung wie Sie sind?« Das war vor 35 Jahren. Er sagte: »Ich sah unten die Polizei. Vielleicht werden sie mich verhaften, weil Sie vielleicht Abtreibungen bei Frauen machen!« Das ist die Triebhaftigkeit, die alles kaputt macht. Nicht in unserem Fall hier, aber wir sahen die Neigung dazu.

A: Als er das erste Mal kam, beschrieb er – genau wie Sie sagten – ein unbestimmtes Unbehagen in seinem Leben: sei es in der Arbeit, sei es in Beziehungen mit anderen Menschen; er habe immer den Eindruck, er sei draußen, nie drinnen. Diesen Satz hat er schon tausend Mal wiederholt. Gleichzeitig wünscht er aber sehr, dass die anderen ihm sagen, dass er gut gearbeitet habe, dass er tüchtig sei. Nur dann fühle er sich zufrieden. Während der ersten Zeit der Analyse, quasi ein Jahr lang, beschrieb er in der ersten Hälfte der Stunde, wie schön mein Praxisraum, die Straße, das Quartier sei. Bevor er zur Stunde kam, bewunderte er die Kirche in meiner Umgebung. In der zweiten Hälfte der Stunde berichtete er, welche Unannehmlichkeiten ihm bei der Arbeit oder mit der Ehefrau, wegen der er hier sei, widerfahren sind. Nichts im Leben freue ihn, etc., etc. Dann begann er Träume zusammen mit der Deutung zu erzählen. Alles ganz rational, und er fragte mich sofort, ob ich mit ihm einer Meinung sei.

Was die Träume betrifft, um die Rationalisierungen auf diesem Gebiet zu entmutigen, habe ich ihn gebeten, mit mir geduldig zu sein, ich verstünde von Träumen wenig bis gar nichts. Als ich ihm das sagte, hat ihn das so überrascht, dass er einen Sprung auf der Couch machte und sagte: »Das ist nicht möglich, Sie scherzen mit mir!« Ich blieb aber dabei, dass es so sei. Von da an begann er über mich zu fantasieren: Ob es möglich sei, dass jemand Analytiker ist und nichts von Träumen verstehe? Eine Ausbildung befähige doch dazu, mit Träumen zu arbeiten. Das war sehr widersprüchlich für ihn. Eines Tages wurde er wütend und sagte: »Ich bringe keine Träume mehr, weil Sie nichts verstehen.« Statt dessen versah er Traumerzählungen mit der Bemerkung: »Sie werden sagen, Sie verstünden nichts, aber ich erzähle sie trotzdem!«

FMo: Sehen Sie die Entwertung – so wie die Frau im Traum sagt: »Was erzählst Du mir, ich werde von der Polizei verfolgt, das ist doch nichts!« Für seine Idealisierung in der Übertragung ist es eine Unverschämtheit von der Analytikerin, ihm zu sagen, sie verstünde nichts von Träumen. Er kommt aber weiterhin in die Analyse: »Die Arme versteht nichts, aber wenn ich sie an meiner Grandiosität teilhaben lasse, wird sie auch wachsen, die Arme.« Sie haben sich angreifbar gezeigt und gleichzeitig dem rationalisierenden, intellektualisierenden Patienten gezeigt, dass es von ihm abhängt, ob man seine Träume verstehe oder nicht.

A: Dann begann er von Zeit zu Zeit zu fragen: »Was mache ich eigentlich da? Ja, es ermöglicht mir, mich besser kennen zu lernen.

Bekanntlich ist Ziel der Psychoanalyse, das Unbewusste bewusst zu machen.« Oder: »Was mache ich da? Aber es tut mir ja gut, weil ich etwas für mich und nur für mich habe, der einzige Ort, wo ich kommen und reden kann. Wir haben eine genaue Abmachung, die mir sehr passt, weil sie mir ermöglicht, nicht in dieselben unangenehmen Mechanismen zu fallen wie außerhalb der Psychoanalyse, wo ich von Bestätigung abhängig bin. Sie machen hier Ihre Arbeit, ich die meine. Ich bezahle Sie, weil Sie mir zuhören.«

Nach einigen Monaten der Idealisierung entwickelte er ein anderes Fantasiebild von mir: Ich sei eine kalte Maschine, ein Roboter, der ihn zu einer bestimmten Stunde erwartet, er wirft die Münze ein, ich mache lange Ohren, höre ihm zu und nehme alles auf, was er sagt. Was Sie (FMo) am Anfang der Stunde von Neugier etc. sagten, wird geleugnet. Im Gegenteil, er erzählte mir einmal (nach drei Jahren!), dass er entdeckt habe, dass er, wenn er mich jemandem beschreiben wollte, nicht wüsste, was er sagen sollte. Als ich ihn aufforderte, es doch zu versuchen, gab er tatsächlich eine Beschreibung meiner Person, die komplett von der Realität abwich.

FMo: Aber auf dem Weg zur Analysestunde, d. h. draußen, konnte er Einzelheiten vom Quartier, von der Kirche, vom Park beschreiben. So, wie manche meiner Patienten in Momenten von einem Übertragungs-Widerstand sagen: »Furchtbarer Verkehrslärm am Utoquai, ich kann nicht denken!« (Ein Camion fuhr vorbei). Er beschreibt, was draußen ist und nicht drinnen. Das heißt, Ihr Patient beschreibt die *schöne* Kirche, das *angenehme* Quartier, als ob er sagte: »Und wie furchtbar hier drinnen, wo alles unlebendig, devitalisiert ist.« Die Entlebendigung entsteht in der Übertragungs-Situation. Wenn wir beginnen, einen Traum zu interpretieren, gebrauchen wir die Übertragung, die Bereitschaft des Patienten, sich zu identifizieren, weil er ohne diese unsere Interventionen *nicht* verstehen wird. Die Traumdeutung muss immer von der Oberfläche ausgehen und sich erst allmählich den tieferen Objektbesetzungen annähern.

Es ist klar, dass wir bei diesem Traum nicht mit den Größenideen beginnen werden, weil sie bei diesem Menschen total verborgen und verdrängt sind. Würden wir so vorgehen, würde das auch bedeuten, dass wir seine Übertragung nicht akzeptieren, nämlich jene Übertragungsposition, in welcher er sich befand, als er träumte. Wir müssen der affektiven Tonalität folgen, weil sie uns die für ihn akzeptable Art, eine Beziehung einzugehen, zeigt.

Wir müssen uns auch dessen bewusst sein, dass wir nie imstande sind, einen Traum vollständig zu deuten. Es geht immer nur um eine Annäherung an die Problematik, die sich im vorgelegten Traummaterial zeigt. Auch wenn wir viel mehr von der unbewussten Tendenz verstehen, als wir interpretieren, wird dies für uns Analytiker wichtige Hinweise über die Richtung, in der sich der analytische Prozess entfaltet, geben.

Schließlich und vor allem stellt sich uns die Frage, wie wir den manifesten Trauminhalt und seinen unbewussten Sinn deuten. Das Es ist das energetische Potential der Persönlichkeit und als Potential besitzt es selber *keine* Qualität. Diese kommt erst mittels Strukturen innerhalb der Psyche, an welchen sich die ungerichtete Triebenergie des Es manifestiert, hinzu (siehe auch Der Traum, S. 60: »... an etwas heftet, wo es fassbar wird«). Beispiel: Wenn wir in der Lampe eine 60-Watt Glühbirne haben, ist das Licht schwach. Diese Schwäche ist aber nicht Schwäche der Elektrizität, sondern dieser Glühbirne. Dieselbe Elektrizität kann einen Eisenbahnzug mit 120 km/h ziehen. So sind auch die Verhältnisse in den seelischen Strukturen des Es und Ich.

Wenn ich jetzt zu Ihnen rede, kommt die affektive Tonalität in jedem Wort und jeder Geste aus dem Es. Dass ich in italienisch, einer für mich fremden Sprache, über Psychoanalyse spreche, ist organisiert, strukturiert, kanalisiert. Es muss eine Struktur haben, damit Sie meine Worte als eine ähnliche Struktur erkennen, die auch Sie in ihrem Ich haben. Ohne das können wir uns nicht verständigen, nicht in Kontakt treten. Formalisation, Organisation, Kanalisation existiert in allen Ich-Tätigkeiten. Das Ich ist die Glühbirne, das Licht stammt aus der Emotionalität.

Eine weitere Umwandlung des energetischen Potentials findet statt, wenn wir Ideale libidinös besetzen.

Kohut sagt in diesem Zusammenhang, dass die Triebhaftigkeit des infantil-grandiosen exhibitionistischen Selbst zur Besetzung

der Ich-Ideale umgewandelt werden muss. (Dies sei die Bedingung für eine gesunde narzisstische Entwicklung.)
Der Beitrag der Ich-Psychologie besteht darin, dass die Entwicklung von einem Stand der Undifferenziertheit zur Differenzierung fortschreitet. Dies trifft nur auf das Ich, auf die Ich-Funktionen (inkl. Stufen der Libidoentwicklung) zu, nicht aber auf die Triebe.
Meistens sind wir in der Lage, in unserem täglichen Leben die Triebhaftigkeit in die Ich-Tätigkeiten einfliessen zu lassen. Zum Beispiel: Hätte ich eine Exhibitionshemmung, würde ich zu stottern beginnen. Das wäre ein Hinweis dafür, dass meine Emotionalität gedrosselt ist, nicht in die Ich-Funktion des Redens einfließen kann.
Die formalen und strukturellen Elemente zeigen uns, wie der Traum konstruiert ist. Dieser Konstruktion folgend können wir etwas über die Organisation und Strukturierung der Triebhaftigkeit des Träumers erfahren, wie viel Heftigkeit, Ungestüm er erträgt, ohne auseinander zu fallen. Zerfällt der Traum, hat die Zensur versagt. Es bleibt der Regie im Traum-Theater nichts anderes übrig, als den Vorhang herunter zu lassen und die Lichter zu löschen. Der Träumer erwacht in Angst, der Traum hat in Bezug zu seiner Organisation, versagt. (Siehe auch: Der Traum, S. 84 und 162).
Wenn formale und strukturelle Elemente bei der Konstruktion des Traumes versagen, ist das wie Ikarus, der wie ein Vogel fliegen wollte und eine Maschine konstruierte, die nicht funktionierte. Nicht der Inhalt oder die Außenhülle, sondern der Motor versagte. Gehe ich mit meinem Auto zum Garagisten, wird er nicht die Farbe der Kissen bestaunen oder den Aschenbecher untersuchen und sagen, weil der voll Zigaretten sei, laufe mein Auto nicht.
Manche Psychoanalytiker gehen aber mit der Traumdeutung so um: Sie polieren die Knöpfe oder leeren die Aschenbecher; sie sind immer am manifesten Traum-Inhalt interessiert.
»Aha, bei der alten Frau mit dem Hund handelt es sich um Ihre Großmutter. Sie erzählten mir doch, dass Ihre Großmutter, als Sie klein waren, einen Hund hatte, den Sie sehr liebten, und Ihre arme, passive Mutter wagte dem Vater nicht zu sagen, dass Sie auch einen Hund wollten. Der Wunsch, so einen Hund zu haben, äußert sich in diesem Traum!«

Das ist, wie wenn der Garagist Aschenbecher putzen würde, anstatt den Karburator oder das Differential zu untersuchen. Der Psychoanalytiker als Mechaniker soll sich um die formalen und strukturellen Aspekte des Traumes kümmern und nie der Versuchung erliegen, die vom fantasmatischen manifesten Inhalt ausgeht. Der Patient kommt zwar mit seinem kaputten Auto und will es repariert haben, tut aber alles, um den Mechaniker zu verführen, mit ihm Kaffee zu trinken oder gar Liebe zu machen, statt Analyse.

Der Analytiker/Mechaniker kriecht trotzdem unter das Auto und sieht, dass es schlecht strukturiert (zusammengefügt) ist. Da wird der Autobesitzer wütend und unkooperativ (Widerstand), sodass der Mechaniker fragen muss: »Weshalb kommen Sie denn zu mir?« Der Autobesitzer kann nicht antworten: »Weil ich Sie verführen wollte, mit mir Kaffee zu trinken,« – weil ihm das *unbewusst* ist!

Das bewusste Ich hat den Traum erzählt, weil der Autobesitzer bewusst zwar will, dass sein Auto repariert werde. Wütend wird er darum, weil das in Widerspruch zu seinen *unbewussten* Wünschen steht. Sind wir gute, verantwortungsbewusste Mechaniker, die die formalen und strukturellen Elemente in unserer Deutungsarbeit verwenden, können wir der Mitarbeit des Patienten, der zu uns kommt, sicher sein. Nur seine Affektivität ist enttäuscht, weil er unbewusst den Mechaniker verführen wollte, sich nicht damit zu befassen. Der Patient bringt den Traum dem Analytiker, weil er eine Übertragung auf ihn hat, aber vom Unbewussten her gesehen, ist diese Übertragung ein Versuch, den Analytiker zu irgendeiner Triebbefriedigung zu verführen.

Wir haben von der Kollegin gehört, dass es das erste Mal war, dass der Patient zu seinem Traum Einfälle brachte, während er davor immer schon mit eigenen Interpretationen ankam, als ob er sagen würde: »Schauen Sie, ich habe mein Auto selber geflickt.« Und was haben sie gesagt?

A: Ich sagte: »Alle diese Sachen, die Sie träumten, warum haben Sie all das nicht hier in B. gemacht?«

Ich sagte das, weil ich spürte, dass in dieser Phase der Analyse die Nähe das zentrale Problem war. Der Patient reagierte gereizt: »Wissen Sie nichts Besseres, als mir Banalitäten zu sagen?!«

FMo: Gut! Das ist ein schönes Beispiel dafür, dass der Analytiker/Mechaniker die Inhalte beiseite lässt. Diese Intervention, die von einem formalen Element des Traumes ausgeht: Weshalb in den Bergen, an der Schweizer Grenze, in Wien, in Paris, In Rio de Janeiro und nicht hier, wo Sie leben? Und der Patient sagt irritiert, enttäuscht: »Banalitäten«.

Die Kollegin sagte uns schon, dass es schwierig sei mit diesem Patienten, weil er alles rationalisiert. Darum sagte sie nichts anderes, als ob sie ihm sagen wollte: »Schauen Sie, – Sie kommen zu mir, weil Ihr Auto nicht funktioniert und sprechen immer vom Aschenbecher.« Er kommt weiter in die Analyse, bis er davon zu reden beginnt, dass mit dem Auto etwas nicht stimmt, es läuft nicht.

Dann sagte sie: »Warum so weit weg, warum nicht da, wo Sie leben?« Das heißt, sie erwähnt ein formales Element aus seinem Leben: Als Mechaniker kriecht sie unter das Auto und schaut, was los ist. Dem Patienten gefällt das gar nicht. Er will, wie bisher, verhindern, dass die Analytikerin auf die formalen und strukturellen Aspekte seines Verhaltens eingehe.

Die psychoanalytische Regel, man solle infantile Wünsche nicht befriedigen, bedeutet nichts anderes als das: Den Verführungstendenzen zu widerstehen, wenn der Patient verhindern will, dass der Analytiker sich auf die Problematik seiner Konflikthaftigkeit konzentriert (Abstinenzregel).

Will man Träume deuten, oder sich mit Konflikten befassen, kann man nicht damit rechnen, dass der Patient sofort einverstanden sei. Die Analytiker wünschen aber immer Zustimmung. Die positive Übertragung wird verstärkt, ohne dass sie für die Deutung der unbewussten Tendenzen verwendet wird. Man muss etwas machen mit der Übertragung und nicht weiter warten, dass sie sich noch mehr verstärke. Das ist, wie wenn ich 1000 Franken verdienen müsste, bis ich mir endlich eine Zeitung oder eine Kassette kaufe.

Bei diesem Patienten ist es nun so weit, dass die positive Übertragung so stark geworden ist, dass der Patient sich via Identifikation der Analytikerin nähert. »Wieso nicht hier in B., wo Sie wohnen?« sind die Anfangsschritte auf dem Weg zu einer Deutung.

Jetzt wollen wir uns mit der Technik befassen:

Wie ist das Material zu verwenden? Wie nähert sich der Analytiker der eigentlichen Problematik des Patienten? Wie kommt man diesem Analysanden nahe, der nicht einmal seiner Frau beschreiben kann, wie die Analytikerin aussieht, so anonym hat er sie gemacht.

Die Identifikation in der Übertragung, seine Annäherungsversuche hat der Träumer im Traum versteckt, wie hinter einem Paravent. Er hat eine Zeigehemmung. Die phallische Exhibition ist eine späte Errungenschaft des Ich aus der phallisch-narzisstischen Phase. Im psychoanalytischen Prozess ist die Beziehung immer voyeuristisch gefärbt, folglich soll die Beziehung womöglich immer auf der phallisch-narzisstischen Stufe bleiben. Regrediert die Übertragung auf die anale Stufe, sind beide – Analytiker und Patient – auf der analen Stufe, d. h. einer ist dem anderen überlegen, einer unterwirft sich, – sei es der Patient oder der Analytiker.

Der Analytiker soll sich frei ausdrücken, soll dem Patienten zeigen, dass *er keine* Exhibitionshemmung hat, auch weil der Exhibitionismus ein *realer* Aspekt der Übertragungs-Beziehung ist. Wenn wir danach suchen, was wir von diesem Traum interpretieren könnten, sind wir wohl beraten, etwas zu suchen, das aus der Exhibitionstendenz oder deren Hemmung stammt.

Zu A: Nach vier Jahren Analyse kennen Sie diesen Mann recht gut, er erzählt diesen Traum, in welchem er vieles zeigt; schließlich bringt er den Mut auf, sich der Frau zu nähern und zu fragen: »Wissen Sie, dass Sie verfolgt werden?« Die Tatsache, dass er die Frau anspricht, ist exhibitionistisch und wird sofort bestraft, entwertet, indem sie sagt, das wisse sie schon, und es sei unwichtig. Dasselbe macht der Patient mit der Interpretation der Analytikerin, als er entwertend sagt: »Ich bringe Ihnen so einen langen, schönen Traum und Sie sagen nur Banalitäten!« – eine Entwertung, die seine eigene Entwertung ist und die er der Frau im Traum in den Mund legt (projiziert). Darum gebe ich dem Priorität und denke: Nachher sind wir in Paris, auf der Champs Elysées, der Riese ist exhibitionistisch und wieder nach draußen verlegt (projiziert). Diese Projektion wiederholt die vorige mit der Frau, die den Traum bedeutet. Der nackte Riese ist also die zweite, verdichtete Erscheinung des Traumes selbst. Das exhibitionistische Element in diesem Traum hilft mir in einer Art und Weise zu deuten, die nahe an der Übertragung ist, nahe an der Bewusstseinsoberfläche und nicht zu tief. Indem ich gewisse Dinge aus dem Traum wähle, die mit der Priorität der Exhibition zu tun haben, entsteht in mir ein Summationseffekt. Jetzt ist der Groschen gefallen. Jetzt kann ich intervenieren, dem folgend, was sich in mir während der gesamten Erzählung des Patienten subsummierte. Ich bin entspannt, der Patient assoziiert das erste Mal zu seinem Traum, zeigt auch seine Assoziationen – da ist der Moment für eine Deutung gekommen.

Jetzt wollen wir miteinander die Deutung formulieren, wollen Sie mitmachen? Was werden wir deuten? Etwas Formal-Strukturelles, nicht den Inhalt – wir werden weder vom Riesen sprechen, noch von der Frau, weil sie Projektionsflächen sind. Was hat die Analytikerin gemacht, als sie sagte: »Und warum nicht hier, wo Sie leben?«

TN: Sie hat sich gezeigt.

FMo: Danke schön! Sie hat sich gezeigt! Wenn sie nichts sagt, nichts zeigt, bleibt sie anonym. Er, der ein versteckter, heimlicher Exhibitionist ist, er will anonym bleiben und sich nicht zeigen. Die Kollegin hat sich gezeigt, egal was sie sagte, sie hätte auch »Olio Sasso« sagen können!

TN: Zuerst zeigt er ihr den Traum, und dann zeigt sie sich ihm.

FMo: Ja. Gehen wir weiter, es ist doch nicht ganz egal, was sie sagte. Sie sagte etwas ganz nah an der Übertragung, indem sie fragte: Warum nicht in B.? Das heißt, ich bin in B., wir beide sind in B. Hic Rhodos, hic salta! Sie sagt: Warum der Schnee, die Berge, Wien, warum nicht hier? Der exhibitorische Schritt ist auf die Übertragungsposition bezogen.

(Die Kleinianer sagen z. B. in so einem Moment »Olio Sasso«, indem sie vom Wunsch, die Mutterbrust aufzufressen, zu reden beginnen. Das mag sogar richtig sein, aber es sind Fantasien, die sich *nicht* auf die aktuelle Übertragung stützen, die hier ist: Sich zeigen/schauen, sehen/gesehen werden.)

In dem Moment, als sie beginnt, sich zu zeigen, werden die Rollen getauscht, und er sagt vorwurfsvoll: »Wie banal!« Was war also im Unbewussten des Patienten vorherrschend, als er diesen Traum erzählte? Im Augenblick, als sich seine Analytikerin zeigte, musste er sagen: »Banalität«. Etwas, das vorbewusst war, ist zum Vorschein gekommen, immer wenn er sich zeigte, erwartete er…?

TN: Banal zu sein.

FMo: Ja, aber nicht so. Er erwartete, dass er bei der Analytikerin was hervorrufe, herausfordere.

TN1: Eine Kritik, eine Zurückweisung?

TN2: Eine Enttäuschung

TN3: Dass die Analytikerin sage, dass er banal sei.

FMo: Ja, dankeschön! Vorbewusst erwartete er, dass die Kollegin denke oder sage: »Wie banal sind Sie mit Ihrem Traum!« Warum? Nicht weil das meine Idee ist, sondern weil der Patient selber es ihr sagt.

A: Er befürchtete, dass er mich enttäusche, wenn er sich mir zeige.

FMo: Und jetzt wird klar, dass wir etwas deuten müssen! Vorbewusst befürchtete er, dass sie denke, wie banal das ist, was Sie mir erzählen! – Das gehört zum Übertragungs-Widerstand. Den müssen wir deuten, aber wie? Wir verwenden dafür die Tatsache, dass er uns einen Traum gebracht hat.

A: Wir sagten vorhin, dass der Traum wie ein Paravent sei, hinter dem er sich verstecke, weil er sich nicht zu zeigen wagt. Nun befürchtet er, dass er, wenn er sich ohne Traum zeige, banal sei.

FMo: Sehr schön. Aber gehen wir Schritt für Schritt vorwärts. Es ist jetzt klar, dass er den Traum brauchte, um in eine direkte Beziehung mit der Analytikerin zu treten, der Traum ist nicht riskant. Was würden Sie sagen, nachdem er das mit der »Banalität« sagte?

A: Sie haben Angst, banal zu sein.

FMo: Ist zu viel, viel zu viel! Viel zu direkt! Der Traum ist ein verschobenes Abbild seiner selbst. Warten Sie einmal, wir haben da eine Schwierigkeit, die mir jetzt in den Sinn kommt. Erinnern Sie sich: Wir sagten zu Beginn, dass narzisstische Elemente in seiner

Persönlichkeitsstruktur vorhanden sind, wie die weißen Füße der Pferde. Deshalb ist es gar nicht so einfach, den Übertragungswiderstand, die Übertragungs-Abwehr dieses Patienten zu deuten, weil er sehr verletzlich ist. Die Übertragung hat sich vertieft, und wir müssen um jeden Preis verhindern, dass die Deutung narzisstisch kränkend wirkt.

Da gibt es eine technische Regel: (Der Traum, S. 143/144) Beim Stierkampf, bevor der Torero kommt, erscheint einer mit zwei Banderillas, den zwei Fähnchen, die man dem Stier jeweils auf der rechten und linken Seite setzen muss. Das ist auch die Regel für die psychoanalytische Intervention, wenn die Übertragung sehr stark und der Patient narzisstisch kränkbar ist. Das erste Fähnchen verstärkt die narzisstische Besetzung und gleichzeitig ist das andere Fähnchen die Deutung. Damit wird verhindert, dass der Patient mit einer Enttäuschung reagiert, weil er gekränkt ist. Unsere Deutung muss also einerseits die narzisstische Besetzung unterstützen und andererseits die Deutung, die Sie vorhin sagten, beinhalten.

A: Ich könnte sagen: Seit langem kommen Sie zur mir, reden über sich, zeigen mir Ihre Gedanken und jetzt befürchten Sie, dass ich Sie banal finde.

FMo: Ich bin der Analysand. Reden Sie so zu mir?

A: Nein, nein.

FMo: Doch, doch – ich als Patient antworte: »Sie irren sich Frau Doktor, ich finde *Sie* banal, Sie haben mich missverstanden.«

TN: Ich würde sagen: Es ist klar, dass, verglichen mit diesem schönen Traum, den Sie erzählt haben, alles was ich sage, Ihnen banal vorkommt.

FMo: Nein, nein! Der Patient ist vorbewusst mit Ihnen identifiziert, er wird nicht ertragen, dass Sie ihn zwar loben, aber sich klein machen. Mit dieser Übertragung ist so etwas nicht zu machen. Versuchen Sie, die beiden Fähnchen zu setzen!

(Allgemeine Ratlosigkeit)

FMo: Ich weiß es auch nicht, ich habe kein fertiges Rezept. Versuchen wir, unsere Gedanken zusammenzutragen: Ich verstehe seinen Traum, seine narzisstische Verletzlichkeit, seine Identifikation mit mir. *Er* ist der Riese, der diese Größe (grandezza) nicht erträgt, also muss ich mich selber narzisstisch besetzen, mich zum Riesen machen, um jene Autorität zu sein, die alles in der Hand hält. Darum würde ich sagen: »Es ist das erste Mal, dass ich Ihren Traum verstanden habe.« Das ist das eine Fähnchen, und ich folge sofort mit der zweiten Banderilla: »Und das ist so, weil Sie, wie bisher noch nie etwas von sich durch diesen Traum zeigen konnten. Etwas, das so zentral ist in Ihrer Konfliktualität, dass Sie es immer wieder verspüren. Es ist das erste Mal, dass Sie mir mit diesem Traum etwas von Ihren inneren Konflikten zu zeigen vermochten.«

Ich erwarte, dass der Patient mich sofort fragt: »Ja, – was haben Sie denn verstanden?« Darauf folgt die Schlussfolgerung von all dem, was wir besprochen hatten. Ich sage: »Ich habe verstanden, dass Sie diesen Traum mit den drei Episoden verwenden, um mir zu zeigen, wie schwer es Ihnen fällt, sich den anderen Menschen zu zeigen, auch *ohne* Traum.« Ich verwende also in meiner Deutung den Traum als Verschiebungsersatz. Wenn ich A gesagt habe, muss ich auch B sagen, und sage: »Sie brachten diesen Traum, um mir etwas zu zeigen, was Sie ohne Traum nicht konnten.« Dann wird er sofort fragen: »Ja, was kann ich Ihnen denn nicht zeigen?!«

Darauf folgt unser nächster Deutungsschritt – wir bleiben immer noch bei der Tendenz und gehen noch nicht auf Inhalte ein: »Es handelt sich nicht um etwas Besonderes (speziale), das Sie nicht sagen könnten, es geht eher um Ihre Schwierigkeit, die Sie haben – dass Sie sich so furchtbar anstrengen müssen, wie durch den gesamten Traum hindurch: Zuerst die Berge, der Schnee, die Frau, die von der Polizei verfolgt wird, Sie wollen ihr helfen, wissen aber nicht wie: Szenenwechsel, das Fest, – ich wiederhole alles – bis Sie sich der Frau nähern, dann aber darunter leiden, dass Sie etwas falsch gemacht haben, weil sie sagt, das interessiere sie nicht. All das war furchtbar frustrierend für Sie und anstrengend; viele schwierige Dinge hatten Sie zu überwinden, bis Sie in Paris angekommen sind und diese Riesenstatue sehen, d. h. bis Sie sich selber sehen. Genauso sind Sie vier Jahre zu mir gekommen, mit viel Mühe und Anstrengung und meinten immer,

ich verstünde nichts. Sie kamen immer, zahlten und hatten das Gefühl, es verändere sich nichts. Bis Sie in der Lage waren, heute diesen erhellenden (illuminante) Traum zu erzählen.«
Die Stunde ist zu Ende, weil Sie schon zehn Minuten geredet haben, wie schwer ihm all das gefallen sei und wie er heute schließlich imstande gewesen sei, sich zu öffnen und sich zu zeigen. Er sehe jetzt, dass er eine tiefe Hemmung habe, sich zu zeigen, so wie wenn er noch immer der kleine Bub wäre, der er einst gewesen war, der Angst hatte, sich zu blamieren.
Das ist das letzte Stück der Deutung, welche die aktuelle Tendenz nimmt und sie mit dem dynamischen Erleben in Bezug setzt.
Ich erinnere mich einer Erfahrung, die ich vor vielen Jahren machte. Ich hatte einen Stotterer in Behandlung, er konnte nicht reden, schließlich begann ich sogar zu stottern. Eines Tages brachte er mir einen Traum, der mir nach all dem vorhergehenden Gestotter etwas von ihm zeigte. Das habe ich verbalisiert und zeigte ihm, wie er mir mit dem Traum etwas von sich zeigen konnte, von seiner Person in den Traum verlegt, und es sei das erste Mal, dass er dazu fähig war. Er blieb still und als er wegging dachte ich, dass sei eine gute Stunde gewesen, es war mir das erste Mal gelungen, mit diesem Mann in Beziehung zu treten. Was aber in der nächsten Stunde kam, überraschte mich vollends: Er kam, legte sich auf die Couch und redete frei, ohne abzubrechen – und ohne zu stottern! – von seinen analen Zwängen, die er sein ganzes Leben auf dem WC machen musste, ohne je mit jemandem darüber geredet zu haben. Ich saß dahinter, staunte und war verwirrt, der Patient lächelte und das Stottern war verschwunden.
Folglich: Wenn man so interpretiert, dass man die Inhalte beiseite lässt und nur auf die psychische Tendenz eingeht, setzt das eine emotionale Bewegung in Gang, welche sich mit der Übertragung verbindet. In unserem Fall: Von diesem koartierten Patienten, der offensichtlich in die anale Phase regrediert ist, würde ich auch erwarten, dass er nach einer adäquaten Deutung von seiner Analität zu sprechen beginne.
Er erzählt von dieser riesigen phallischen Figur in seinem Traum. Meines Erachtens ist dies aber keine phallische Repräsentanz,

weil der Riese manifest, d. h. bewusstes Material ist, sondern er stellt die überbesetzten Exkremente aus der grandiosen Fantasiewelt der analen Stufe dar. Sei es, dass er als kleiner Bub auf dem Topf etwas Großartiges hervorbrachte, sei es, dass er im Geheimen fantasierte, dass er durch den Anus der Mutter geboren sei, o. ä.

Er entwickelte keine klassische Zwangsneurose, auch keine Phobie, sondern blieb in der analen Konfliktualität stecken (fixiert), »aufgehängt« zwischen retentiven Tendenzen einerseits und der Angst andererseits, emotional (affektiv) inkontinent zu sein. Die ursprünglichen Konflikte sind bis heute ungelöst aktuell geblieben, gleichzeitig hat sich die Strukturierung der Persönlichkeit weiter entfaltet.

Kehren wir noch einmal zur Stunde zurück. Sie sagten: »Warum haben Sie all das nicht in B. gemacht?« und der Patient erwiderte darauf: »Wissen Sie nichts Besseres, als mir Banalitäten zu sagen!« (S. 44)

Wie fahren Sie jetzt fort?

Wir müssen annehmen, dass der Übertragungswiderstand sich fortsetzt – was sagen Sie?

(Nach verschiedenen Vorschlägen der TN):

Nehmen wir an, dass der Patient zur nächsten Sitzung kommt und sagt: »Also, letztes Mal sagten Sie, Sie hätten etwas von meinem Traum verstanden, ich bin aber enttäuscht, weil Sie nur Banalitäten von sich gaben.« – Er legt sich auf die Couch und schweigt.

Da nehme ich den Faden auf und sage: »Wie können Sie enttäuscht sein, wenn ich Ihnen sage, dass ich Ihre Konflikte und Probleme sehr gut verstehe! Es gibt niemand anderen in Ihrem Leben, der Sie so gut versteht wie ich.« Damit werte ich mich selber narzisstisch auf (erste Banderilla).

Es fällt den Analytikern meist schwer, so etwas zu machen, sie sind sehr schamhaft, die Analytiker. Das ist jetzt jedoch wichtig, um zu verhindern, dass er wiederholt, Sie seien banal. Darum würde ich sagen:

»Sie irren, wenn Sie denken, ich sei banal! Ich habe mich Ihnen genähert, um Ihnen etwas deutlich zu machen, was bisher

niemand verstanden hat, nämlich: wie schwer Sie es haben, sich zu zeigen, wie Sie in Wirklichkeit sind. Sie befürchten so sehr, dann blöd dazustehen (fare brutta figura). Der Traum zeigt, dass weder Sie noch ich blöd da stehen. Auch hat das gar nichts mit unserer Beziehung zu tun, es ist wie ein Fremdkörper in Ihrem Denken, der aus Ihrer Kindheit stammt, sich immer wiederholt und sich störend zwischen uns schiebt.«
Der Patient ist sehr beeindruckt und sagt: »Wirklich? Ich dachte auch schon etwas Ähnliches.«
FMo betont, wie wichtig es sei, die ewige Wiederholung des falschen Erlebens zu unterbrechen, um dem Patienten zu ermöglichen, eine *emotional neue Erfahrung* zu machen.
»Schließlich erfahren Sie mit mir etwas Neues, nämlich, dass es Ihnen sehr schwer fällt einzusehen, dass das, was Sie immer beunruhigt hat, (worüber Sie sich immer Sorgen machten) nichts anderes ist als Wiederholungen aus frühen Zeiten Ihres Lebens; alte Erlebnisse, als ob Sie heute noch derselbe kleine Bub wären, der große Probleme hatte, als er auf dem Topf saß.«
Pam. Ich sage das so direkt, weil, wenn es falsch ist, geht der Analysand darüber hinweg, aber wenn es zutrifft, wird er Material dazu bringen. Als verantwortungsbewusste Analytiker können wir nicht 25 Jahre warten, bis wir eine Deutung geben! Jetzt müssen wir die Interventionen strukturieren und nicht auf der erzählerischen Ebene des Traumes bleiben. Darum ziehe ich es vor, die Inhalte der Vergangenheit zu verwenden und zwar in jenem Moment, wo ich den Zwang zur Wiederholung durch eine Deutung aufgelöst habe. Das affektive Übertragungserleben des Patienten ist neu! Schon wenn der Patient sagt: »Wenigstens hier habe ich nicht dieselben Schwierigkeiten wie mit anderen Menschen außerhalb der Stunden« – hat er mit mir eine neue Erfahrung gemacht und deshalb kann ich sagen, ich sei überhaupt nicht banal.
Ich komme nun wie der Riese die Champs Elysées entlang als eine Person, die sich selber libidinös (narzisstisch) besetzt. Und weil er sich in der Übertragung mit mir identifiziert, sagt er zu Hause zu seiner Frau: »Es wäre besser, wenn Du zu *meiner*

Analytikerin gehen würdest, als zu Deinem Blödian!« Käme er damit zur nächsten Stunde, sagen Sie: »Moment mal – Sie wollen die Couch Ihrer Frau übergeben? Zuerst führen wir alles zu Ende, was Sie anbelangt, das mit Ihrer Frau kommt später!« Wenn einmal das unbewusste Material, d. h. die verdrängte Emotionalität gedeutet zum Vorschein gekommen ist, dann kann man auf die Inhalte eingehen. Dann erdrosseln diese Inhalte nicht mehr die Affektivität und die Triebhaftigkeit. Dann kann man sich frei den Ich-Aktivitäten zuwenden.

Die formalen Elemente spielen keine so große Rolle mehr, bis nicht neue Konflikte in der Behandlung auftauchen, welche die frei bewegliche Emotionalität einschnüren. Das heißt, bis neue unbewusste Tendenzen auftauchen, welche den Patienten beunruhigen. Dann müssen wir wieder die formalen, strukturellen Elemente in unserer Deutungstechnik berücksichtigen (nicht den Aschenbecher qua Inhalte, sondern die Konstruktion beachten!).

Die Ich-Funktionen stehen im Dienste der Aufrechterhaltung des Gleichgewichtes zwischen Kontrolle und Organisation einerseits und den Bewegungen der mächtigen Triebhaftigkeit andererseits. Zwischen diesen beiden besteht eine fundamentale Disharmonie. Möglich ist nur, dass die verschiedenen Ich-Funktionen die Triebhaftigkeit in einer Art und Weise umwandeln, dass sie für das Erleben akzeptabel sind.

Uns Analytikern kommt die Aufgabe zu, dieses Gleichgewicht zu bewahren. Wenn das Ich nicht gut funktioniert, müssen wir formale und strukturelle Instrumente verwenden, um die Ich-Funktionen zu unterstützen. Sonst wird die Triebhaftigkeit einbrechen und alles kaputt machen – der Patient wird zu agieren beginnen oder andere unkontrollierbare Sachen machen und der Analytiker gerät in Konfusion. Dann entstehen chaotische Situationen in der Analyse. Ich konzentriere mich in diesem Fall auf die formalen und strukturellen Elemente, bis die Situation wieder transparent wird. Erst dann kann man sich wieder den Inhalten zuwenden.

FMo: Ist es gut so? Ist es klarer geworden?

Alle: Ja! – Vielen Dank.

Übertragungs- und Widerstandsmechanismen in der Psychoanalyse

Darstellung einer Analyse

Der Patient, über den ich berichte, war 28 Jahre alt, als er, begleitet von seiner 60jährigen Mutter, außerhalb der ordentlichen Sprechstunde in der Neurologischen Poliklinik erschien. Die affektgeladene Durchschlagskraft der beweglichen, kokett angezogenen Dame verhalf dem schüchternen knabenhaften Mann zu einer Konsultation, wie es sonst nur für dringende Notfälle üblich ist.

Angstzustände mit körperlichen Symptomen, Magenschmerzen, Oppressionsgefühle, Atemnot, Herzklopfen, nächtliche Schreikrämpfe und Schlaflosigkeit standen im Vordergrund der Beschwerden. Zunehmende schwere Angstanfälle, objektlos und ohne erkennbare auslösende Momente, traten erst wenige Tage vor seinem Erscheinen bei uns wieder auf, nachdem ein ähnlicher Zustand ein Jahr zuvor, während 2–3 Wochen bestanden hatte.

Unser Patient stammt aus einer konfessionell gemischten Ehe, der Vater war Katholik, die Mutter Jüdin. Durch die Heirat ist die Mutter zum Katholizismus übergetreten, ohne jemals gläubig gewesen zu sein. Ganz im Gegensatz dazu war unser Patient ein strenger, praktizierender Katholik. Der Vater war ein bekannter Arzt in einer großen deutschen Stadt und starb, als der Patient ein Jahr alt war. Die Mutter, welche schon früher verheiratet war, sich später scheiden ließ, hatte aus erster Ehe zwei Kinder, die etwa zehn Jahre älter waren als der einzige Sohn aus zweiter Ehe. Diese Stiefgeschwister lebten im Ausland. Von ihnen wusste unser Patient nur vom Hörensagen.

Die Mutter war durch zahlreiche Beziehungen, von denen eine 1936 zu einer kurz dauernden dritten Verehelichung führte, und durch gesellschaftliche Anlässe weitgehend beschäftigt, so dass die Großmutter väterlicherseits die Betreuung des Kindes übernommen hatte. Trotzdem zeigte die Mutter ihrem jüngsten Sohn gegenüber eine übertriebene Anhänglichkeit und Liebe, nahm ihn regelmäßig zu sich ins Bett und verwöhnte ihn. Exaltierte Ängstlichkeit und fanatische Betreuung charakterisierten das Verhalten der Mutter ihrem Sohne gegenüber. Die Gewohnheit, im Bette der Mutter zu schlafen, wurde beibehalten – horribile dictu bis zum 16. Altersjahr. Ein

Verehrungskult der Mutter um den gestorbenen Vater ging frühzeitig auf den kleinen Knaben über. Dieser wurde wie ein Mädchen gekleidet und frisiert und kam kaum in Kontakt mit anderen Kindern, bevor er zur Schule ging.

Schon mit 10 Jahren wollte er Arzt werden, besuchte das Gymnasium und machte als eher schlechter Schüler schließlich die Maturität. Nach dem Tode der Großmutter zeigten sich mit 15 Jahren Zwangssymptome. Er musste immer eine bestimmte Wand berühren, einen Gashahn nachsehen vor dem Schlafengehen und dergleichen mehr, weshalb ein Onkel, der Bruder des Vaters, in seiner Eigenschaft als Nervenarzt ihn während drei Jahren psychisch behandelte. Mit 18 Jahren lösten manifeste Angstzustände die Zwangssymptome ab.

Die politischen Ereignisse führten in dieser Zeit dazu, dass Mutter und Sohn, unter Hinterlassung des ganzen Besitzes, flohen, vorerst nach Jugoslawien, später vorübergehend in die Schweiz, um schließlich in Frankreich ein Asylrecht zu erhalten, wo sie nun in einer Kleinstadt leben. Der Patient, dem in der Schweiz die Möglichkeit geboten wurde, ein Lehrerseminar zu besuchen, setzte nach seiner Ausweisung diese Studien in Frankreich fort, und erhielt mit 27 Jahren das Lehrerdiplom. Er wurde nun fest angestellt, arbeitet bis heute in einer Privatschule, wo er eine junge Lehrerin, die ein Jahr jünger war als er, kennen lernte. Diese stammte aus dem streng katholischen Kleinbürgertum und war eine nach außen tolerante, mit ihren Aufgaben und der Gesellschaft in Übereinstimmung stehende junge Frau. Ein angstvoller, stets in Erwartung weilender Ausdruck mischte sich bei ihr mit einer leicht unterwürfigen, in sich gekehrten Haltung.

Die zeitliche Beschränkung, die infolge der äußeren Umstände von Anfang an klar war, hatte eine Zweiteilung der Analyse erfordert. Während einer ersten Periode von fünf Wochen fanden 33 Sitzungen statt, die täglich abgehalten wurden und eine Stunde dauerten. In einer zweiten, kürzeren Periode, ein Jahr später, ergab sich die Möglichkeit, in weiteren elf Sitzungen von gleicher Dauer und täglich abgehalten, die Loslösung des Patienten vom Analytiker zu erreichen.

Die Fragestellungen, die sich daraus ergeben, etwa inwieweit überhaupt ein solches Vorgehen erfolgreich sein könne, ob da noch von einer Analyse gesprochen werden kann, die ganze Problematik so genannter Blitzanalysen taucht auf.

Ich möchte versuchen aufzuzeigen, wie im Verlaufe der Analyse, der folgenden einjährigen Pause und dem kurz dauernden zweiten Teil, sich Übertragungs- und Widerstandsmechanismen entwickelten, welche dynamische Wirksamkeit gerade in der Wechselbeziehung dieser beiden Exponenten der Affektivität erkennbar ist.

Der Patient, dessen gehäufte Angstzustände in den Tagen vor Beginn der Behandlung ihn und seine ganze Umgebung, vornehmlich die Mutter, in Aufruhr brachten, kam in einem Zustand völliger Hilflosigkeit in die Sprechstunde, überzeugt davon, dass er unheilbar erkrankt sei, zum mindesten an einem Hirntumor leide, und dass kein Mittel mehr helfen könne.

Die Begeisterung, mit welcher er am Untersuchungstage den Vorschlag annahm, eine Psychotherapie durchzuführen, die Bereitwilligkeit, sich der Grundregel zu unterziehen, wiesen gleich zu Beginn auf eine positive Übertragung – man könnte sagen »positive Übertragung auf den ersten Blick«.

Während der ersten drei Stunden brachte er massenhaft Material, welches vornehmlich die völlige Abhängigkeit von seiner Mutter darstellte. Dann schilderte er seinen jetzigen Zustand, seine Ängste und deren Folgen, wobei das erethische Verhalten mit hypochondrischen und weltschmerzlerischen Zügen so charakteristisch war, dass ich eine kurze Probe davon vorlege:

> »Die Angst ist wieder da, sie ist rein physisch, ein Angstgefühl, das mich in Wellen so vom Leib her überfällt, so von innen heraus, man macht das so recht als Zuschauer mit – eben in dieser Sekunde hat es aufgehört, aber – ach – es wird schon wieder kommen. Wie sehr mich das verzweifelt. Wenn das das ganze Leben dauern würde? Marianne (die Braut), die ahnt ja von nichts. Wie lange lässt sich eine solche Nervenkrankheit verheimlichen? Wie sehr vermindert das einen jungen Menschen und schließt ihn von den anderen ab. Ich frage mich, ob dieser Rückfall auch gekommen wäre, wenn ich brav zu Hause geblieben wäre. Ist das seelisch oder organisch? Ich weiß es nicht; nur dass ich unglücklich bin weiß ich, und dass ich so leicht glücklich sein könnte, wenn ich gesund wäre. Wenn ich meine Braut nie kennen gelernt hätte, hätte ich wenigstens einen Menschen weniger unglücklich gemacht, auch meiner Mutter verderbe ich den Aufenthalt. Ich möchte mich an jemanden anklammern, an seine Brust fliegen und mich ausheulen!«

Die abwartende Haltung, die ich dem Patienten gegenüber einnahm, genügte, um seine Angst anwachsen zu lassen. Zum ersten Male schien seine Umgebung nicht mit zu agieren. Es genügte, ihn mit seinen Symptomen allein zu lassen, sich nicht mit dem Agieren des Patienten zu identifizieren, um in der analytischen Situation dasselbe zu provozieren, was sich täglich außerhalb ereignete, wo die geringste Versagung, schon beispielsweise die Dämmerung ausreichte, um ihn daran zu erinnern, dass bald die Nacht komme, und er allein gelassen werde. Die Angst richtete sich nur diesmal auf die analytische Behandlung, die ihm bevorstand.

In der dritten Stunde erzählte er nun aufgeregt folgenden Traum:

> »Ich spaziere mit Mama und Fräulein M. (der Gastgeberin, bei der sie wohnten) des Nachts im Freien. Fräulein M. erklärt umständlich, wie ich nach Hause fahren soll und in welchem Hause ich übernachten kann. Ich versäume dann den Zug und habe die Adresse vergessen. Dann finde ich Mama und Fräulein M. wieder, wage nicht zu sagen, dass ich den Zug versäumte, die Adresse vergaß, und nun kein Unterkommen mehr finden würde. Ich marschiere an der Spitze der kleinen Gruppe. Fräulein M. sagt nichts, damit sich Mama nicht ängstige. Wir steigen einen dunkeln Wald hinauf. Plötzliches unheimliches Geheul vor uns. Aus Angst und aus Tapferkeit brülle ich zurück, um den anderen zu ängstigen, aber meine Stimme ist nicht fähig, laut zu schallen, denn ich liege in Mamas Bett in der alten Wohnung von 1934, meine Großmutter uriniert gerade im Zimmer. Ich liege neben Mama auf dem Bauch und habe Angst, Abbé X. geweckt zu haben, der nebenan im blauen Zimmer schläft. Wissen Sie, Abbé X. ist mein Vertrauter in nervösen Sachen und will mich selber trauen. Dann bin ich erwacht. Ich glaube, ich habe geschrieen.«

Dazu entwickelte sich Folgendes:
»Warum haben Sie denn den Zug versäumt, die Adresse vergessen?«
»Weil ich Angst vor der Trennung von der Mutter habe.« —
»Natürlich, wenn ich von der Mutter getrennt bin, bin ich mit Marianne verheiratet, und dann droht mir der Geschlechtsverkehr, das ist das brüllende Ungeheuer.«
Es fällt ihm dazu ein, dass er immer mit der Vorstellung onaniere, im Bett seiner Mutter zu liegen und ihren Rücken zu berühren. Eine Bindung an Marianne käme einem Verrat an der Mutter gleich.

»Ich habe zwei Bräute, meine Mutter und Marianne. Die Wahlschwierigkeit führt mich zu Schuldgefühlen und deshalb fliehe ich in die Angst. Die Krankheit ist eine Art Selbstbestrafung für die Onanie im Bett der Mutter. Und wissen Sie, Herr Doktor, das will ich wahrscheinlich auch alles nicht wissen, weshalb auch die Behandlung hier wie eine Gefahr für mich ist, weil sie ja das Verdrängte an die Bewusstseinsoberfläche bringen hilft.«

Mit diesem Satz verließ der Patient das Zimmer! Seine Miene war dabei gut gelaunt, siegreich. Ich ahnte, etwas ist schief gegangen. Wo lag der Fehler? Die Traumdeutung war falsch, vielleicht nicht absolut, denn der Patient hatte ja die Deutung selber mit den Assoziationen provoziert, doch falsch war sie in Bezug auf die analytische Situation in der dritten Sitzung. Man hätte es voraussehen können: Die Angst begann sich sofort auf die Behandlung zu richten, weshalb in jedem Falle im Trauminhalt nach solchen Motiven zu suchen gewesen wäre. Und in der Tat fand sich dergleichen in der Angst, den Abbé X., der als Vertrauter in nervösen Sachen nebenbei erwähnt wurde, im Nebenzimmer zu wecken. Dort lag der dynamisch wirksame Faktor des Traumes, bezogen auf die derzeitige analytische Situation, und der ganze übrige Inhalt, dessen Bedeutung damit nicht geleugnet werden soll, müsste Nebensache bleiben. Dadurch, dass ich in der vom Patienten eingeleiteten Deutungsarbeit mitgegangen bin, agierte ich mit ihm. Man versteht nun sofort die siegreiche Miene, die gute Laune und das Fehlen jedes Affektes bei der wohlwollenden Zugabe am Schluss, dass natürlich auch die Behandlung eine gewisse Gefahr bedeute.

In dieser letzten Aussage des Patienten sehen wir gleichzeitig, wie sensibel das Unbewusste arbeitet, indem mir durch das Vorwegnehmen dieser richtigen Deutung die Waffe aus der Hand geschlagen wurde, mit welcher ich eventuell Versäumtes hätte nachholen wollen.

Wir erinnern uns hier an Wilhelm Reich, der in der »Charakteranalyse« ableitet, wie Sinndeutungen so spät, Verhaltensdeutungen so früh wie möglich gegeben werden sollen. Auf diesen Fall angewandt, erkennen wir, dass im Traume affektiv die Angst vor der Behandlung dynamisch wirksam war, dass der manifeste Trauminhalt Bilder verwendete, die naturgemäß an die aktuellen Konflikte anknüpften, und letzten Endes die wichtigsten Faktoren der Neurose mitführten. Lassen wir uns hier verleiten, auf tiefere Schichten der Neurose einzugehen, wohin uns der Patient automatisch führt, so haben wir verloren. Ich bin dem Patienten hineingefallen. Er verließ die

Stunde siegreich und zuversichtlich. Am folgenden Tag erschien er mit einem Stoß von Papieren: »Ich habe Ihnen da alles aufgeschrieben, was mir durch den Kopf ging, damit es vorwärts gehe«, sagte er.

Wir erkennen darin die Wirkung der misslungenen Stunde am Vortage. Der Patient versuchte, den gewonnenen Boden zu erweitern, mich umfangreicher zu gewinnen, damit er letzten Endes seine heiß geliebte Neurose im Einvernehmen mit dem Doktor behalten könnte. Auf der einen Seite hatte durch die Fehldeutung des Traumes die positive Übertragung stark zugenommen, auf der anderen Seite hatte sich der Widerstand zusehends verstärkt.

Eine solche Situation könnte in anderen Fällen eine lange Verzögerung mit sich bringen. Hier verliefen die Dinge so stürmisch, dass bereits am folgenden Tag ein Durchbruch erfolgte, so dass man sich fragen könnte, ob die Fehldeutung des Traumes nicht doch nützlich gewesen sei. Diese Frage dürfte natürlich nur dann bejaht werden, wenn man sagen könnte, dass man bewusst eine solche Entwicklung fördern wollte.

Der Patient erzählte nun folgenden Traum:

»Ich gehe mit Kameraden, später erkenne ich Z. und meine Mutter, finde einen Auslandsbrief und freue mich. Ich wage nicht, ihn in Gesellschaft zu lesen. Dann stehe ich vor meinem Lehrerbriefkasten, worin zusammengepresste Briefe mit Schweizer Briefmarken liegen. Darunter ein Schächtelchen voll Pralinés und Schokolade. Z., der Priester, steht neben mir, und ich sage: so, jetzt essen wir schnell, wir müssen diese Gelegenheit benützen. Ich biete auch der Mutter an. Beifall. Es sind Verlobungspralinés meiner Mutter. Z. kitzelt mich am Kinn, so dass ich nicht essen kann. Ich sage: ›Du überaus ekliger Mensch.‹ Ich bin nun zu Gast und begrüße die Anwesenden; es sind Krankenschwestern. Ich verneige mich vor einem alten, infirmen Mann, den ich erst übergangen hatte.«

Auf meine Frage, was ihm zu diesem Traum einfalle, antwortete er, ein anderer Traum komme ihm in den Sinn:

> »Die Mutter verlangt von mir, jemandem im 3. Stock ein belegtes Brot, ein Eierbrot zu bringen. Ich will nicht, tue es aber endlich doch, um sie nicht zu kränken. Unterwegs aber, unwillig, zerdrücke ich das Brot und die Eier. Die Mutter hinter mir schreit mich an: ›Du hast das extra gemacht.‹ Ich habe nur ein leeres Stück Brot in der Hand. Ich gebe Antwort, halb gelogen, und sage, dass ich es bestimmt nicht extra gemacht habe.«

Aus diesem Traum hob der Patient die Geschichte mit dem belegten Brot hervor, erzählte diesen Teil spontan ein zweites Mal und betonte, dass er voller Wut die Eier zerdrücke und hinunterwerfe. Zu den Eiern fällt ihm ein, dass er als Schuljunge mit seinen Kameraden die Hoden als Eier bezeichnete, und ruft: »Hoden natürlich, meine Hoden.«

Ich: »Was tun Sie mit den Eiern im Traum?«

Er: »Sie zerdrücken, auf den Boden schmeißen, und die Mutter wird wütend: ›Du hast es extra gemacht‹. Ich weiß, dass es so ist, lüge aber und habe Angst.«

Ich: »Warum wird die Mutter wütend?«

Er: »Weil sie mich bestrafen könnte.«

Ich: »Wofür?«

Er: »Dass ich die Hoden, meine Hoden, zerdrücke.«

Ich: »Warum straft dann die Mutter?«

Er: »Weil – ja weil sie ja eben die Braut ist, die falsche natürlich, die richtige ist ja Marianne. Ach – nein, die richtige ist ja sie, die Mutter.«

Ich: »Wessen Braut ist denn die Mutter?«

Er: »Die Braut meines Vaters ... um Gottes Willen, natürlich, der Vater ist es, der mich straft, das ist ja fürchterlich.«

In diesem Moment machte der Patient eine Streckbewegung der Arme, so dass die Hände sich schützend in die Gegend des Genitales legten, richtete sich gleichzeitig etwas auf und begann mühsam zu atmen. Nachdem er sich etwas erholt hatte, machte ich ihn auf diese Geste aufmerksam. Er verstand sofort, dass in dieser Bewegung die Angst vor dem strafenden Vater herauskam, und als ich ihm dann noch die Zeichnung[1] zeigte, die er mir zu Beginn der ersten Stunde mitgebracht hatte, erkannte er in dieser die auffällige Fratze mit den Zähnen, und sagte, »das ist der Vater, der die Hoden abbeißt. Das stimmt ja alles, deshalb habe ich den ganzen Kult mit meinem Vater getrieben, daher die Beschwörung mit dem Grabe, das ich nicht besuchen wollte, aus Angst ... Der Freund, der in meinem Auftrag das Grab des Vaters besorgen musste, die Fotos, die ich kopieren ließ und überall aufstellte, die Ehrfurcht und die Angst vor allen mächtigen Männern.«

In der folgenden Stunde trat erstmals ein Stocken auf, er redete herum,

---

1 Der Patient wurde nach der ersten Konsultation noch vor Beginn der Analyse aufgefordert, mit Farbstiften gegenstandslose Zeichnungen anzufertigen.

kam in ein Romantisieren und sprach vom Recht und Unrecht, allgemein betrachtet.

Ich: »Sie weichen aus, Sie verheimlichen etwas.«

Er (verstummte; dann): »Ich habe eine Leere im Kopf«. Plötzlich stand er auf und sagte: »Ich habe Ihnen noch etwas mitgebracht«, ging zu seinem Rock, der an einem Stuhle hing, und kramte unter zahlreichen Fehlleistungen eine Fotographie seines Vaters hervor und legte sie auf den Tisch vor mich hin.

»Nicht wahr, er sieht streng aus, der Vater – finden Sie nicht?« Die Foto blieb für den Rest der Stunde auf meinem Tische liegen. Auch vergaß er sie beim Weggehen, blieb noch in der Türe stehen und sagte zögernd: »Nun, es muss ja sein, dass ich sie wieder mitnehme.«

Im oberen rechten Quadranten erkennt man eine Fratze mit Unterkieferzähnen, den Blick nach links unten richtend. Linke untere Ecke: Sitzende Frauengestalt vor einem Sarg mit einem Kind. (Nach der Beschreibung durch den Patienten selber.)

Es muss hier noch hinzugefügt werden, dass sich während der Stunde sein Ton ganz veränderte, nachdem die Fotographie auf meinem Tische lag.

Wie erleichtert sprach er plötzlich von einem Traum, in welchem ihm Truman erschien und ihm sagte, er brauche keine Angst zu haben, auch er habe sich erst mit 30 Jahren verheiratet und keine andere Frau vorher gekannt. Aus der Assoziationsreihe, die der Patient dann produzierte, ergab es sich wie von selbst, dass Truman den Vater darstellte, den er auch nur von Fotos her kannte. Nun fragt es sich, ob es wohl eine zu subjektive Betrachtungsweise ist, überzeugt zu sein, dass mit dieser Stunde der Fehler der vorhergehenden – übertönt durch die Ereignisse dieser 4. Sitzung – ausgeglichen sei. Nach alledem, was folgte, glaube ich annehmen zu dürfen, dass es wirklich so war. Denn mit dieser Stunde begann sich die Neurose des Patienten abzurollen, wobei Hand in Hand in jeder nun folgenden Phase sich in zunehmendem Maße eine Übertragungsneurose ausbildete. Es wäre nach meiner Überzeugung falsch gewesen, darauf zu beharren, und es auszusprechen, dass die Kastrationsangst in der 4. Sitzung nicht auf den Vater, sondern auf den Analytiker gerichtet war, dass Truman niemand anderen darstellte, als den Analytiker, hinter welchem eben bereits der Vater stand. Der Patient hatte diese Angst erlebt, hatte dann im Truman-Traum einen liebenden Vater erkannt, und am folgenden Tag durch das Hinlegen der Fotographie seines Vaters, eindeutiger als jede Sprache es vermöchte, symbolisch den eigenen Vater hinter sich an den Schreibtisch des Analysenzimmers gesetzt. Er hatte noch mehr gesagt, als er am Schlusse zögernd, aber dennoch, die Foto wieder zu sich nahm. Ich glaube, dass er damit zeigte, dass von nun an in der analytischen Situation der Vater hinter ihm sitze und während der übrigen Zeit der Vater, wie bisher, vorläufig noch mit ihm gehe und auf ihn wirke.

Ich meine, es wäre unzweckmäßig, all das in Worte zu fassen, weil ja alles zu Sagende bereits in der früheren Stunde verpufft war und keine Wirksamkeit mehr hatte. Sie war auch nicht mehr notwendig, nachdem ein Affekt, hinter welchem eine Furcht vor der Behandlung stand, während der Stunde auftrat.

Es wäre auch unrichtig, beispielsweise auf den ersten Traum mit den »Schweizerbriefen und den Pralinés, die man essen sollte, solange die Gelegenheit sich bietet«, zurückzukommen und es bestätigt wissen zu wollen, dass der infirme alte Mann, den der Patient in diesem Traum erst übergeht, und vor dem er sich dann verneigt, in Anwesenheit von Krankenschwestern, den Analytiker darstellt, den man nun übergehen und noch gerade ehrfürchtig grüßen kann, weil man ihn ja gewonnen hat, wie dies wirklich in der 3. Stunde der Fall war.

Wir können in diesem Traum alles vermuten, was später eintritt: die homosexuelle Übertragungsliebe, die geheimen Aggressionen, die Schuldgefühle und vieles mehr, was ungedeutet bleibt und daher zu gegebener Zeit wieder erscheinen muss. Wir erinnern uns hier daran, dass der Patient auf die Frage, was ihm zu diesem Traume einfalle, antwortete, es falle ihm ein anderer Traum ein. Offenbar war der Inhalt dieses Traumes von zwei Übeln das kleinere. Er nahm sozusagen die Deutung des zweiten Traumes gerne in Kauf, wenn nur der erste nicht gedeutet wurde.

In den folgenden Tagen erkannte der Patient, dass er sich in die Krankheit flüchtet, warum wusste er nicht. Der sekundäre Krankheitsgewinn wurde angegangen, worauf er assoziierte, was alles sein würde, wenn er gesund wäre. Dabei entdeckte er die ihm so wichtige Mutterbindung und ruft zum Schluss: »Ihre Geduld möchte reißen, damit es aufhöre, damit Sie mir alles sagen. Sie sind der Repräsentant der Gesellschaft, Sie sind der Vater.«

Nach dieser letzten Reminiszenz der Vaterdrohung, die in der früheren Sitzung vom Analytiker ausging, begann die Entwicklung der homosexuellen Übertragungsliebe. Er brachte ein ganzes Dossier von Fotos und ein Heft, in welchem er seine Gedanken aufschrieb, war schwer enttäuscht darüber, dass ich mich kühl dafür bedankte und es in die Krankengeschichte legte, erkannte dann, dass sein Verhalten ein Ausweichen darstellte und erzählte folgenden Traum:

> »Zuerst kommt der alte Hindenburg vor. Jemand spricht vernehmlich. Einige unter den deutschen Generälen haben dies aber nie getan. Sie haben nie geschrieben ... worüber? Vielleicht über die Gründe ihrer Angst. Sie haben sich nie verraten dem Feind gegenüber. Plötzlich bin ich im Nordland auf Skis, habe Angst zu fallen. Schnee ballt sich unter meinen Füßen, wird höher und höher. Ich stehe auf himmelhohen Stelzen, sausend kreise ich umher. Gott, wenn ich nun fallen sollte. Doch der Fall wird immer in der letzten Sekunde vermieden. Ein kleiner Junge hält mich ja und stützt meine Stelzen. Plötzlich höre ich die Stimme meines Freundes T. In rasendem Vorbeigleiten in großer Höhe klammere ich mich an Gerüststangen aus Holz, wirble umher, vermeide mit knapper Not den Fall, dann kommt T. mir entgegengewirbelt. Jetzt wird der furchtbare

Zusammenstoß kommen. Aber nein, wir liegen einander in den Armen. Wir stützen uns gegenseitig, und lachend wache ich auf.«

Dazu sagte er: »Kurz nachher murmle ich vor mich hin: ›Türme des Schweigens‹. Dann verspüre ich starke Schmerzen im After wie beim Onanieren, und muss aufs Klosett. Die Schmerzen dauern lange.«

Er erzählte ausführlich über seinen Freund T., einen gleichaltrigen Theologiestudenten, der ihm ekelhaft war, mit welchem er aber häufig zusammenkam. Dann kam er auf die Stelzen zu sprechen.

»Stelzen, die könnten aus Bohnenstangen sein.«

»Jetzt fällt mir Penis ein. Ich habe Angst zu fallen.« Ich: »Warum fallen?«

Er: »Der erigierte Penis fällt.«

Ich: »Warum?«

Er: »Wenn er tut, was Hindenburg verbietet, nämlich, was die Generäle nie taten, den Verrat.«

Ich: »Wem gegenüber?«

Er: »Dem Vater gegenüber, wenn ich mit der Mutter schlafe. Das ist ja alles Konstruktion. Ich schlafe doch jetzt nicht mehr mit der Mutter, ich will ja jetzt heiraten.«

Dann verstummte er. Er kam auf den Traum zurück, erzählte ihn nochmals, vergaß diesmal, dass er lachend aufgewacht war. Ich: »Sie haben etwas vergessen.«

Er, erschrocken:

»Was habe ich vergessen: Meinen Freund T., Krach, Vereinigung, Freude ... das Lachen, als ich aufwachte. Das ist seltsam. Also liegt hier etwas Verbotenes, sonst hätte ich es nicht vergessen. Was ist verboten? Der kleine Junge stützt meine Stelzen, stützt meine Erektion, weil sie zusammenzubrechen droht. Die Jungens und die Homosexualität ... das ist die Flucht vor der Drohung des Vaters, der bestrafen würde, wenn ... ja, es war ja unmöglich, den Berg mit den Stelzen hinaufzusteigen, dieser Berg, er war bewaldet, Waldweg ... im früheren Traum stieg ich mit der Mutter den Waldweg hinauf, dann kam das brüllende Tier, das war der Geschlechtsverkehr. Diesen Berg kann ich nicht besteigen; die Jungen helfen und stützen. Die Angst verschwindet. Freude am Zusammentreffen mit dem ekelhaften Freund. Ja, jetzt verstehe ich auch, warum T. mich

> immer beschwor, keinen vorehelichen Geschlechtsverkehr mit Marianne zu haben, warum er mir immer so moralisierende Mahnungen gab. Der liebt mich eigentlich, und das ist mir ja auch noch recht. Deshalb die Umarmung am Schluss, und das angstfreie Erwachen mit Lachen. Jetzt kann ich lachen, der Vater ist ungefährlich, er wird nicht böse, solange ich mit Knaben spiele. Ich bin ja noch ein Kind, das keine Verantwortung auf sich nehmen will. Wird sich das nie ändern, sagen Sie? Ach, Gott, ich bin so dumm, nicht wahr, Herr Doktor, ich bin sehr dumm?«

Beim Hinausgehen sagte er noch: »Adieu, morgen wieder, ach, wäre es schon morgen.« Er kommt nochmals zurück und sagt: »Zufällig habe ich gestern dieses Holzbildchen gefunden. Es gehörte früher meiner Mutter, sie hat es mir einmal gegeben. Ich möchte Ihnen das schenken.«

In der folgenden Stunde brachte er dann in einem Traum die Darstellung, wie er aus einem Elementarschulbuch liest, während der gefürchtete Schuldirektor ihn ertappt und ihm das Buch für Fortgeschrittene gibt. Es wurde in dieser Stunde klar, dass er bei mir das kleine, liebesbedürftige Kind spielte, statt ernsthaft die Analyse fortzusetzen und erwachsen zu werden. Nach dieser Stunde erhielt ich ein Telefon der Gastgeberin des Patienten, die mich ausdrücklich in seinem Auftrag fragte, wie lange wohl die Behandlung noch dauern werde.

Ich wurde dann in der Übertragungssituation neuerdings zum Vater, der nun als Rivale eifersüchtig in das Verhältnis zur Geliebten tritt.

Die 8. Stunde begann mit Herumreden. Die Heirat wurde in Zweifel gezogen wegen der befürchteten Impotenz bei einem eventuellen ersten Coitus. Dann:

> »Ich habe geträumt, vergaß aber den Traum, bis zu dem Moment, als ich mich rasierte, da fiel mir ein, dass ich geträumt hatte, nachts als kleiner Junge auf dem Schrank im Zimmer meiner Mutter zu sitzen. Eine große Ratte biss mir ins Genick und in die Hand. Ich will die Ratte hinunterschmeißen, verliere das Gleichgewicht. Dann war alles unklar, ich sprach mit meiner Mutter, welche Onkel F. zu meiner Hochzeit einladen wollte. Ich war dagegen und sagte: nein, der wird es im Wald mit seiner Frau treiben.«

Ich: »Wer ist die Frau von Onkel Franz?«

Er: »Josephine.«

Ich: »Und wer ist denn Onkel Franz?«

Er: »Ja, der Freund meiner Mutter, ihr Liebhaber von früher.«

Ich: »Ja, wer war denn der Liebhaber Ihrer Mutter?«

Er: »Ja, der Vater natürlich, wie konnte ich es vergessen, ich habe doch im Onkel soeben den Vater erkannt. Dann ist seine Frau ja die Mutter. Das darf er also mit der Mutter nicht tun, weil ich meine Braut heirate? Ich heirate eben schon wieder meine Mutter, zum Teufel, sonst könnte der Vater kommen. Er hätte sonst auch keinen Grund, mit der Mutter vor aller Welt zu zeigen, wer hier verheiratet ist. Dies wäre alles nicht notwendig, wenn ich eine andere Frau heiraten würde. Dann hätte der Vater nur Freude, wie damals der Truman im Traum. Jetzt ist auch klar, wer die Ratte mit dem langen Schwanz ist, die mir das Genick abbeißt, mich töten will, mich kastriert wie die Fratze auf der Zeichnung. Er will den kleinen, schwachen Unterlegenen nun endgültig unschädlich machen.«

Der Patient richtete sich ein wenig auf und seufzte voll Entsetzen und Erleichterung. Dann begann er zu verzweifeln, alles sei sinnlos, alle Ziele und der Zweck des Lebens seien dahin.

Ich: »Was waren denn bisher Ihre Ziele?«

Er: »Eben diese Beschwörung, dieser Kult um den Vater, um die Bestrafung für die begangenen Sünden abzuwehren. Oh, es ist alles Unsinn, es ist fürchterlich, da gibt es gar keinen Ausweg mehr.«

Ich: »Sehr richtig, keinen Ausweg. Es gibt doch nur den einen Weg, den Sie früher selbst gesehen haben.«

Er (erregt): »Welchen Weg, sagen Sie, welchen??«

Mit dieser Stunde fiel eine weitere Illusion, nämlich die der Heirat mit seiner Braut. Er musste erkennen, dass seinem Verhalten nach diese Heirat nichts anderes bedeute, als die Legitimierung des Mutterinzestes.

In der 9. Stunde war damit eine weitere Steigerung des Widerstandes zu erwarten. Er legte sich nicht hin, war verstockt und böse. Dann beschrieb er die Zimmerdecke, in welcher er Fratzen in Flecken erkannte, vor welchen er sich fürchte. Er wollte sich nicht mehr hinlegen.

Gestern sei er nach der Stunde verzweifelt gewesen, habe zwei Stunden vor dem Polytechnikum gesessen und sich überlegt, welchen Ausweg es denn da geben könne. Er wisse überhaupt nichts mehr. Das sei alles theoretisch ganz interessant, aber praktisch könne nichts daraus geschlossen werden. Ich müsse ja wissen, was ich tue, ich sei ja der Arzt. Er jedenfalls wisse es nicht.

Ich: »Was tue ich denn?«

Er: »Eben tun Sie nichts, ich sage ja alles, es ist ekelhaft, ich bin so dumm!«

Ich: »Das möchten Sie wohl gerne hören.«

Er (verbittert): »Ja, daher kommt's, dass ich mich immer entschuldige. Ich habe Angst, Sie könnten mich für dumm halten.«

Ich: »Weshalb befürchten Sie das?«

Er: »Ah, Sie meinen natürlich wieder, das sei wegen meiner Mutter. Ich weiß genau, dass Sie das meinen. Es ist doch unmöglich, dass das alles damit zusammenhängt. Es sind zwölf Jahre her, seit ich den Wunsch hatte, mit der Mutter zu schlafen; das war doch früher, das ist heute nicht mehr so.«

Mit erhobener Stimme folgt nun ein Durcheinander von Pseudokausalitäten, von Beteuerungen, Entschuldigungen, Selbstanwürfen, Gejammer, alles sei verwerflich und nicht edel und die Religion sei doch moralisch das Einzige. Er wolle sein wie starke, selbstbewusste Männer. – Nachdem er lange so sprach, endete er schließlich ganz erschöpft.

Ich: »Sagen Sie, Sie sind doch Lehrer?«

Er: »Ja, warum? Was meinen Sie?«

Ich: »Sie kennen doch den Schulbetrieb?«

Er: »Ja, warum?«

Ich: »Welche Klassen haben Sie denn?«

Er: »Die Sekunda und die Prima, ja wissen Sie, die Halbwüchsigen, die 15–16jährigen.«

Ich: »Ja, also die, die in der Pubertät stehen?«

Er: »Ja natürlich, die sind so komisch, wissen Sie, in diesem Alter, da spricht man ja ein Durcheinander, da dichtet man und glaubt alles zu verstehen ... und die Minderwertigkeitsgefühle, die Befangenheit und die Werturteile, das kann man als Lehrer so richtig studieren.«

Dann schildert er in einem fast burschikosen Ton die ganze Pubertätsromantik, bis ich sage:

»... und dann wollen doch die meisten sein wie starke selbstbewusste Männer.«

Damit erschrak er, verstummte und setzte sich auf. Erstaunt schaute er mich an. Die Stunde war zu Ende. Ich sagte nur noch: »Sehen Sie, Ihr heutiges Verhalten ist genau so wie vor zwölf Jahren. Hier sind Sie stehen geblieben.«

Die im folgenden wiedergegebenen Sätze von Sigm. Freud[2] (Erinnern, Wiederholen und Durcharbeiten) scheinen mir die jetzige Situation, vom dynamischen Gesichtspunkt aus betrachtet, zu charakterisieren.

»Je größer der Widerstand ist, desto ausgiebiger wird das Erinnern durch das Agieren (bzw. Wiederholen) ersetzt sein. Wird aber im weiteren Verlaufe diese Übertragung feindselig oder überstark und darum verdrängungsbedürftig, so tritt sofort das Erinnern dem Agieren den Platz ab. Von da an bestimmen dann die Widerstände die Reihenfolge des zu Wiederholenden. Der Kranke holt aus dem Arsenal der Vergangenheit die Waffen hervor, mit denen er sich der Fortsetzung der Kur erwehrt, und die wir ihm Stück für Stück entwinden müssen.«

Unser Patient agierte nur noch. Ein großer Angstanfall in der Nacht, die dieser letzten Stunde folgte, brachte die ganze Umgebung in Aufruhr. Um zwei Uhr nachts bemühte die Mutter einen Apotheker für den Sohn. Missstimmung herrschte gegen die Behandlung. Die zugereiste Braut des Patienten stellte fest, dass ihr Freund ohne seinen Arzt unmöglich geworden sei. In der Stunde klagte und jammerte er, fand alles sinnlos und zum Verzweifeln, machte mich aufmerksam, dass es im Magen gluckse. Nachts habe er aus Angst Mama geschrieen und Fräulein M. habe gesagt, dass die Behandlung den religiösen Glauben antaste.

Dann wurde er zunehmend apathisch, sprach von Resignation, an die er sich schon gewöhnen werde. Mein stoisches Verhalten quittierte er schließlich mit Schweigen. Dann plötzlich begann er mit sichtlich aggressivem Tonfall:

Er: »Das nützt ja alles nichts, was wir hier seit zehn Tagen besprechen. Es ist sinnlos, weil theoretisch.«

Ich: »Wen klagen Sie denn an für all das Schreckliche?«

Er: »Sie!«

Ich: »So?«

Er: »Ach, Unsinn, mich selber. Wenn ich einmal selber einen Jungen habe, so soll er etwas Handfestes lernen und nicht so blöd auf die Universität gehen wie ich.«

---

2 Sigmund Freud: Ges. Schriften, Bd. X.

Ich: »Aha, dann ist also die Universität schuld?«

Er: »Ich wurde eben schon so geboren.«

Ich: »Das ist allerdings die einfachste Lösung.«

Er: »Ach, könnte ich doch an Gott glauben: Die Menschen, die das können, sind so problemlos. Hat es denn überhaupt noch einen Sinn, weiterzufahren?«

Da alles Agieren nicht den erwünschten Erfolg hatte, nämlich, dass ich mittat und mit ihm jammerte, brachte er seine Freundin mit. Das Vorhaben misslang: Ich ließ mich durch sie nicht erweichen, die mich anflehte, die Behandlung zu unterbrechen. Weinend verließ sie das Zimmer, er blieb konsterniert stehen und sagte:

Er: »Es ist ja schon unklar, was Sie eigentlich wollen. Wie viel Zeit ist jetzt übrigens noch bis zur Abreise?«

Er legte sich dann hin und verstummte recht lange, bis er begann:

Er: »Könnte ich doch sagen, was mir einfällt!«

Ich: »Warum können Sie das nicht?«

Er: »Ich könnte Ihnen weh tun.«

Ich: »Woher wissen Sie denn, dass Sie mir weh tun können?«

Er: »Sie sind doch ein feinfühlender Mensch, wie alle meine Freunde. Da müsste es Sie treffen. Sie wollen doch den Menschen helfen, deshalb sind Sie doch Arzt geworden.«

Ich: »Woher wissen Sie das?«

Er: »Na, hören Sie mal! das ist doch unglaublich. Wo bleibt denn da die Ethik?

Sie haben mich mit dem verdammten In-Mir-Herumgrübeln in den letzten zehn Tagen ganz durcheinander gebracht. Zerstören kann man in zehn Tagen alles, aber, wenn man dann nicht etwas Besseres, etwas praktisch Verwertbares an die Stelle setzt, dann ist alles kaputt.«

Ich: »Was ist denn kaputt gegangen?«

Er: »Sie sind entsetzlich!«

Ich: »Warum kommen Sie denn noch, wenn doch alles sinnlos ist?«

Er: »Ja, das möchte ich auch gerne wissen. Da sitze ich herum, und tue nichts als meiner blöden Person nachsinnen, ekelhaft. Ich habe so genug von alledem, von diesem Gespenst!«

Ich: »Von welchem Gespenst?«

Er (mit erhobener Hand, den Finger drohend ausgestreckt):

»Das sind nicht Sie, Herr Doktor, nein, nein ... «

Ich: »Wer hat denn jetzt gedacht, es könnte ich sein?«

Er: »Ich habe wieder ein beklemmendes Gefühl im Magen. Dann werde ich auch immer so traurig und habe Angst ... wovor denn? – vor dem Vater? – vor der Mutter? – übrigens habe ich heute morgen eine Auseinandersetzung mit meiner Mutter gehabt. Das kam so:

Sie sagte: ›Mon petit, mais tu as si mauvaise mine, pourquoi donc? ne perds pas courage et fais toi soutenir par la foi en Dieu.‹«

Da schrie ich sie an: »Ecoute – laisse-moi tranquille, j'ai assez de ton ›Petit‹.«

Da wandte sich die Mutter zu Marianne: »Voyons Marianne, regardez donc vous, soyez un peu mère pour le petit.« Ich wurde wütend: »Eh bien, ça suffit, j'ai assez, tu entends – j'ai assez d'une Mère, je n'ai pas besoin de deux.« Ich sage Ihnen, das gab einen Krach, aber Marianne hat sich gefreut. Ich konnte mich nicht freuen, wie ich mich nie freuen kann, auch wenn ich mit Marianne allein bin.

Ich: »Warum nicht?«

Er: »Ich weiß nicht, irgendwie gefalle ich mir auch in dieser Rolle.«

Er (weiter): »Ich liebe ja Marianne gar nicht, sonst wäre ich nicht traurig ... Ich bin ein fürchterlicher Mensch, also komme ich morgen wieder. Marianne wird maulen, wenn ich noch lange kommen werde.«

In der folgenden Sitzung erzählte er von einer Einladung bei einem früher von ihm sehr verehrten Pastor. Es sei schrecklich gewesen, das Gespräch habe sich immer um die Religion gedreht. Er glaubte das doch alles nicht mehr recht. Dabei sagte er in einer beinahe zwanghaften Weise zu jedem Satz »Ach Gott; ach, Gott, man muss wohl; ach, Gott, diese Einladungen.«

Ich machte ihn darauf aufmerksam, dass er immer »Gott« sage.

Es fiel ihm ein, er habe früher bei Onkel Richard, der ihn mit 15 Jahren psychisch behandelte, immer den Ausdruck verwendet: »Offen gesagt«; »offen gesagt war das so und so« usf. »Das heißt, dass ich beschwörend meinte, dass ich gar nichts offen sage. So ist es auch mit dem ›Gott‹. Ich glaube zwar allmählich, dass ich nicht mehr mit dem Katholizismus mitgehen kann. Ich fürchte mich aber ein wenig, dazu zu stehen. Ich will den Gott beschwören – er möge mich nicht bestrafen für das, was ich sage.«

Er meinte natürlich, für das, was er tue, nicht für das, was er sage. Denn nun erzählte er, dass er gestern versucht habe, erstmals mit Marianne sexuell zu verkehren. Marianne habe sich gewehrt und von den moralischen Gesetzen gesprochen.

Er: »Im Grunde war es mir recht, dass sie nicht wollte, ich insistierte auch gar nicht. Vielleicht wollte sie wie ich nicht recht.«

Ich: »Warum?«

Er: »Sie merkt doch, dass ich immer mehr an mich denke und traurig bin. Wenn ich mich an die Stelle des Mädchens setze, so würde ich weglaufen.«

Dann folgte eine Stunde reinsten Agierens. Er kokettierte mit einem Brief eines Wunderdoktors, den er leider vergessen habe; mit der Schilderung einer Angst vor Masken in einem Museum; mit Beleidigungen, die er zynisch seiner Mutter zufügte; mit pathetischen Schilderungen seiner nächtlichen Angstzustände, und wie er dann Mittel schlucke. Er philosophierte über das wahrlich Menschliche, zitierte Goethe, sprach über das Kreuz und die Religion, deren moralischen Wert, fand das Wort Moral nicht, suchte, kokettierte, ob ich ihm vielleicht helfen könne, ich wüsste doch bestimmt, was er meine, fand dann selber den Faden wieder und sprach von den Masken und dem Blutrausch der Wilden, wenn sie ihre Opfer töten, sprach vom Martyrium Christi und drehte sich nach 20 Minuten plötzlich um und sagte: »So, jetzt habe ich alles gesagt.«

Ich: »So, alles?«

Er: »Habe ich wieder Unsinn geredet, warten Sie mal?«

Ich begann, ihn mit ähnlichen Worten zu imitieren und ließ mich nicht unterbrechen.

Vorerst versuchte er mitzumachen, verstummte dann, wollte mir dezent und ruhig beweisen, dass er etwas ganz anderes sagen wollte, ich hätte ihn falsch verstanden. Dann wurde er wütend, es sei ein Unsinn, ich solle doch einen Moment warten, damit er sich klarer ausdrücken könne, das sei schließlich sein Recht, dass er verbessere, was er getan. Dann wurde er erregt, richtete sich auf, hielt die Ohren zu und schrie: »Hören Sie auf, es ist entsetzlich, genau so habe ich gesprochen, es ist wie ein Weibergewäsch.«

Ich stand auf, machte ihm einen Backfisch vor, der sich schämt, und wiederholte: »Hören Sie auf, hören Sie auf.«

Er: »Sie sind abscheulich.«

Ich (weiter ihn imitierend): »Sie sind abscheulich.«

Er (trotzig): »Am besten, ich sage nichts mehr.«

Ich (trotzig): »Ja, am besten Sie sagen nichts mehr.«
Er: »Schweigen Sie! Hören Sie auf!«
Ich: »Womit?«
Er: »Fragen Sie nicht so blöd, ich halte das nicht mehr aus.«
Ich (erstaunt): »Ja, was denn?«
Er: »Alles, alles, ich bin so ekelhaft.«
Er beginnt zu weinen und verlässt das Zimmer.
In der nächsten Stunde kam er etwas unsicherer als sonst, aber recht fröhlich. Er erzählte, dass er gestern eine schwere Depression gehabt habe. Die Mutter hätte wieder so blöde Anweisungen an Marianne gegeben. Nun äffte er die Mutter nach. Er kam auf die Stunde des Vortages zurück und meinte: »Die Mutter tut ja so wie ich. Ich verhalte mich hier bei Ihnen, so wie die Mutter sich mir gegenüber verhält. Nein, so etwas, ich tue so wie die Mutter!«

Nach dieser Erkenntnis folgten Stunden, in welchen zahlreiche Erinnerungen auftauchten. Er erkannte, dass er in manche seiner Schüler verliebt war und traurig wurde, wenn Ferien kamen, erinnerte sich an die Kränkung, die er als kleiner Knabe erfuhr, als die Mutter mit Freunden wegfuhr, erinnerte, dass er regelmäßig eine Angina bekam, wenn die Mutter verreiste, wie er dann allein im Bette der Mutter schlief und mit der Vorstellung onanierte, die Mutter liege mit dem Rücken gegen ihn gewendet. Dann traten Fantasien auf, die Onanievorstellungen mit einem Schüler beinhalteten. Es fiel ihm auf, wie betont sittlich er sich in der Schule benahm, es wurde ihm klar, wie diese Betonung nur Abwehr unsittlicher Gedanken war. Er erinnerte, wie er einem Lieblingsschüler schlechte Noten gab, nur damit niemand vermuten konnte, dass er diesen liebte. Er erkannte dann, dass die Abwehr Marianne gegenüber ähnlich begründet sein könnte, und dass er deshalb lieber von mir gepflegt werden möchte. Lachend sagte er, dass Fräulein M. eine lächerliche Liebhaberin sei. Der Angstausbruch vor einem Jahr wurde als Folge der Abreise seines Lieblingsschülers erkannt. »Der Schuldirektor war doch auch, so sittlich und streng«. Dann meinte er: »Ja, mit den Curés war es auch so, auch mit dem Theologiestudenten K. Die betonen immer so die Sittlichkeit ... weil – ist das möglich? Aber warum denn diese Abwehr? Dann stünde ja die ganze Religion seit Jahrtausenden im Dienste dieser Abwehr. Die Menschen hätten seit Urzeit diese Angst?«

Nun folgte ein Hasstraum auf mich mit dem Ausdruck der ersten Aggression:
Der Patient will einen Mann erschießen, der ihn anpöbelte, weil er Jude sei und ihn denunzierte. Er zögert aber und beschützt diesen Mann, da er an ihn gebunden ist und Schuldgefühle empfindet. Die Mutter ist in die Rassenschande-Affäre eingeflochten und wird verurteilt. Er empfindet Schuldgefühle. Es stellte sich heraus, dass der Mann eine Deckfigur für mich darstellte. Die Aggression erweckte Schuldgefühle, die vorerst zugedeckt blieben durch die Schuldgefühle seiner Mutter und Marianne gegenüber.

Die Geschichte mit der Verwechslung der Buchstaben N. und M., die ganz am Anfang der Analyse bereits auftrat, kam ihm plötzlich in den Sinn. Er fragte sich, weshalb er während der ganzen bisherigen Behandlung so häufig M statt N schrieb, assoziierte endlos auf den Buchstaben M. Es dauerte fast eine Stunde, bis er draufkam, dass mein Name mit M, seiner mit N beginnt. Diese Beschwörung, dieses Vorwegnehmen heimlicher Aggressionen durch eine Art Zwangshandlung, hinter welcher Schuldgefühle stecken, blieb noch unerkannt.

In einem Traum der nächsten Nacht wurden Todeswünsche noch deutlicher. An Hand der Traumbearbeitung erkannte er, dass er sich an den Schuldgefühlen in einer wollüstigen Weise weidet. Am Vortage erschrak er darüber, dass er keine Erektion mehr bekomme, wenn er mit Marianne flirtet. Ihr Name beginnt auch mit »M«. Die masochistischen, passiv-femininen Züge traten hervor. Der Widerstand ist enorm groß geworden. Unser Patient wusste, morgen wird die sichere, festgesetzte Abfahrt sein. Er war zuversichtlich. Er brauchte nun keine Angst mehr zu haben. Die Behandlung wird aus äußeren Gründen nicht fortgesetzt werden können. Er kam am Morgen des letzten Tages und sagte: »So, Herr Doktor, ich komme nur noch, um Adieu zu sagen.«

Es galt nun, die begonnene Analyse trotz äußerer Schwierigkeiten fortzusetzen, den Ausweichversuchen nicht nachzugeben, den Patienten zu veranlassen, die Verlängerung seiner Visa zu besorgen, neue Unterkunftsmöglichkeiten und Lebensunterhalt zu suchen. Es gab einen großen Auftritt. Der Patient war verzweifelt, aber endlich fuhr die tief gekränkte Mutter unter dem Wehklagen der Gastgeberin allein weg. Der Patient und dessen Freundin fanden bei einem Bekannten Unterkunft. Schließlich brachte er es zustande, Geld aufzunehmen, welches er später zurückzahlen musste.

Der Patient hatte nun zum ersten Male wirklich etwas tun müssen, damit die Analyse weitergeführt werden konnte. Damit war sein ganzes Verhalten schlagartig verändert.

Zusammenfassung des ersten Teils: Es wird über eine Kurzanalyse (44 Sitzungen) bei einem 28jährigen ausländischen Lehrer berichtet, der als einziger Sohn aus zweiter Ehe den Vater früh verlor und, infolge einer übermäßig starken Bindung an seine 60jährige Mutter, unmittelbar vor seiner Heirat an einer akuten Angsthysterie erkrankte. Im ersten Teil der Analyse wurde die verdrängte Homosexualität aufgedeckt und die starke Mutterbindung als Reaktionsbildung auf die Kastrationsangst erkannt. Anlässlich der beabsichtigten Rückreise ins Ausland entschloss sich der Patient unter großen Widerständen und heftigem Agieren die Mutter allein reisen zu lassen und die begonnene Analyse fortzusetzen, wodurch die Loslösung von der Mutter vollzogen war. Damit veränderte sich das Verhalten des Patienten schlagartig.

Résumé de la première partie: L'auteur relate une analyse brève (44 séances) pratiquée chez un instituteur étranger de 28 ans, fils unique issu d'un deuxième mariage de sa mère ayant perdu le père de bonne heure. Par suite d'une fixation excessive à sa mère âgée de 60 ans, le sujet commence juste avant son mariage à souffrir d'une névrose anxieuse aiguë. La première partie de l'analyse met en évidence une homosexualité refoulée et montre que la forte fixation maternelle constituait une formation réactionelle contre l'angoisse de castration. Au moment où se posa la question du retour dans son pays, le malade manifesta et traduisit en actes une violente résistance, puis se décida à laisser sa mère partir seule et à continuer l'analyse, Ce qui eut pour effet de consommer le détachement d'avec la mère et de transformer d'un seul coup le comportement du sujet.

Summary of the first part: A report is made of a short analysis (44 sittings) of a 28 year old foreign teacher, who, as only son of a second marriage, early lost his father and fell ill of acute anxiety hysteria just before his marriage as a result of an excessively strong attachment to his sixty year old mother. In the first part of the analysis the repressed homosexuality is uncovered and the strong maternal tie recognized as a reaction formation against castration fear. Facing the intended return to his own country the patient decided, against strong resistance and his mother's violent efforts, to travel alone and to continue the analysis he had begun. By this means he achieved the separation from the mother, and his whole behavior was altered as at one stroke.

Schluss

Das Agieren hatte dem Erinnern wieder seinen Platz abgetreten. Der Kampf zwischen Übertragungskraft und Widerstand wurde zugunsten der Übertragung entschieden. Damit wurde ich in der Übertragungssituation ein Muttterersatz. Bevor sich dies deutlich zeigte, brach ein Strom von Erinnerungsmaterial aus früher Kindheit durch: Zuerst erzählte der Patient drei Träume, auf die ich noch zurückkommen werde. Dann erinnerte er kindliche Szenen, die den Liebesentzug der Mutter zum Inhalt hatten, der diesmal aber in Hassgefühlen ausgedrückt wurde, die er gegen alle empfand, die ihn von der Mutter losreißen wollten.

»Ich habe mich im Bett der Mutter versteckt und angstvoll, oft stundenlang gewartet, bis sie endlich kam.«

»Ich hasste auch den Mann, den Mutter 1936 heiratete. Zwar dauerte die Ehe nur zwei Monate. Dieser Mann wollte mich zum Buben machen. Das habe ich ihm nie verziehen. Ich war bis dahin gekleidet und frisiert wie ein kleines Mädchen. Ich habe ihm später die Augen auf dem Foto ausgekratzt. Vater war auf dem Totenbett so eifersüchtig auf den Arzt, Onkel Richard. Er hat zuletzt noch gesagt: Ich wünsche dem Kleinen das Beste. Nach dem Tode hat die Mutter Morphium geschluckt und einen Kleiderkult des Toten gemacht. Vater ist seziert worden und ich las später den Sektionsbericht. Ich weiß alles ganz genau, auch wie viel die Schilddrüse wog. Dann imitierte ich den toten Vater, schrieb mich heimlich Dr. und später Cardinal. Ich betrieb übermäßige katholische Kultgeschichten, empfand ein berauschendes Gefühl bei der Beichte und beim Singen heiliger Lieder.

Eine unheimlich starke Bindung knüpfte mich an den Abbé C., er war ein Freund meines Vaters gewesen und sagte zur Mutter, als ich noch klein war: »Ce petit, c'est mon fils.« Ich wollte auch Priester werden. Mutter sagte, als ich klein war, »Vater wäre nicht gestorben, wenn er dich nicht gekannt hätte.« Das hat mir einen tiefen Eindruck gemacht, ich habe es zwar nicht verstanden. Mutter sagte, schon früher sei ein Kind abgetrieben worden. Vater habe dann gehofft, ein Mädchen zu bekommen. Onkel Richard meinte, ich sei ein Kind aus einer außerordentlich heißen Verbindung.«

In den folgenden Stunden wurde dann das Material vom Patienten selber durchgearbeitet. Der erste Traum ließ ihn das jus primae noctis, welches er mir zuschrieb, in seiner Bedeutung erkennen, der zweite Traum führte zur Angst vor der Mutter, wenn er mit ihr im Bette lag, wobei ihm klar wurde, dass sein mädchenhaftes Verhalten einer Angst entsprach, ein Knabe, mit allem, was dazu gehört, zu sein.

Von diesem Tage an war der Analysand nicht mehr impotent. Er freute sich, mit seiner Geliebten sexuell zu verkehren. Wohl traten in der Folge noch Angstzustände nach dem Coitus auf. Das Entscheidende, der Schritt zur heterosexuellen Beziehung war ihm gelungen. Der erste aktive Schritt, den er unternahm, als er sich entschloss, die Analyse fortzusetzen und die Mutter abfahren zu lassen, dürfte wohl in einer symbolischen Weise diese Wendung herbeigeführt haben.

Träume folgten, die die zunehmende Stärkung des Ichs aufzeigten. Der tote Jugendfreund Alex erschien ihm im Traum. Der Patient fragte, ob er denn nicht gestorben sei. Jener sagte, er sei im Paradies, und dort liebe man die Engel nicht platonisch. Darauf wollte er Nachrichten aus dem Paradies. Dann sprach er die Absolutionsformel über den Toten, woraus man das Auftauchen der Schuldgefühle für seine Todeswünsche ableiten konnte. Er erwachte, wie er bekannte, mit einem fröhlichen Gefühl. Eindeutig zeigte sich in diesem Traum die zunehmende narzisstische Haltung der eigenen Potenz gegenüber und gleichzeitig erschienen die Schuldgefühle, die nunmehr in einer Formel bewältigt wurden, wobei kein Unterschied mehr bestand zwischen den Schuldgefühlen der Mutter und mir gegenüber.

Die Stärkung des Ichs kam dann noch deutlicher im letzten Traum dieser Serie zum Vorschein, in welchem er träumte, er sei selber der Nervenarzt seines Onkels Richard, der ihn vor Jahren behandelt hatte. Die bevorstehende Entwicklung zur Heterosexualität zeigte sich im zweiten Teil dieses Traumes, wo er auf einer Hochbahnfahrt mit Marianne über das Ziel hinausfuhr, und dann nachbezahlen musste.

Doch ganz so leicht ging dieser Schritt zur Heterosexualität nicht vor sich. Nach dem ersten geglückten, angstfreien Coitus wurde dieser im Traum in Form einer Operation am Ohr nochmals erlebt, wobei Angst auftrat. Der Patient sagte spontan: »Die Gewohnheit, als Kind mit einem Finger im Ohr zu schlafen, schien mir jetzt ganz unmöglich.«

Es folgte nun ein Traum, in welchem ich als Einbrecher figurierte, den er von hinten mit einem Schlag zu erledigen suchte. Der Einbrecher erschien ihm als einer seiner Schüler. Der Traum stand offensichtlich im Dienste eines zusammenbrechenden Widerstandes gegen das, was folgen sollte. Er kam von sich aus plötzlich auf den toten Jugendfreund zurück, der ihm aus dem Paradies Nachrichten brachte. Folgendes entwickelte sich in dieser Sitzung:

Alex war ein inniger Freund des Patienten, als er zehn Jahre alt war. Er war der Schreck der anderen Jungen, weil er so stark war. In zahlreichen Schilderungen von Szenen mit Alex kam deutlich zum Vorschein, dass der Patient der Schwache war, der vom Stärkeren betreut wurde. »Sie sollen mich ja auch in Schutz nehmen, mich betreuen«, sagte er dann. »Sie sind wie der Alex. Mit Alex habe ich auch so kokettiert wie mit Ihnen. Das sind Sie, der Alex.«

»Die Verliebtheit ist ein Wunsch. Anderseits sollen Sie tot sein, weil Sie ja meinen Wunsch, mich zu lieben, nicht erfüllen.«

Ich: »Aber Alex hat Sie doch geliebt.«

Er: »Alex hatte blaue Lippen, meine Mutter hat ihn verwöhnt. Ich war eifersüchtig auf Alex, er war der starke Mann. Alex hat mich geliebt, ich liebte ihn weniger.«

(Dann traten in der Stunde Angst und Beklemmung auf. Der Patient musste plötzlich auf den Abort.) Er kam zurück, begann wieder zu verzweifeln, empfand alles als eine Konstruktion, redete herum und agierte nur mehr, bis zum Schluss.

Es war in der 25. Stunde, als er sich an die Zwangshandlungen erinnerte, die er als Knabe auszuführen pflegte; wie er nicht schlafen konnte, ohne vorher den Gashahn zu berühren; dann, wie er nicht aus dem Hause gehen konnte, ohne sich die Krawatte mehrmals zurechtzurücken und schließlich, wie er den Rücken der Mutter berühren musste, um schlafen zu können.

So offensichtlich es schien, dass diese Zwangssymptome Beschwörungshandlungen gegen die noch verdrängten Todeswünsche darstellten, war eine Deutung sicherlich nicht angebracht. Im Einbrechertraum mit dem Mordversuch traten die Hassgefühle gegen die Mutter und die Bezüglichkeit zur derzeitigen Übertragungssituation hervor. Bevor die Verdrängung weichen sollte, musste nun das ganze, dynamisch wirksame Material reproduziert werden, das die Beschwörungsmechanismen gegen die bestehenden Todes-Wünsche gegen den Vater darstellte, der hinter der gehassten Mutter stand.

Ich zitiere einige Stellen aus dem Protokoll:

»Als Kind träumte ich von Toten und von Särgen. Die eigentliche Konfliktsituation begann aber mit dem Tode meiner Großmutter als ich neun Jahre alt war. Ich sah erstmals eine Tote. Ich hatte Angst vor den Friedhöfen, vor der Einsamkeit auf dem Lande und liebte die Großstadt. Begeistert hörte ich einem Freunde meiner Mutter zu, wenn er von Bergunfällen erzählte. Ich stand ergriffen vor dem Leichenhaus. Dort sind die Toten aufgebahrt. Ich sah damals nur tote Frauen, einmal eine mit offenem Mund, schrecklich, das habe ich nie mehr vergessen. Einmal sollte ein Mann aufgebahrt werden. Ich ging hin, konnte aber nicht schauen und lief weg. Ein kleiner Junge war krank, ich hörte davon und erwartete dessen Tod, um ihn zu sehen. Als die Großmutter starb, wollte ich sie nicht sehen, aber von da an zwang ich mich, Tote zu schauen. Ich machte immer wieder Bilanz, wie viele Tote ich schon gesehen hatte und fragte mich, wie viele ich wohl noch anschauen müsse, um mich daran zu gewöhnen. Sarggeschäfte waren für mich der Inbegriff des Ungeheuerlich-Grandiosen. Ich las immer wieder die Stelle bei Baudelaire, wo er beschreibt, wie er das Gefühl habe, mit einem Skelett oder einer verfaulten Leiche im Bett zu liegen. Das berührte mich stark. Dann las ich wiederholt den Sektionsbericht meines Vaters; ich konnte ihn auswendig.
Onkel Richard, der Nervenarzt, sagte mir: ›Wenn dir das solchen Eindruck macht, die Toten, so schaue sie dir mal richtig an.‹ Dann begann ich Doktorspiele. Die Chirurgen ... das ist das Tollste, was es heute gibt. Im Leichenhaus sah ich einmal einen Napf mit geronnenem Blut. Dann konnte ich lange kein Fleisch mehr essen; noch heute ekelt mir vor Blutwürsten.«

Es folgte dann eine frühe Erinnerung: Er hatte sich gewehrt, als man sagte, er werde sicher einmal Priester werden. Er habe jeweils erwidert, dazu habe er das Recht nicht.

Während er alles das brachte, tauchte in der analytischen Situation die Bezüglichkeit des Inhaltes zur Projektion des toten Vaters deutlich hervor. Vorerst sagte er nur, es sei jetzt genug, ich solle nun auch etwas sagen. Dann nach einiger Zeit, es sei kein Vergnügen, mich im Rücken zu haben, und ob ich etwa die Sprache verloren hätte.

Er sprach noch einige belanglose Sätze und wurde nun aufgeregt:
Er: »Herr Kommissar, reden Sie jetzt ein Wort ...«
Er wartete dann einen Moment und sagte: »Totenstille«.
Mit einem hektisch lachenden Tonfall: »Ich werde immerhin nicht verbrannt wie im Mittelalter, wenn Sie schreiben.«

Ich schwieg weiterhin. Er sprach nun von Edelmut und Hoffnung. Seine Sprache war gepresst.
Er: »Sind Sie noch da? ... Sind Sie weg?«
Dann begann er von neuem zu agieren, sprach davon, dass so ja alles keinen Sinn habe. Schließlich sei das ja nutzlos, wenn er ein solches Geschwätz produziere, es sei entsetzlich, die Stunde sei verloren; man habe doch sowieso fast keine Zeit.

Es war klar: Nach der Ekphorie all dieser, teils längst vergessenen Reaktionsbildungen, musste der verdrängte Affekt hervortreten, der jedes weitere Erinnern verunmöglichte, dem Agieren wieder den Platz einräumte. Damit wurde ich in der analytischen Situation zur Figur des toten Vaters.

Neue Totengeschichten stiegen auf. Er wünschte sich die Gesellschaft der Toten. Dann kam ein Vorwurf gegen den Vater, dass er gestorben sei. Selbstvorwürfe folgten, die sich auf das Onanieren, auf die Auswanderung, auf seine Tölpelhaftigkeit bezogen. Seine Linkshändigkeit wurde als Begründung hervorgehoben. Wie eine Erleuchtung sagte er plötzlich: »Ich habe Angst, tot zu sein wie der Vater.«

»Die Selbstvorwürfe wirken wie eine Beschwörung. Die Strafe muss vermieden werden. Strafe, das wäre Sterben, das wäre der Tod.« Bei diesen Gedanken trat quälend ein Brandgefühl im Magen auf. Dann fiel ihm die Auswanderung ein. Die Mutter sei ja Jüdin und deshalb hätten sie auswandern müssen. »Warum komme ich denn gerade jetzt auf die Auswanderung?«

Er assoziierte und fand, der Vater sei auch ausgewandert, der Alex sei ausgewandert, weil er blaue Lippen hatte. Ein Herzfehler sei die Todesursache gewesen, habe die Mutter gesagt.
Ich: »Warum sind denn die blauen Lippen so wichtig?«
Er: »Er hatte blaue Lippen, einen Herzfehler, man hat ihm ein Leid zugefügt.«
Ich: »Ein Herzeleid?«
Er (ganz erregt): »Nicht etwa, weil er in mich verliebt war. – Oder etwa doch? Ich onanierte mit der Vorstellung von Klaus, der hat meine Liebe nie erwidert.«
Es folgte nun ein Traum mit vielen Menschen, die alle unklare Dinge taten. Es stellte sich heraus, dass alle, die im Traume vorkamen, außer ihm selber, längst gestorben waren. Darauf sprach er von der Onanie.
Ich: »Wann haben Sie zum ersten Mal onaniert?«

Er: »Schon vor der Schule, mit 5–8 Jahren. Ich rieb den Penis am Kissen. Die Mutter ertappte mich und sagte: ›Was machst du da?‹ Ich antwortete: ›Ich denke an den Tod‹. Mit 14 Jahren hatte ich die erste Pollution, nachdem mir mein Cousin Waldemar Präservative zeigte. Schon vorher sah ich meine Mutter nackt, das wirkte wie eine Bombe. Mutter war immer sehr jähzornig, zerschlug ihren Schmuck und warf mit Bürsten gegen die Dienstmädchen. Seither rächte ich mich im Traum: Ich schlug die Mutter. Später fantasierte ich beim Onanieren, dass Klaus von Indianern gemartert werde, dass ich dann komme als starker Mann, 20 Indianer totschlage und ihn rette.«

Es wurde damit eindeutig, dass er sich mit dem gestorbenen Freund identifizierte, der ihn liebte, ohne dass er diese Liebe erwiderte. Die analoge Situation war bei Klaus, nur mit vertauschten Rollen. In der unerwiderten Liebe zu Klaus kam erstmals der tiefverdrängte Masochismus hervor.

Die Fantasie, Alex möchte mit der Vorstellung seiner Person onaniert haben, traf sich mit dem Wunsche, den kranken Knaben endlich tot zu sehen, der eben Alex war, nur dass diese Wunscherfüllung fünf Jahre später eintrat. Der Grund, er sei aus Herzeleid gestorben, verwunderte nun nicht mehr und wurde einfühlbar.

Diese Erlebniskette führte nun aber zwangsläufig zum Schluss, dass die kindliche Vorstellung über sexuelle Tätigkeiten eng mit dem folgenden Tod verknüpft war. Diese Vermutung sollte der Patient in den folgenden Stunden selber bestätigen.

Die Mischung von sadistischen und masochistischen Tendenzen wurde nun deutlich: Er sprach darüber, wie er alle Menschen sofort bewerte. Er hasste alle Freunde seiner Mutter. Mit 16 Jahren habe er wild Religion gepredigt. »Alle Gäste meiner Mutter gingen entweder wütend weg oder mussten sich bei mir entschuldigen, dass sie als Katholiken nicht gläubig und sittlich genug seien. Auch die Frauen hasste ich, die meine Mutter besuchten. In ihnen konnte ich meine Mutter hassen. Ich habe allen meinen Vater vorgehalten, der der einzige rechtliche Mann meiner Mutter war.«

»Ich liebte Alex wie den Vater ... nein. Der Vater liebte mich. Er sagte: ›Ich wünsche dem Kleinen das Beste.‹ Alle Menschen ließ ich sterben, die ich liebte. Dann starben sie auch ... weil sie alt waren. Ich ging auf den Friedhof, um mein eigenes Grab zu sehen. Immer, wenn es gemütlich wird, habe ich Lust nach Bestrafung. Gemütlich war es, als ich im Bett der

Mutter onanierte. Da muss ein Schuldgefühl bestehen. Mich muss gestört haben, dass ich nicht zwei Eltern gehabt habe wie die anderen ... oder etwa gefreut? Ich bin ja so froh, dass er tot ist, ich war glücklich, der Hahn im Korb zu sein. Es ist schrecklich, sagte ich mir, so vergnügt zu sein, über ein so großes Unglück. Ich habe ihn, nein mich, sterben lassen, um ihn zu versöhnen.«

Ich: »Warum sagen Sie ›ihn‹ statt ›mich‹?«

Er: »Ich bin schuldig am Tode des Vaters, ich habe ihn sterben lassen. Mutter sagte ja: ›Wenn Vater dich nicht gekannt hätte, wäre er nicht gestorben. Vater wollte ja keine Kinder, absolut keine, wenn schon, dann nur ein Mädchen‹.«

Ich möchte hier kurz darauf hinweisen, wie klar es mir scheint, dass eine frühkindliche sadistische Vorstellung des Coitus bei diesem Patienten vorliegt. Könnte nicht im Erleben dieses Kindes gerade der Tod des Vaters eng mit dem Zeugungsakt in Verbindung gebracht worden sein? Hörte er nicht, der Vater habe keine Kinder gewünscht, und hatte er nicht aus einer Aussage der Mutter etwas so verstanden, dass der Vater nicht gestorben wäre, wenn er ihn nicht gekannt hätte? Oder wollen wir der Mutter zutrauen, dass sie zu einer solchen Aussage wirklich fähig gewesen war? Finden wir nicht in der Freundschaftsgeschichte mit Alex, der an Herzeleid starb, die prachtvoll ausgesponnene, der Realität so weitgehend angepasste Wiederholung des nicht überwundenen Ödipuskomplexes, mit dem ganzen Aufruhr unerledigter Affekte, die durch die gewaltsamen Reaktionsbildungen eine neue, nicht mehr ganz geglückte Verdrängung erfuhren?

Die 29. Stunde wurde eingeleitet durch die Wiedergabe eines Gespräches mit einem Herrn, der sich seit der Abreise der Mutter wieder häufiger und gerne mit ihm unterhielt. Dieser Herr sagte, er solle bei seiner Rückkehr aufpassen, dass man seine Veränderung nicht so stark bemerke wie hier.

Es folgte ein Traum: Der Patient steht mit Marianne etwas abseits und schaut zu, wie ein Film gedreht wird.

Das Bezeichnende an diesem Traum und seinen Assoziationen war das Spielerische, das Theaterhafte. Alle durchgearbeiteten Symptome kamen nochmals kaleidoskopartig zum Vorschein. Nach jedem zweiten Satz kam ein kurzer Jammer über seine Angstzustände, die auftretenden Körpersymptome, die trotz alledem nicht verschwunden seien. Das alles war ihm nicht mehr so recht ernst. Er wühlte in allem herum, fand tausend neue

Dinge, an die er bisher nie dachte, erzählte hastig, um noch fertig zu werden, verzweifelte bei dem Gedanken, dass die bevorstehende Abreise Realität werden musste. Er erlebte eine steigende Angst vor der Abreise, eine Angst, wie er sie noch nie erlebt hatte: »Es ist doch unmöglich, man kann mich doch jetzt nicht allein lassen!«

Ich glaube dabei zu erkennen, dass die nun aufgetretenen affektiven Abläufe dem Stand der Analyse entsprachen. Sie wurden auf ein anderes Geleis abgeschoben und nun hier abreagiert.

Er begann die Sprünge an der Decke über ihm zu deuten, wobei er lauter obszöne Bilder sah. Darunter trat ein Fellatio-Bild von Verlaine hervor. Dann sah er über der anderen Seite der Zimmerdecke, über mir, ein Gehirn und meinte, man sehe es ganz deutlich, aber dort scheine weniger los zu sein. Diese Aggression erhielt ihre Deutung, worauf er zugab, dass ich ihn langweile.

Dann kam er auf Verlaine zurück, sagte, der sei ein Homosexueller gewesen und erst auf dem Krankenbett gläubig geworden, während Rimbaud, sein Freund, in Abessinien verscholl, nachdem er mit 19 Jahren sein Bestes gegeben habe. Er assoziierte weiter, kam zu Sokrates, der seine Nase verlor; er war homosexuell – »natürlich, Xanthippe war nicht erfreulich. Ich sagte einmal zu Onkel Richard: ›Mir fehlt ein Stück am Schädel‹, mir fehlt die Männlichkeit, die Sexualität, der Penis. Marianne hatte die Menses gestern und ich konnte nicht zu ihr, da habe ich onaniert.«

In der folgenden Nacht träumte er, dass ein Bestattungsordner ihn aus dem Zimmer rufe, in welchem er mit Marianne lag. Die Assoziationen ergaben, dass ich als Bestattungsordner auftrat, ihn zur Auswanderung zwang. Auswanderung sei dasselbe wie Preisgabe. Dann trat die Kastrationsdrohung noch deutlicher auf. In einem Traum ging er augenkrank und blind in die Morgenklinik. (In masochistischer Weise wird die Kastration vorweggenommen.) »Dort habe ich Ihre Abwesenheit bemerkt und sah eine alte Frau, die gerade an einem Herzanfall starb. Ein 50jähriger Mann sagte ›Mama‹, worauf ich hinausgehen musste, weil ich das nicht ertrage. Dann lag die Gestorbene in einem anderen Zimmer und sagte, dass jetzt alles vorbei sei. Ich wunderte mich, dass Sie nicht unter den Ärzten waren.«

Der 50jährige Mann sei Onkel Hermann, oder der Schuster aus Armenien, der in der gleichen Stadt wohnte, wo er lebte. Es fiel ihm ein, dass dieser Schuster einmal Bestattungsordner war, als der richtige krank war; das war voriges Jahr.

»Der Bestattungsordner kürzlich im Traum waren aber Sie. Die Klinik war diese Klinik, der Stuhl, auf welchem die alte Frau starb, war dieser Diwan. Das war mein Tod. Der andere, der ›Mama‹ schreit, bin ich auch, der ich mich so sehe. Sie waren weg, damit Sie nicht an meinem Tod schuldig sind. Ich schrie Mama. Das ist der Wunsch, Sie möchten doch endlich gerührt sein.« Dann fiel ihm Onkel Hermann ein, eine Figur, die bisher nie auftauchte. Es ist der Bruder der Mutter. Er starb 1939. »Er hatte einen stacheligen Bart, wie der Verlaine hier oben an der Decke.«

»Als ich ganz klein war, brachte Onkel Hermann Wein und sagte: ›Den Wein hätte man aus Eierbechern trinken sollen.‹ Eierbecher? ... Eier – da ist wieder die Zeichnung mit dem Gebiss. Hermann wurde am gleichen Tag wie mein Vater geboren. Er hing so sehr an seiner Mutter, er brach am Totenbett der Großmutter zusammen. Er spielte Menschenfresser mit mir und wollte mich immer auffressen. Vielleicht habe ich ihn einmal nackt gesehen als kleiner Junge. Verlaine war auch ein Künstler, der trank und einen Bart hatte. Verlaine da oben ist Onkel Hermann. Ich flüchtete zu ihm, als Mutter mit einem ihrer Freunde weg war. Ich lag auf seinem Bett, ich trank mit ihm abends. Vier Wochen nach Kriegsausbruch ist er an Karzinom gestorben. Es war ein Glück für ihn, denn er war so schwach. Man nahm ihn nie ernst. Er wurde Hermannchen genannt. Er ist wie ich, unpraktisch, er bricht am Totenbett der Mutter zusammen.« (Er wird aufgeregt.) »Das halte ich nicht aus, ich würde es nie aushalten am Totenbett meiner Mutter. Ich habe Angst vor dem Tode meiner Mutter, vor der Strafe durch die Mutter.«

Ich: »Warum?«

Er: »Weil ich den Vater umgebracht habe. Ich freute mich, dass er nun tot ist für immer. Jetzt habe ich die Mutter allein. Aber Mutter weinte und soff Morphium aus Trauer, sagte immer, sie liebe den Mann noch, sie trieb einen Kult. Da erlebte ich, dass Mutter mich strafen werde für den Mord am Vater. Meine Schuldgefühle richteten sich auf die Mutter. Ich hasste sie, weil sie dem Vater nachtrauerte. Ich wollte dann die Mutter quälen, freute mich, wenn sie unglücklich war. Dadurch wuchs meine Schuld der Mutter gegenüber. Die Strafe musste sicher kommen, das war der Tod. Alles, was mich freute, musste Unglück bringen. Onkel Hermann, der Vater und gleichzeitig ich selber sind der Verlaine an der Decke, der den Penis abbeißt. Mein Verhalten als Kind war so, als ob ich keine Geschlechtsteile hätte, also kastriert, wie ein

Mädchen. Daher das mädchenhafte Verhalten. Die Strafe war bereits vollzogen. Ich habe sie selber vollzogen. Dann schaute ich mich an und sah, dass es nicht stimmte. Also wird die Strafe noch kommen.«

Ich: »Wann?«

Er: »›Ich würde es dir schon zeigen‹, sagte die Mutter, ›wie man verkehrt mit einer Frau, wenn du nicht mein Sohn wärest‹. Wenn ich also nicht mehr Sohn bin, kommt die Strafe. Wenn die Mutter tot ist, wenn ich mit einer anderen Frau verkehre, wird die Mutter eifersüchtig. Marianne ist ja das Gleiche. Marianne wird mich strafen. Sie steht für die Mutter ein. ... ›Soyez un peu Mère pour le petit‹. – Wenn ich also mit Marianne verkehre, so droht die Strafe, die Fratze auf der Zeichnung ist die Strafe. Der Vater? Nein die Mutter an Stelle des Vaters. Marianne wird mir die Hoden abbeißen, mich töten. Deshalb war ich so froh, als Marianne nicht wollte, damals. Jetzt verstehe ich auch, warum ich impotent wurde. Wenn Sie zuerst mit Marianne schlafen, hat sie nachher keine Zähne mehr.«

Ich: »Warum?«

Er: »Nein, dann ist sie nur Vehikel, dann verkehre ich eben nicht mehr mit ihr. Die Särge, die ich anschauen ging, die Frau mit dem offenen Mund, die ich mit Namen kannte, ist die Mutter. Der Wunsch, die Mutter möchte tot sein. Deshalb die Angst vor dem jüdischen Friedhof. Vater war ja kein Jude. Ich stellte mir vor, die Mutter sei tot und würde begraben. Die Angst wurde dann noch größer, weil durch den zweiten Mord die Strafe ja erst recht kommen musste. Andererseits war es die einzige Möglichkeit zu entkommen. Ich wollte mit sechs Jahren als Geburtstagsgeschenk, dass man mich operiere. Dann wurden mir die Mandeln herausgeschnitten.«

Damit war die letzte Sitzung der ersten Periode dieser Analyse beendet. Mein Patient heiratete einen Monat später. Der Plan, mit der Mutter gemeinsam eine neue Wohnung zu beziehen, wurde aufgegeben. Er schrieb an einer Stelle, die Mutter kokettiere ganz gewaltig mit Herzattacken, Blutdruckkrisen und Ohnmachten, um ihn zu veranlassen, sie wieder zu sich zu nehmen. Der Kontakt mit seinen früheren geistlichen Freunden kam nicht mehr zustande. Der Direktor der Schule war längere Zeit gegen ihn verstimmt. Die Aktivität des Patienten führte zu einer Aufsehen erregenden Demarche aller Lehrer unter seiner Führung, um eine Lohnerhöhung durchzudrücken. Das Vorgehen war erfolgreich. Marianne veränderte sich ebenfalls. Es kam zu einer Loslösung von ihren Eltern. Das Interesse des jungen Ehepaares richtete sich auf soziale Fragen. In der Kleinstadt gab es Leute, die sie lobten, weil sie sich so selbständig gemacht hätten, andere waren verärgert und nannten sie Ketzer, weil sie nicht mehr zur Kirche gingen. Sechs Monate später schrieb er:

»Ich trage jetzt einen Hut, was sonst in der Schule nicht üblich ist, aber er steht mir gut; dann bin ich breiter geworden, und habe stärkere Behaarung an der Brust und stärkeres Barthaar bekommen. Früher hatte ich Angst, meinen Knabenkörper beim Baden zu zeigen. Es kommt mir vor, als wäre sogar das Wachstum inhibiert worden.«

Diese Mitteilungen erhielt ich in Form von Postscripta, so nebenbei erwähnt. Der Inhalt der Briefe war ein ganz anderer: Er schilderte immer wieder seine neuen Angstsymptome, deren Bedingungen, deren Hintergründe, deren Umstände und Beobachtungen, die mit diesen zusammenhängen könnten. Dabei begann er immer mehr, seine Symptome in Gänsefüßchen zu setzen, mit spielerischen Mitteln sich selber darüber lustig zu machen, ja selbst die betonte Ernsthaftigkeit, mit welcher er darauf hinwies, wie schlimm das für ihn sei, entbehrte nicht einer Koketterie. Einmal teilte er mir einen Traum schriftlich mit, in welchem eine Krankenschwester ihm eine Spritze gab, die Nadel stecken ließ und wegging. Er war dann empört, sagte, er sei Sohn eines Arztes und lasse sich so etwas nicht gefallen, das gehöre sich doch nicht; schrieb dann dazu, dass er an mich gedacht, der es ja auch nicht anders gemacht habe.

Zehn Monate nach Abschluss der Behandlung gebar seine Frau einen Knaben. Eine tiefe Depression ist beim Patienten während des Spitalaufenthaltes seiner Frau eingetreten. Die Angstzustände wuchsen wieder an, blieben aber immer beschränkt auf seine Familie. Außerhalb derselben benahm er sich erwachsen und normal.

Ich erhielt eines Tages einen verzweifelten Brief seiner Frau. Darin teilte sie mir mit, dass ihr Mann sie nach der Rückkehr aus dem Spital veranlassen wollte, ihn nun zu analysieren. Er habe sich hingelegt, sie musste hinter ihn sitzen und zuhören, was er erzähle. Sie habe das dann abgelehnt, worauf er sie zwang, sich bei ihm zu analysieren. Sie hätte schwere Zeiten hinter sich und bitte mich, jetzt doch einzugreifen.

Ich schrieb zurück, dass sie das Analysieren lassen sollten, und dass ich mich bereit erkläre, die begonnene Analyse weiterzuführen.

Man sieht darin, wie stark die Übertragungsneurose angewachsen war und wie gleichzeitig starke Widerstände bestehen mussten, diese Bindung als solche anzuerkennen. Er zwang mich, über die Vermittlung seiner Frau ihn weiter zu behandeln. Im Bestreben, vorerst seine Frau mir gleichzusetzen und dann sich krampfhaft mit mir zu identifizieren, erkennt man die immer stärker werdende Reaktionsbildung auf die bestehende Übertragungsneurose.

Ein Jahr nach seinem Zürcher Aufenthalt borgte er sich wieder Geld, meldete sich an und erschien bei mir. Aus verschiedenen äußeren Gründen war von vornherein festgelegt, dass er im ganzen 14 Tage bleiben sollte.

In den ersten vier Stunden brachte der Patient ungefähr noch einmal, was er vor einem Jahr bereits erkannte. Er ergänzte hier und dort mit kleinen Details, die ihm besonders wichtig erschienen, meinte, jetzt komme es aber darauf an, die Dinge einmal ganz genau anzuschauen, um all dem Herr zu werden. Voll guter Vorsätze kam er in die Stunden, vorerst sprach er geordnet und ruhig, gegen Ende der Stunde wurden seine Gedankengänge immer sprunghafter, seine Stimme immer erregter, schließlich sprach er in wildem Tempo. Immer neue Geschichten aus seiner Jugendzeit wurden reproduziert. Er mischte darunter Aufmunterungen an mich, ob ich noch nachkomme und auch alles verstehe.

In der fünften Stunde wurde er zunehmend unsicher, richtete sich wiederholt auf, schaute zurück, fragte mich, was ich zu alledem meine, und ob ich nicht schließlich etwas sagen wolle; warum ich denn schweige, es sei ja entsetzlich. Die Zeit gehe vorbei und nichts geschehe. Alles sei für nichts gewesen, es sei ein Jammer, und er möchte lieber nie mehr nach Hause in diesem Zustand. Er möchte sich lieber umbringen.

Ich verhielt mich stoisch ruhig, deutete nichts, war so passiv wie möglich, und wartete ab.

In der sechsten Stunde kam die Verzweiflung, dann wurde er wütend auf alles, und schließlich auf mich. Ich sei gemein und helfe ihm nicht. Er deutete aber sein Verhalten sofort, schob wieder alles auf sich und fantasierte nun plötzlich, wie schön es jetzt zu Hause wäre, mit Marianne und dem Kleinen, wenn er nur nicht krank wäre. Diese Fantasien verließ er erst zum Schluss der Stunde, verfiel dann in eine Depression und begann zu weinen.

In den folgenden Tagen trat nun eine unaufhaltsam zunehmende Angst auf; vorerst wusste er nicht wovor. Er wurde unruhig, er fürchtete sich vor allem, erschrak, wenn er in ein Schaufenster blickte, glaubte, er sei übergeschnappt, als er in einem Geschäft das Wort Leinenweberei als Leichenweberei las, konnte nicht mehr schlafen, fürchtete sich in der Dunkelheit und unter Menschen in der Stadt, konnte die Straße nicht mehr ohne Furcht überqueren. Alle Körpersymptome, die er je angab, reproduzierten sich, erschienen gehäuft in diesen Tagen. Zwangshandlungen traten auf, in den Stunden wurde die Angst immer stärker, wurde darauf projiziert, dass nun bald die letzten Stunden kämen, und dann alles aus sei. Nichts sei geschehen und ich sei schuld, weil ich nichts sage als »ja« und »so, so« und sonst noch belanglose Worte. Er beginnt plötzlich sehr aufgeregt zu schreien, er halte das nicht weiter aus, mein Schweigen sei unerträglich, sei wie der Tod; ob ich tot sei? Vor den Gräbern im Friedhof könne man genau so reden, wie er es hier tue, man bekomme auch nie eine Antwort. Nach diesem Geschrei kam ihm plötzlich eine Geschichte in den Sinn von einem Zahnarzt, die er nie erzählt habe. Wie eine Erleuchtung kam es über ihn, dass hier der Schlüssel liege.

Jetzt war der Moment gekommen, um das Agieren des Patienten ad absurdum zu führen. Ich machte plötzlich mit, interessiert an jener Geschichte. Er war bestärkt, dass hier das Wunder geschehen werde, dass hier alles verborgen sei, erzählte begeistert bis in alle Details, doch kein Detail war mir Detail genug, ich wollte immer noch mehr wissen, fragte ihn die absurdesten Sachen und erhielt Antwort, fragte weiter, bis er ganz erschöpft war.

Dann folgte die letzte Stunde: Das Spiel ging vorerst mit der Zahnarztgeschichte weiter. Eine Assoziation brachte ihn auf seinen Aufenthalt in Jugoslawien, worauf er ein neues, nie geschildertes Erlebnis erzählen wollte. Dabei erwähnte er einleitend: »Nebenbei müssen Sie wissen, dass ich ja nicht serbisch sprach, ich kannte ja nur Bominovo, das heißt Friedhof, doch das nur nebenbei.«

Darauf begann ich: »Aber hören Sie, Friedhof heißt doch ganz anders auf Serbisch.«

Er: »Nein, Friedhof heißt Bominovo, aber das ist ganz gleich, ich muss Ihnen jetzt erzählen, dass ...«

Ich: »Aber hören Sie, ich war doch in Jugoslawien und habe Serbisch gelernt; Friedhof heißt gewiss ganz anders, warten Sie mal, wie heißt schon Friedhof?«

Nun wird er wütend, beginnt zitternd zu schreien: »Gut, dann heißt es eben anders, aber lassen Sie mich doch jetzt in Ruhe mit Ihrem blöden Friedhof!«

Ich: »Aber Sie behaupten ja etwas Falsches, ich weiß doch, dass auf Serbisch Friedhof mit G beginnt, oder etwa mit C, dass mir das nun nicht in den Sinn kommt!«

Er (wütend): »Meinetwegen.« (Mit böser, zitternder Stimme:) »Jetzt sind es nur noch 20 Minuten und Sie vertrödeln diese mit solch einem Unsinn!«

Ich: »Was, Sie finden das einen Unsinn? Ich möchte nun doch wissen, wer einen Unsinn erzählt, ich werde Ihnen beweisen, dass Friedhof nicht bominovo heißt. Warten Sie, ich hole einen Dictionnaire.«

Er empörte sich, wollte alles rückgängig machen, flehte mich an, ich solle doch all das jetzt vergessen, ich könnte ja morgen nachsehen. Aber ich ging und holte aus einem anderen Zimmer ein serbokroatisches Lexikon. Nun wollte es der Zufall, dass das Wort Friedhof überhaupt nicht darin stand. Während ich mühsam suchte, verzweifelte der Patient, ständig auf die Uhr schauend. Ich gab ihm dann das Lexikon und forderte ihn auf, selber nachzuschauen, ob er vielleicht doch bominovo finde und ging wieder hinaus mit den Worten: »Ich werde schauen, ob ich noch ein besseres Dictionnaire finde.«

Als ich draußen war, hörte man etwas im Zimmer herumfliegen, und als ich mit einem neueren Buch zurückkam, stand er zitternd vor Wut im Zimmer, der kleine Dictionnaire lag in einer Ecke. Er brüllte mich an, wie ich ihn bisher nie hörte, ob ich nun gefunden hätte, was Friedhof heiße, so etwas Läppisches hätte er noch nie gesehen, wie ich mich benehme, ich sei ein Rindvieh.

Während er so tobte, schlug ich nach und sagte dann ganz befreit: »Groblje! Sehen Sie, ich hatte eben recht, Friedhof heißt Groblje.«

»Groblje« äffte er mich nach, »und nun, was haben Sie davon, dass Sie nun wissen, was Friedhof heißt? Werden Sie jetzt vielleicht besser schlafen?«

Dann folgte Totenstille für wenige Sekunden, die abgelöst wurde durch ein befreiendes schallendes Gelächter des Patienten. Er krümmte sich vor Lachen, konnte kaum mehr aufhören. Schließlich musste ich mitlachen und das dauerte eine ganze Weile. Als er sich etwas erholte, sagte er: »Ein ganzes Jahr habe ich im Dictionnaire Friedhof gesucht, habe es nie gefunden und glaubte, was weiß ich zu finden, wenn ich weiter suche. Und dann kommt ›groblje‹ heraus, ›groblje‹, ist das nicht lächerlich?«

Bis zum Ausgang, wohin ich ihn begleitete, konnte er sich nicht erholen, er lachte noch auf der Treppe und sprach: »Ein ganzes Jahr suchte ich Rindvieh nach Groblje.«

Seit dieser letzten Stunde hat das Briefschreiben des Patienten aufgehört. In einem Jahr erhielt ich seither zweimal eine kurze Nachricht. Ein erster Brief, etwa vier Monate später, enthielt lediglich sachliche Erwägungen über seine Arbeit als Lehrer, eine kurze Beschreibung seines Sohnes und den lapidaren Satz, dass er mit seiner Frau glücklich lebe, soweit dies die äußeren Umstände zuließen. Von seinen Angstzuständen kein Wort. In einem zweiten Brief erzählte er von einem Rückfall, der anlässlich einer Italienreise aufgetreten sei, die er in den Ferien mit seiner Frau unternahm. Er sagte, er habe sich einige Ferientage verpfuscht, und sei selber schuld, wenn er sich so benehme. Nun, wer hat sich nicht schon etwas Angenehmes durch eine Verstimmung, durch unzweckmäßiges Verhalten verpfuscht?

Es kann nach Aussagen Dritter, die den Patienten vor dieser Behandlung kannten sei es ein Kollege, der ihn in der Poliklinik sah, seien es unbeteiligte Bekannte, die ihn beobachteten, sei es in positivem Sinne seine eigene Frau, in negativem seine Mutter – kein Zweifel darüber bestehen, dass eine nicht unwesentliche Veränderung stattgefunden hatte. Ein infantiler, unselbstständiger, angstvoller, kranker Mensch wurde erwachsen, selbstständig, initiativ und praktisch gesund.

Während der ersten Periode der Behandlung zeigte es sich deutlich, wie gerade im stürmischen Anwachsen des Widerstandes das Erinnern in zunehmendem Maße dem Agieren den Platz abtrat, wie dann dieses Wiederholen unter dem Drucke der überstarken und dadurch verdrängungsbedürftigen Übertragung unmöglich wurde, und durch ein aktives, selbstständiges Eingreifen ersetzt wurde, als der Patient die Fortführung der Behandlung selbst ermöglichen musste.

Ich hoffe, es ist auch klar geworden, wie in der Übertragungssituation die liebenden und drohenden Instanzen sich ablösten, wie jedes Mal nach der Überwindung eines neuen Widerstandes immer tiefer liegende Schichten der kindlichen Amnesie aufgedeckt wurden, und schließlich nichts anderes mehr übrig blieb, als die Übertragungssituation, die ihm die Möglichkeit gab, unbewusst sein bisheriges Verhalten und seine Symptome nicht gänzlich aufzugeben.

In der ersten Periode der Behandlung ist die Neurose auf die Übertragungsspule abgewickelt worden. Eine Übertragungsneurose ist entstanden, und ein Jahr dauerte es, bis sie sich so ad absurdum führte, so reif wurde, dass es gelingen konnte, an Hand einer so unspezifischen Diskussion, wie der über ein serbisches Wort, das inadäquate Verhalten erleben zu lassen. Das konnte nur gelingen, weil sich eben das inadäquate Verhalten ganz auf die Übertragungssituation richtete.

Nennen wir eine Neurose die Summe der Erscheinungen inadäquaten Erlebens und Verhaltens, bezogen auf die reale Situation, so erkennen wir im Prozess der Ausbildung einer Übertragungsneurose jenes entscheidende Instrument, das dem Psychotherapeuten zur Verfügung steht, um im Verlaufe der Kur diese Summe von Erscheinungen auf die analytische Situation zu reduzieren, und dann mittels der Auflösung der Übertragungsneurose dem Patienten eine realitätsgerechte Erlebnisbasis zu geben. Lassen Sie mich hier zum Schlusse noch eine kurze Stelle aus Sigmund Freud[2] zitieren:

> »Das Hauptmittel, den Wiederholungszwang des Patienten zu bändigen und ihn zu einem Motiv fürs Erinnern umzuschaffen, liegt in der Handhabung der Übertragung. Wir machen ihn unschädlich, ja vielmehr nutzbar, indem wir ihm sein Recht einräumen, ihn auf einem bestimmten Gebiete gewähren lassen. Wir eröffnen ihm die Übertragung als den Tummelplatz, auf dem ihm gestattet wird, sich in fast völliger Freiheit zu entfalten, und auferlegt ist, uns alles vorzuführen, was sich an pathogenen Trieben im Seelenleben des Analysierten verborgen hat. Wenn der Patient nur soviel Entgegenkommen zeigt, dass er die Existenzbedingungen der Behandlung respektiert, gelingt es uns regelmäßig, allen Symptomen der Krankheit eine neue Übertragungsbedeutung zu geben, seine gemeine Neurose durch eine Übertragungsneurose zu ersetzen, von der er durch die therapeutische Arbeit geheilt werden kann. Die Übertragung schafft so ein Zwischenreich zwischen der Krankheit und dem Leben, durch welches sich der Übergang von der ersteren zum letzteren vollzieht. Der neue Zustand hat alle Charaktere der Krankheit übernommen, aber er stellt eine artifizielle Krankheit dar, die überall unseren Eingriffen zugänglich ist.«

Zusammenfassung: Es wird über eine Kurzanalyse (44 Sitzungen in zwei Teilen mit einjährigem Unterbruch) bei einem 28jährigen ausländischen Lehrer berichtet, der als einziger Sohn aus zweiter Ehe den Vater früh verlor und

---

[2] Sigmund Freud: Ges. Schriften, Bd. X. Erinnern, Wiederholen und Durcharbeiten.

infolge einer übermäßig starken Bindung an seine 60jährige Mutter unmittelbar vor seiner Heirat an einer akuten Angsthysterie erkrankte. Im ersten Teil der Kur wurde über die Aufdeckung der verdrängten Homosexualität die Mutterbindung als Reaktionsbildung auf die Kastrationsangst erkannt. Es kam zur Ablösung von der Mutter und zur Entwicklung zum heterosexuellen Primat. Vorerst tauchten dabei frühkindlich verdrängte sadomasochistische Partialtriebe auf, die die Determinierung des Ödipuskomplexes aufzuzeigen vermochten (Der Zeugungsakt wird mit dem Tode gleichgesetzt). Während der ersten Periode ist eine Übertragungsneurose entstanden, die alle Symptome der früheren Neurose mitführte. Ein Jahr später gelang es unter besonderen Umständen der Übertragungs- und Widerstandssituation (deren Psychodynamik ausführlich berücksichtigt wird) in elf Sitzungen die Übertragungsneurose an Hand einer unspezifischen Diskussion aufzulösen.

Résumé. L'auteur relate l'histoire d'une analyse brève (44 séances en deux séries séparées par un intervalle d'un an). Il s'agissait d'un instituteur de 28 ans, fils unique issu d'un second mariage de son père; il avait perdu celui-ci de bonne heure, et en raison d'une fixation excessive à sa mère âgée de 60 ans, avait été frappé d'une névrose anxieuse (hystérie d'angoisse) aiguë peu avant le terme fixé pour son mariage. Dans la première partie de la cure, la mise au jour d'une homosexualité refoulée fit reconnaître que la fixation à la mère n'était autre qu'une formation réactionnelle contre l'angoisse de castration. Le sujet put se détacher de la mère et les tendances hétérosexuelles prirent le dessus. Cependant se manifestaient des tendances partielles sado-masochistes refoulées, datant de la première enfance, lesquelles mirent en évidence le mécanisme formateur du complexe d'Oedipe (l'acte de la génération assimilé à la mort). Au cours de la première partie du traitement se constitua une névrose de transfert, escortée de tous les symptômes de la névrose antérieure. Après un intervalle d'un an, dans les circonstances spéciales de transfert et de résistance (dont le dynamisme psychologique est exposé en détail), l'auteur réussit, en une série de onze séances, à liquider la névrose de transfert au moyen d'une discussion de caractère non spécifique.

Summary. A short analysis (44 sessions in two parts with a year's interval between) of a 28 year old teacher of foreign extraction is described, the only son of a second marriage, who lost his father early and was taken ill with an acute anxiety hysteria immediately before his marriage as a result of an exceedingly strong attachment to his sixty year old mother. In the first part of the treatment the attachment to the mother was recognized, after disclosure of the repressed homosexuality, as a reaction formation against the castration fear. The tie to the mother was resolved and heterosexual primacy developed. At the beginning of this phase repressed sadomasochistic partial drives from early infancy emerged, with were able to show how the Oedipus complex was deter-mined (the act of cohabitation was equated with death). During the first phase a transference neurosis came into being that carried with it all the symptoms of the earlier neurosis. A year later, under special circumstances of the transference and resistance situation (whose psychodynamics are considered in detail), it was possible to resolve the transference neurosis with the aid of an unspecific discussion in eleven sessions.

Mischneurose und psychosomatische Krankheit

Die doppelt geführte Reaktionsbildung[1]

Im Aufbau der Neurosen kann man während einer psychoanalytischen Behandlung oft mehrfache Verdrängungsprozesse und ihre Spuren im Ich verfolgen, die gewöhnlich schichtweise nacheinander entstanden sind und die sich überdecken. Es kann aber auch einmal beobachtet werden, dass zwei Hauptkomponenten neurotischer Bildungen fast selbständig nebeneinander entwickelt sind und so das Bild einer Mischneurose aufweisen, in welcher verschiedene neurotische Mechanismen gleichzeitig in Aktion treten. Es scheint nun, dass solche Patienten, die eine Art »doppelte Neurose« zeigen, ganz besonders dazu neigen, ein psychosomatisches Leiden auszubilden, welches oft lange Zeit als organische Krankheit verkannt wird. R. Brun[2] beschreibt einen solchen Fall einer Mischneurose und berichtet über ein 44jähriges Fräulein, welches während sieben Jahren an schweren Urogenitalstörungen litt, die zu einem ausgedehnten operativen Eingriff Anlass gaben, nach welchem sich das Leiden verschlimmerte. Die Ursache war psychogen. Es handelte sich um eine Neurose, die in ihren ersten Entwicklungsstadien das klare Bild einer Zwangsneurose darbot, während in den späteren Endzuständen – wie R. Brun meint – immer mehr massive hysterische Symptome von seiten des Urogenitalsystems das Feld beherrschten.

Es stellt sich die Frage, ob der Zusammenhang zwischen Mischneurose und psychosomatischer Krankheit bloß zufällig ist, oder ob psychodynamische Gesetzmäßigkeiten vorliegen, die eine der zahlreichen Entstehungsformen körperlicher Erkrankungen psychogener Herkunft beleuchten können.

Im folgenden soll der Fall einer Mischneurose mit ausgesprochener psychosomatischer Erkrankung näher untersucht werden:

Es handelt sich um eine 36jährige Frau, die während sieben Jahren völlig arbeitsunfähig und größtenteils bettlägerig war. Sie hatte sich von über 60 Ärzten

---

1 Bearbeitet nach einem Referat, gehalten am Internationalen Kongress für Psychoanalyse, 5.–9. August 1951, in Amsterdam.

2 R. Brun: Allgemeine Neurosenlehre, 2. Auflage, S. 398f.

behandeln lassen, ohne dass sich ihr Leiden gebessert hätte. Zeichen schwerster funktioneller Kreislaufstörungen, krisenhafte Erschöpfungszustände bei jeder kleinen Anstrengung, Basedow-ähnliche Symptome, ein schwer gestörter Zuckerstoffwechsel und alle Zeichen hochgradiger neuro-vegetativer Dystonie mit einer chronischen Cephalgie standen im Vordergrund ihrer Beschwerden. Das Verhalten der Patientin erschien recht wenig auffällig. Sie schilderte ruhig und scheinbar ganz adäquat ihre Krankheitserscheinungen. Immerhin fiel auf, dass, nach ihren Schilderungen zu schließen, alle Ärzte unrichtige Behandlungen gewählt, sich geirrt und ihr sogar Übles angetan hätten. Die Einzelheiten ihres Leidens und die ganze Lebensgeschichte erzählte sie fast pedantisch genau, doch hörte sie weder Fragen, die man ihr stellte, noch befolgte sie Ratschläge, die ihr gegeben wurden. Sie wich unmerklich aus, wenn man sie auf diese Verhaltensweise aufmerksam machen wollte, zeigte stets ein angedeutetes starres Lächeln und einen klugen, beweglichen Blick. Jede Aufforderung, etwa einige Schritte zu gehen oder sich hinzulegen, war Anlass zu einem Schwächeanfall, zu einem krisenhaften Zusammenbrechen, wodurch die Hilfe ihrer Umgebung herbeigerufen wurde.

Die Lebensgeschichte dieser Patientin und die Hintergründe ihrer psychischen Entwicklung ließen folgendes erkennen:

Als zweite Tochter wuchs sie in wohlhabenden, ländlichen Verhältnissen unter einer virilen, strengen Mutter und einem in sich gekehrten, wahrscheinlich zwangsneurotischen Vater auf. Als Kind kam sie sich von der Mutter verschmäht, vom Vater unbeachtet vor und identifizierte sich im Alter von drei bis vier Jahren mit einem gleichaltrigen Knaben. Dieser entwertete ihr Lieblingsspielzeug, einen Holzwagen, Geschenk des Vaters, und lenkte ihre Interessen auf Regenwürmer, kindliche Sexualspiele und Tierquälereien. Aus Träumen und Assoziationen, die in der Analyse dem Auftauchen dieser Erinnerungen folgten, war eine Beobachtung des elterlichen Coitus mit dem infantilen sadistischen Vorstellungsinhalt zu entnehmen.

Während der Latenzzeit zeigte sich das Mädchen dann schwächlich und liebesbedürftig, war der Mutter überaus anhänglich und bildete einen Ausgangspunkt für Aggressionen ihrer um zwei Jahre älteren Schwester und der Schulkameraden.

In dieser *ersten Phase* ist die Verdrängung einer sadistischen Triebregung anzunehmen. Letztere sollte einesteils die feindselige Antwort an die liebesversagende Mutter und andernteils einen Identifikationsversuch mit dem Knaben und dessen sadistischer Aktivität darstellen. Infolge dieser Verdrängung verschwanden nun die mit diesen Regungen eng verknüpften Erinnerungen an den beobachteten Sexualakt der Eltern und den anzunehmenden, einst bewussten Penisneid. Das überstarke Zärtlichkeitsbedürfnis und das masochistische Verhalten waren Ausdruck der erfolgten Gegenbesetzung, die eine sekundäre Identifikation mit der versagenden Hauptperson, der Mutter, bewirkte.

Im Alter von elf Jahren wusste das Mädchen um eine geheime Liebesbeziehung der Mutter, die sie entblößt, mit einem fremden Manne liegend, beobachtet hatte. Nach Preisgabe dieser Erinnerung folgte ein Angsttraum, in welchem Würmer eine Rolle spielten. Aus der Traumbearbeitung zeigte sich, dass dieses spätere Erlebnis eine Deckerinnerung für die tief verdrängte frühkindliche Beobachtung des elterlichen Coitus, eng verknüpft mit den sadistischen Spielen, darstellte. Die Menarche mit 13 Jahren fiel mit einer späten, letzten Gravidität der Mutter zusammen. Schwangerschaftsfantasien und quälende masturbatorische Spiele, die eine Geburt nachahmten, tauchten zusammen mit tiefen Schuldgefühlen gegen den Vater auf. Beim Eingehen auf diese Schuldgefühle zeigte sich, dass der misslungene frühkindliche Identifikationsversuch mit dem Knaben eigentlich dem Vater galt. Die spätere Identifikation mit der Mutter musste wahrscheinlich auch als Racheakt und Verrat am Vater erlebt worden sein. Das Wissen um die geheime Beziehung der Mutter zog die Vorstellung nach sich, die späte Schwangerschaft wäre Folge desselben Liebesverhältnisses gewesen. In der Fantasie, Tochter eines anderen unbekannten Vaters und einer prostituierten Mutter zu sein, kündeten die verdrängten Regungen der Rache ihre Wiederkehr drohend an.

Nachdem die Mutter niederkam, änderte sich das Verhalten des Mädchens recht plötzlich. Eine innige Anteilnahme am Neugeborenen, mit welchem sie sich offensichtlich identifizierte, leitete Eifersuchtsszenen gegen die Mutter ein, und schließlich entwickelte sich ein intensiver Hass gegen die neugeborene Schwester, mit Versuchungen, das Kind zu quälen und umzubringen. Im Widerstreit ihrer Gefühle bildete sie eine Konversionshysterie aus und kam von zu Hause fort. Ein Wunderarzt, zu welchem sie eine infantil gefärbte Liebesbeziehung ausbildete,

> befreite sie von ihrer hysterischen Gangstörung durch Hypnose. Seit dieser Zeit war das ausgesprochen masochistische Verhalten, welches ihre Kinderjahre charakterisierte, verschwunden. Sie hatte auch alle Erinnerungen daran verdrängt. Ihren Erzählungen nach zu schließen, konnte man sogar eine erstaunliche Aktivität in ihrer Jugend vermuten.

In dieser *zweiten Phase* lässt sich die Unzulänglichkeit der frühkindlichen Verdrängungsarbeit erkennen. Die Beobachtungen an der Mutter, äußere Wahrnehmungen, die dem verdrängten Triebimpuls entgegenkamen und ihr zeitliches Zusammentreffen mit der Pubertät der Patientin, dürften den Triebdurchbruch hervorgerufen haben, der die Regression forderte. Die stattgefundene Regression bedingte eine *Fixierung sadistischer Partialtriebe in ihrer Charakterhaltung.* Es entwickelte sich dann eine Art Sublimierung ihres infantilen Sadismus, indem die Frau eine rege Tätigkeit in Beruf und gesellschaftlichem Leben ausbildete. Sie versuchte dadurch dem frühkindlichen Ideal, das männliche Attribut zu besitzen, in der ihr möglichen Form zu genügen.

Die vorläufige Erledigung ihres Konfliktes durch Ausbildung einer Konversionshysterie bedeutete offenbar nur Zeitgewinn, um die Regression zu ermöglichen. Diese schien vorerst geglückt, doch hatte sie die *Verdrängung der früheren Reaktionsbildung,* die das masochistische Verhalten bedingte, erfordert. *Die masochistische Libido* hatte sich gleichsam ins Es zurückgezogen und teilte nun das Schicksal eines verdrängten Triebimpulses. Die weiter anhaltende Wirksamkeit der masochistischen Tendenz im Unbewussten hatte eine Entwicklung in zwei Richtungen zur Folge:
Einerseits verstärkte sie logischerweise die Gegenbesetzung im Ich. Zunehmende Aktivität und schließlich hastiger Tatendrang waren die Folge.
Andererseits konnte die masochistische Tendenz ihren Ursprung in der Reaktionsbildung auf den sadistischen Partialtrieb nicht verleugnen. Die neue Gegenbesetzung musste zum Wegbereiter des Triebdurchbruches werden. Das Es hatte sich gleichsam der Waffen des Ich bemächtigt, wodurch die Wiederkehr des Verdrängten unvermeidlich wurde. Sie folgte dem vorgezeichneten Weg:

> Gleich unabwendbaren Schicksalsschlägen musste die Patientin denn auch einen Durchbruch des verdrängten Masochismus erleben. Ihre Anpassung an

> die Realität war, wie der Sublimierungsprozess, nur scheinbar. Vorerst zeigten sich solche Anklänge in der Partnerwahl. Sie verliebte sich wiederholt in Kriminelle, die sie betrogen. Schließlich heiratete sie einen Schwindler, den sie zwei Jahre mit fleißiger Arbeit unterhielt. Nachdem dieser sie um ihren ganzen Besitz gebracht hatte, endete er im Zuchthaus. Ihre Liebeswahl richtete sich auf Männer, die ihr unterlegen waren und denen sie schließlich selber unterlag. Später dehnte sich diese Tendenz auf alle ihre gesellschaftlichen Beziehungen aus. Die sonst kritische und umsichtige, auch ausreichend intelligente Frau fiel dunklen Geschäftemachern aufs gröblichste in die Hände. Man konnte sich fragen, wie es überhaupt möglich war, den so überaus leicht durchschaubaren betrügerischen Absichten zu verfallen. Ihre steigende Betriebsamkeit in solche Machenschaften und ihre hasserfüllten Beschuldigungen gegen Mutter und jüngere Schwester, die sie grundlos für ihr Missgeschick verantwortlich machte, zeigten die Arbeit der Reaktionsbildung auf den Masochismus. Ihre Kritiklosigkeit und Blindheit für alles, was wirklich geschah, waren Ausdruck der verdrängten Gegenbesetzung. Sie verheiratete sich dann mit einem schüchternen, ihr unterlegenen Mann, der zwar Arbeit und Pflichten gewissenhaft nachkam, sich aber in sexueller Beziehung als brutaler, hemmungsloser Sadist erwies. Dessen Bedingungen für einen Orgasmus knüpften sich an Beißen, Peitschen, Würgen und an die heftige Abwehr mit schließlicher Hingabe seines Opfers.

Die *Wiederkehr des verdrängten Masochismus* war vollzogen. Er vermochte nicht mehr, wie einst, als wirksame Reaktionsbildung des Ich seinen Gegenspieler niederzuhalten. Das Es hatte sich seiner längst bemächtigt, hatte sich mit ihm verkleidet und war bereit, das Ich mit seinem angstbeladenen frühkindlichen Erlebnisinhalt zu überfallen. In den Forderungen des Perversen nach seinem Akt der Misshandlung war all dies enthalten, wenn er unter Schuldgefühlen zusammenbrach und um Strafe und Verzeihung bat. Noch trachtete das Ich der Patientin der Versuchung durch plötzlich auftretenden Ekel zu entgehen, doch unterlag sie dem masochistischen Genuss, diesmal Skotome bildend, die der Abwehr ihres Sadismus galten; flüchtete sie doch in Vorstellungen mit einem früheren Partner zu verkehren. Charakteristischerweise drehte ihre Fantasie dabei die Frigidität, die immer bestanden hatte, in eine volle Befriedigung um.

Die Frau hatte dann alles unternommen, um dem Ehemann seine sadistischen Gewohnheiten zu verbieten, worin sie schließlich erfolgreich war. Diese Leistung des Ich erwies sich aber als ungenügend. Die Patientin wurde schwanger, und mit der Geburt ihrer Tochter kehrte der Konflikt aus dem 14. Altersjahr wieder, diesmal affektiv unterbaut durch die real gewordene Mutterschaft. Die Belebung der früheren Rache- und Verratsfantasien gegen den Vater, Deckerinnerung des ursprünglichen Sadismus, rief den tief verdrängten Ödipus-Konflikt hervor. Noch ein letztes Mal versuchte das Ich im Aufwand extremster Gegenbesetzungen dem nun mächtig durchbrechenden Impuls zu begegnen. Paranoide Eifersuchtsszenen, überschießende Zärtlichkeitsanwandlungen, extreme Hassregungen lösten sich planlos ab und tauschten unmotiviert ihre Objekte aus. Eine immer hastigere und sinnlos gewordene Verdrängungsarbeit führte zum völligen Zusammenbruch, wobei der übergroße Affektgehalt ihres Konfliktes im somatischen Entgegenkommen des Erschöpfungszustandes Abfluss fand.

Mit dem Auftreten der schweren somatischen Störungen wurde die Frau wieder ruhiger. Sie verhielt sich scheinbar realitätsgerecht und erschien in ihrem psychischen Verhalten bei oberflächlicher Beurteilung im Großen und Ganzen normal.

Bezüglich der Struktur dieser Neurose kann angenommen werden, dass ursprünglich eine Identifikation mit dem zwangsneurotischen, der Mutter als Persönlichkeit unterlegenen Vater stattgefunden hatte. Das zeitliche Zusammentreffen der Beobachtung des elterlichen Coitus mit der Entdeckung der Geschlechtsunterschiede muss zu einer infantilen Vorstellung der Kastration durch die Mutter geführt haben. Die Schwäche des Vaters ist wahrscheinlich als Folge einer Einwirkung der Mutter aufgefasst worden. Dieser wurde eine *Vagina dentata* zugedacht, die sich die Patientin nach der später erfolgten Identifikation mit der Mutter dann selber zuschrieb, wie in der Analyse aus tief verdrängten Fellatio-Fantasien und ihren Determinierungen hervorging. In diesen Vorstellungen wird möglicherweise die *Wurzel ihres Sadismus* zu suchen sein.

In einem Zeitpunkt, als die Identifikation mit dem Vater noch nicht verdrängt war, muss ein Kastrationskomplex, wie er gewöhnlich beim Knaben beobachtet wird, ausgebildet worden sein, der durch die Tatsache, dass sie ein Mädchen war, einen Realitätswert erreichte, der bei Knaben nur selten möglich ist. Der Inhalt ihrer Neurose baute daher wie zu vermuten ist – auf der Vorstellung auf, *ein kastrierter Mann* zu sein. Hier kann die *Wurzel ihres Masochismus* angenommen werden.

Die Symptome, die diese Patientin zeigte, lassen sich in zwei Gruppen einteilen:

Einmal zeigte sie das Bild der »belle indifférence« mit einem fast spielerisch vollziehbaren Wechsel in ihrem Verhalten. Eine ausgesprochene Neigung zur Skotombildung, ein Danebenreden, welches oft geradezu an ein Gansersyndrom erinnerte und schließlich die Abspaltung und Fixierung der Affekte in der somatischen Krankheit charakterisierten die im Vordergrund stehenden *hysterischen Phänomene.*

Zweitens zeigten sich ein Bewusstbleiben pathogener Erlebnisse, eine Isolierung derselben von ihren Affekten, ein Hang zum magischen Denken und ein unabschließbarer Ambivalenzkonflikt, der sich bis in die geringfügigsten Entscheidungen ausbreitete, alle ihre Gefühle erfasste und sie entscheidungsunfähig und pedantisch erscheinen ließ. Man erkennt darin die *zwangsneurotischen Phänomene.*

Diese beiden Gruppen von Symptomen durchdrangen und verflochten sich in eigenartiger Weise. Während sich bei der echten Zwangsneurose die von den Erinnerungen abgespaltenen Affekte ganz dem Ambivalenzkonflikt zuwenden, hatten sie sich bei unserer Patientin in der somatischen Krankheit fixiert. Dadurch erhielt ihr bewusster Konflikt, ihr Zögern, ihre Ambivalenz, ihre Pedanterie, ihre Entscheidungsunfähigkeit etwas Spielerisches und Wandelbares. Zeichnet sich andererseits der echte Zwangskranke durch seine konsequente Hartnäckigkeit und peinliche Genauigkeit aus, so auch diese Frau, nur dass kaleidoskopartig auftretende und verschwindende Skotome die zwangsneurotische Haltung hysterisch färbten.

Die Tendenz, *mit einem Unterlegenen zu rivalisieren, um diesem schließlich zu unterliegen*, charakterisierte das Verhalten dieser Frau vor dem Ausbruch ihrer Krankheit. Mit der Wiederkehr des verdrängten Masochismus und dem Abfluss des freigewordenen Affektes in die somatische Krankheit hatte sich das Verhalten der Patientin verändert. Sie suchte nun *den Überlegenen, um mit ihm zu rivalisieren, bis dieser ihr schließlich unterläge.* Was sich einst zwischen Es und Ich abspielte, wurde jetzt im Verhalten des Ich seiner Umwelt gegenüber sichtbar.

Es war ganz gleich wie im Märchen der Brüder Grimm:

Der Hase und der Igel

...Als der Swinegel dem Hasen auf dem Felde begegnete, bot er ihm einen freundlichen guten Morgen. Der Hase aber, der nach seiner Weise ein vornehmer Herr war und grausam hochfahrig dazu, antwortete nichts auf des Swinegels Gruß, sondern sagte zum Swinegel, wobei er eine gewaltig höhnische Miene annahm: »Wie kommt es denn, dass du im Felde herumläufst, mich deucht, du könntest deine Beine auch wohl zu besseren Dingen gebrauchen. Diese Antwort verdross den Swinegel ungeheuer, denn alles kann er vertragen, aber auf seine Beine lässt er nichts kommen, eben weil sie von Natur schief sind. »Ich wette«, sagte nun der Swinegel zum Hasen, »wenn wir wettlaufen, ich laufe an dir vorbei.« – »Das ist zum Lachen, du mit deinen schiefen Beinen«, sagte der Hase, »aber meinetwegen mag's sein«. Sie vereinbarten, den Wettlauf nach dem Frühstück abzuhalten. Der Swinegel nahm seine Frau mit, wies ihr unten am Acker ihren Platz an und ging den Acker hinauf. Als er oben ankam, war der Hase schon da. »Eins, zwei, drei., und los ging der Hase wie der Sturmwind den Acker hinunter. Der Swinegel aber lief nur ungefähr drei Schritte, dann duckte er sich in die Furche nieder und blieb ruhig sitzen. Als nun der Hase im vollen Laufe unten am Acker ankam, rief ihm dem Swinegel seine Frau entgegen: »Ich bin schon hier«. Der Hase stutzte, war außer sich vor Ärger und rief: »Noch einmal gelaufen, wieder herum«. So lief er dreiundsiebzigmal und der Swinegel hielt es immer mit dem Hasen aus. Jedes Mal, wenn der Hase unten oder oben ankam, sagte der Swinegel oder seine gleich aussehende Frau: »Ich bin schon hier«. Zum vierundsiebzigstenmal aber kam der Hase nicht mehr zum Ende. Mitten auf dem Acker stürzte er zur Erde, das Blut floss ihm aus dem Halse, und er blieb tot auf dem Platze. Der Swinegel aber nahm den gewonnenen Lujedor und die Flasche Branntwein, die für den Sieger ausgesetzt worden waren, und ging mit seiner Frau vergnügt nach Hause.

Man könnte sagen, dass vor Ausbruch der Krankheit das Ich der Patientin die Hasenrolle verkörperte, während ihr Unbewusstes die Rolle der beiden Igel übernommen hatte. Nach Auftreten des psychosomatischen Leidens projizierte die Kranke die Hasenrolle in die Umgebung, während sie in ihrer Person die Doppelrolle der beiden Igel darstellte.

Das Es hatte in frühester Kindheit wahrscheinlich Vorstellungen aus seinen verdrängten Anteilen dem Ich zur Verfügung gestellt, um den entdeckten Penismangel als Kastration zu bestätigen. Die Haltung des scheinbar unterlegenen Es konnte dem getäuschten Ich wegen der physischen Realitätsanpassung an den Kastrationskomplex in nichts verdächtig erscheinen. Ganz analog verhielt sich jetzt die Patientin nach Ausbruch ihrer Krankheit scheinbar adäquat, wobei das somatische Leiden die Kastration darstellen könnte.

In der analytischen Situation zeigte sich diese Haltung sehr deutlich. Die Patientin sprach vorerst ausschließlich über ihre vielfältigen Krankheitssymptome. Die Variationsmöglichkeiten der Erscheinungsformen ihrer Störungen waren grenzenlos. Welche Zusammenhänge auch immer angetönt wurden, die Patientin vermochte mit der unbewussten Produktion neuer Symptome jeweils in kürzester Zeit zu beweisen, dass weder Gesetzmäßigkeiten noch Erfahrungen für ihren Fall zutreffen könnten. Trotzdem steigerte sich ihr Eifer immer mehr, in nun bereits hypochondrischer Weise zunehmend ausgefallenere Züge ihrer Krankheit zu schildern. Der Arzt sollte verleitet werden, im unendlichen Wettlauf mit ihren wandelbaren Symptomen den Kampf aufzugeben.

Die passiv-abwartende Haltung des Analytikers, die in solchen Fällen weiterführt, war auch hier vorerst erfolgreich. Mit der Zeit konzentrierten sich ihre Störungen immer umfangreicher auf die analytische Situation, während sie außerhalb dieser zurückgingen. Tauchten ihre Krankheitssymptome ehemals losgelöst von erkennbaren äußeren Ursachen auf, so dokumentierten sie schließlich eine enge Verbundenheit mit bestimmten Verhaltensweisen. Gleichzeitig steigerten sich Gefühle des Hasses und der Verachtung ins Maßlose. Diese Gefühle waren Ausdruck der verdrängten Affekte, die eine negative Übertragung nährten. Die Projektion ihres Hasses auf Mutter und jüngere Schwester blieb jedoch bestehen. Zwar vermochte die Frau nach 120 Sitzungen ihren Haushalt wieder selbstständig zu führen, was während Jahren nicht mehr möglich gewesen war. Sie kam zu Fuß in die Sprechstunde, überquerte dabei mühelos Straßen und Plätze, doch brach sie auf der Treppe, 20 Meter vor dem Eingang zum Sprechzimmer, zusammen und während der analytischen Sitzung kehrten die Beschwerden wieder.

In jener kritischen Situation zog es die Patientin vor, mehrwöchige Ferien einzuschalten, wodurch die Behandlung unterbrochen wurde. Während dieser Zeit war die Kranke völlig beschwerdefrei, leistungsfähig und fröhlich, doch zeigten sich mit ihrer Rückkehr dunkle Bedenken, die mit der notwendigen Umorientierung ihres Lebens zusammenhingen. War die Patientin – jahrelang bereits nicht gar so unglücklich verheiratet und an ihr Kind auf ihre Art gebunden – wohl noch fähig, eine so umfangreiche Veränderung in ihrem Leben glücklich zu vollbringen, was ein Weiterschreiten der Analyse voraussichtlich mitgeführt hätte?

Eine gewisse Zurückhaltung bei der Beurteilung dieser Frage ist verständlich, aber gerade diese Zurückhaltung des Psychotherapeuten ist unvereinbar mit dem affektiven Erleben der negativen Übertragung in der analytischen Situation. So kam es zu einem negativen Abschlussverhältnis der Behandlung, indem die Patientin ihre Skotome in der Mitteilung einer Erkrankung neu bezog, die sie am weiteren Kommen verhinderte. Der Lustgewinn, ihren Arzt in der Rolle des Hasen zu sehen, muss ungemein viel größer gewesen sein, als die Unlust, die sie durch ihr Kranksein auf sich nahm. Mutatis mutandis sagt Sigmund Freud zu solchem Ausgang:[3]

> »Wo Regungen der Grausamkeit und Motive der Rache schon im Leben zur Aufrechterhaltung der Symptome verwendet worden sind, sich während der Kur auf den Arzt übertragen, ehe er Zeit gehabt hat, dieselben von seiner Person abzulösen, da darf es nicht wundernehmen, dass das Befinden der Kranken nicht den Einfluss seiner therapeutischen Bemühung zeigt. Denn wodurch könnte die Kranke sich wirksamer rächen, als indem sie an ihrer Person dartut, wie ohnmächtig und unfähig der Arzt ist.«

Es scheint, als ob sich hier *zwei Neurosen* fast selbständig nebeneinander entwickelt hätten und sich verbündeten, ihre Schwächen gegenseitig zu decken. Nach außen schien die Neurose geglückt. Ihr Misslingen drückte sich in der Krankheit aus, die die Merkmale der Neurose wiederholte. Ähnlich wie beim Konversionssymptom fand eine somatische Affektfixierung statt. Es blieb aber nicht beim scharf umschriebenen Symptom. Der Affekt wurde gleichsam innerhalb seines neuen Bereiches nochmals verdrängt und kehrte in einer viel allgemeineren somatischen Störung wieder, ganz analog dem psychischen Prozess der Verdrängung durch Regression, wo

---

[3] Aus »Bruchstück einer Hysterieanalyse«. Ges. Schr. Bd. V.

er verschwindet und in einer allgemeinen Charakterverwandlung wiederkehrt.

Unter dem mächtigen infantilen Triebanspruch missglückte die durch Regression entstandene Charakterneurose, die nun durch einen hysterischen Mechanismus überdeckt wurde. So ergibt sich, dass in diesem Falle die *psychosomatische Krankheit Ausdruck einer hysterischen Maßnahme des regredierten Ich* war.

Im Falle unserer Patientin war besonders deutlich erkennbar, wie die während der Latenzzeit im Ich fixierte Reaktionsbildung, die das masochistische Verhalten bedingt hatte, der Verdrängung verfiel. Diese letztere war Folge des Zusammentreffens des verstärkten Triebimpulses der Pubertät mit dem Wiedererleben der frühkindlichen Konfliktsituation am Objekt der neugeborenen Schwester. Zuerst bildete sich eine typische Konversionshysterie aus, die offenbar in die anschließend erfolgte Verdrängung durch Regression mitgerissen wurde. Das Ich nahm dann eine neue Reaktionsbildung vor, die naturgemäß der ersten entgegengesetzt war. Nichts stand unter solchen Voraussetzungen dem Durchbruch des ursprünglich verdrängten Partialtriebes mehr im Wege. Das Es hatte sich gleichsam in die längst vergessene Reaktionsbildung eingeschlichen, hatte sich gespalten und wurde man könnte sagen – schizoid. Es verfolgte auf zwei entgegengesetzten Wegen sein immer gleichbleibendes Ziel: *Die Befriedigung der libidinösen Ansprüche des Ödipuskomplexes*. Das Ich hatte einen doppelten Kampf zu führen. Seine Waffen waren die entgegengesetzten Reaktionsbildungen, die sich gegenseitig aufhoben. In solch fatalem Ausgang erkennt man den *Zusammenbruch des Abwehrstrebens des Ich*. Während der ehemals verdrängte Affektbetrag des Konfliktes im somatischen Bereich freien Abfluss erhielt, wandte sich das Ich desinteressiert von seinem Schicksal ab. Was die Neurose dem Beobachter bot, war nicht mehr Prozess, zeugte nur noch von vergangenen Kämpfen. Was bisher Evolution war, wurde von nun an Zustand. Die neurotische Entwicklung war gleichsam zum Abschluss gekommen.

Zusammenfassend gestatten die Beobachtungen am dargestellten Fall folgende Schlussfolgerungen:

1. Es erweist sich als wahrscheinlich, dass die Entstehung der *Mischneurose* dieser Patientin die Bedingung voraussetzte, dass eine erste Gegenbesetzung der Verdrängung verfiel und damit der weiteren Ichkontrolle

entging. Indem sich der infantile Triebanspruch des Inhaltes der verdrängten Reaktionsbildung bemächtigte, sich ihrer bediente, um durch sie Ausdruck zu gewinnen, konnte das Ich getäuscht und veranlasst werden, eine neue Gegenbesetzung vorzunehmen, die den Triebdurchbruch begünstigte, statt ihn zu verhindern. Mit anderen Worten wurde das Produkt einer neurotischen Arbeit im Verlauf der weiteren psychopathologischen Entwicklung als solches nochmals verdrängungsbedürftig. Da es sich um Reaktionsbildungen handelte, und weil das Ich einen doppelten Kampf führen musste, könnte man eine solche Entwicklung den Vorgang einer »*doppelt geführten Reaktionsbildung*« nennen.

2. Das scheinbar realitätsgerechte Verhalten der Kranken ließ sich als Folge des *Zusammenbruches des Abwehrstrebens des Ich* erkennen.
3. Der *verdrängungsbedürftige Affektbetrag* des neurotischen Konfliktes fand in einer *allgemeinen psychosomatischen Krankheit* seine Ausdrucksmöglichkeit.
4. Im Aufbau dieser Mischneurose unserer Patientin war zu erkennen, dass offenbar eine *hysterische Komponente im Vordergrund stand und sich zu ihrer Festigung zwangsneurotischer Mechanismen bedient hatte.*

Die Psychodynamik, die einem solchen Prozess zugrunde liegen könnte, lässt sich vielleicht mit folgender Überlegung verstehen.

Hatte das Ich ursprünglich ein hysterisches Symptom gewählt, um dank dessen verdrängender Kraft Unlust zu vermeiden, so schien es sich viel später in seiner bedrängten Lage daran erinnert zu haben, dass das hysterische Symptom in tieferer Schicht gleichzeitig die Erfüllung einer Strafandrohung des Über-Ich bedeutet hatte. In seinen letzten Anstrengungen allen Symptomen diese Bedeutung zu geben, versank die unlustvermeidende Eigenschaft des hysterischen Symptoms selbst in einem Skotom hysterischen Ursprungs.

Man kann sich fragen, ob die Pathologie des Seelenlebens auch das *Gegenstück dieser »doppelten Neurose«* aufweist, wo also eine zwangsneurotische Komponente sich zu ihrer Festigung hysterischer Mechanismen bedienen würde. Gibt es, mit anderen Worten, Zustände, wo die allgemeine Charakterhaltung nach erfolgter Regression nicht im Vordergrund stünde, dem Affektbetrag aber eine engumschriebene, bestimmte Verhaltensweise zur Verfügung gestellt bliebe, in welcher er sich hemmungslos und unkontrolliert ausleben könnte?

Man vermutet dieses Gegenstück zur Neurose unserer Patientin bereits im Objekt ihrer neurotischen Liebeswahl. Ich denke, solche Voraussetzungen könnten die Perversionen, oder wenigstens bestimmte Formen derselben, erfüllen.

Es sei hier nur kurz darauf hingewiesen, dass sich der Perverse im allgemeinen ganz ähnlich wie unsere Patientin relativ unneurotisch verhält. Die pathologischen Züge treten im umschriebenen Bereich seiner Sexual-Tätigkeit hervor, wobei das bewusste Ich in charakteristischer Weise unbeteiligt zuschaut, wie das Es die libidinösen Ansprüche des Ödipuskomplexes hemmungslos befriedigt.

Von solchem Gesichtspunkt aus betrachtet, ließe sich die Psychodynamik der Perversionen vielleicht mit folgender Überlegung umschreiben:

Hatte das Ich als Abwehr die Libidoregression gewählt, wodurch der verdrängungsbedürftige Affektbetrag verschwand und in einer allgemeinen Charakterverwandlung wiederkehrte, so musste in einer späteren, wohl bedrängtesten Lage die längst vergessene Waffe der Bildung hysterischer Symptome herangezogen worden sein. Eine solche Annahme deckt sich mit der Vermutung Sigmund Freuds, nach welcher »bei jeder Zwangsneurose eine unterste Schicht sehr früh gebildeter hysterischer Symptome zu finden sei«.[4]

Weil aber bei der Zwangsneurose Ich und Über-Ich besonders großen Anteil an der Symptombildung haben, bedeutet die hysterische Abwendung des Ich von der unliebsamen Triebregung die freie Gewähr des Es-Anspruches.

Mit diesem fragmentarischen Ausblick auf die Perversionen soll in erster Linie darauf hingewiesen werden, dass nicht jede Mischneurose eine psychosomatische Krankheit mit sich führt. Auch mit Bezug auf verschiedene Einschränkungen, die theoretisch abgeleitet werden könnten, ist eine Verallgemeinerung dieser Beobachtung nicht zulässig.

Man kann lediglich feststellen, dass die Mischneurose dieser Patientin am ehesten über den Vorgang doppelt geführter Reaktionsbildung entstanden ist, wobei in pathogenetischer Hinsicht der Zusammenbruch des Abwehrstrebens

[4] Aus »Hemmung, Symptom und Angst«. Ges. Schr. Bd. XIV.

des Ich und die freie Gewähr des libidinösen ödipalen Es-Anspruches die wichtigsten Merkmale darstellen. Was die psychosomatische Krankheit betrifft, so erwies sich im Laufe der Behandlung, dass ihre pathogenetischen Merkmale eng und direkt mit jenen der Mischneurose zusammenhingen. Die Ätiologie der psychosomatischen Krankheit kann aber nicht in der Mischneurose als solcher gesucht werden. Der ätiologische Faktor zeigt sich in diesem Fall im Überwiegen der verwendeten hysterischen Mechanismen.

Im vorgelegten Fall einer Mischneurose mit ihrem psychosomatischen Hintergrund wurde dem Vorgang »doppelt geführter Reaktionsbildung« eine dominierende Rolle in der Charakterbildung der Patientin zugesprochen. Es scheint, dass dieses nur in extremen Fällen zutrifft, dass jedoch in viel diskreterer Weise der Verdrängungsvorgang einer einst errichteten Gegenbesetzung in der Psychopathologie weit verbreitet ist. Die Voraussetzung für den Vorgang doppelt geführter Reaktionsbildung ist in der Normal-Psychologie bereits aufzufinden, denn das sozial angepasste Individuum ist durchaus gewöhnt, Gegenbesetzungen zu fixieren, die sich in allgemeinen Verhaltensweisen zeigen. Ja, das Ich scheint mit der Zeit ganz zu vergessen, dass eine Reihe seiner ablehnenden Impulse ursprünglich einer Reaktionsbildung entsprachen und verhält sich ihnen gegenüber schließlich so, als wären sie direkte Es-Abkömmlinge.

Ein Beispiel dafür seien die normalerweise entstehenden und gewöhnlich als unauffällig erachteten moralischen Empfindungen, oder auch Scham- und Ekelgefühle. Scheinbar so ursprünglich wie eine Triebregung, verraten sie sich bei genauerer Verfolgung als dauernde Gegenbesetzungen des Ich, um die asozialen, einmal für immer als unverwendbar erkannten Tendenzen der allgemeinen perversen Sexualanlage der Kindheit wirksam niederzuhalten.

Es ist durchaus anzunehmen, dass solche scheinbaren Es-Abkömmlinge, wie die echten – wenn auch sicherlich unter merkwürdigen Verhältnissen, einmal verdrängungsbedürftig werden können.

So scheint es, dass der Vorgang doppelt geführter Reaktionsbildung in vielen Neurosen als akzessorischer Faktor, oft nur im Ansatz, oft nur passager nachweisbar ist und am ehesten der Bewältigung eines aktuellen zusätzlichen Konfliktes dienen kann. Man könnte den Vorgang als eine Art Sicherungsmaßnahme bei nicht ganz geglückter Charakterneurose auffassen.

Zusammenfassung: An Hand eines Falles von Mischneurose mit schwerer psychosomatischer Krankheit bei einer 36jährigen Frau wird aufgezeigt, wie ein Verdrängungsprozess, der sich als ungenügend erwies, eine neuerliche Verdrängung erforderte. Die Verdrängung einer frühkindlichen sadistischen Triebregung bedingte eine Reaktionsbildung, die das masochistische Verhalten mitführte. Mit dem zweiten Verdrängungszprozess zog sich die masochistische Libido gleichsam ins Es zurück und teilte nun das Schicksal eines verdrängten Triebimpulses. Indem sich das Es des Inhaltes der verdrängten Reaktionsbildung bemächtigte, konnte das Ich veranlasst werden, eine neue Gegenbesetzung vorzunehmen, die den Triebdurchbruch begünstigte, statt ihn zu verhindern. Dieser Vorgang »doppelt geführter Reaktionsbildung« führte zum Zusammenbruch des Abwehrstrebens des Ich und zum schrankenlosen Triebdurchbruch, der im somatischen Bereich Ausdruck fand. Es wird dargelegt, wie im beschriebenen Fall hysterische Mechanismen im Vordergrund standen, die vorerst eine Konversionshysterie, später eine schwere psychosomatische Krankheit mitführten. Die psychosomatische Krankheit dieser Patientin war Ausdruck einer hysterischen Maßnahme des regredierten Ich. Es wird dann kurz darauf hingewiesen, dass bei den Perversionen analoge Verhältnisse angenommen werden können, nur dass in diesen Fällen die zwangsneurotischen Mechanismen im Vordergrund stünden. Abschließend wird dem Vorgang der Verdrängung einer im Ich fixierten Reaktionsbildung eine viel allgemeinere Bedeutung, im Sinne einer Sicherungsmaßnahme bei ungenügend kompensierter Charakterneurose, zugesprochen.

Résumé: L'auteur étudie le cas d'une femme âgée de 36 ans, atteinte d'une névrose mixte accompagnée de troubles psychosomatiques graves. Le refoulement précoce d'une tendance sadique entraîna une formation réactionnelle qui détermina un comportement masochiste. Cette formation réactionnelle toutefois se révéla insuffisante. Un deuxième refoulement s'installa et eut pour conséquence ce fait: la libido masochiste se retira pour ainsi dire dans le ça, partageant dorénavant le sort d'un instinct primitif. Le ça prit possession du contenu de la formation réactionnelle masochiste et engagea le moi à en former une autre, qui forcément s'opposait à la première. Le double mécanisme de défense du moi aboutit à l'attitude suivante: les instincts infantiles se libérèrent, tandis que les mécanismes de défense du moi s'écroulèrent. Ce processus de double formation réactionnelle se manifesta par des symptômes hystériques. La maladie psychosomatique en découla. L'auteur admet que les troubles somatiques ressortent à une réaction hystérique produite par le moi en état de régression et il attire l'attention sur le fait possible que les perversions accusent de circonstances analogues. Les perversions cependant formeraient au premier chef des symptômes d'ordre obsessionnel.

Le processus de double formation réactionnelle est considéré comme un phénomène névrotique qui n'est pas rare. Il présente souvent un mécanisme auxiliaire de défense dans le cas de névrose caractérielle dont la compensation mal réussie reste insuffisante.

Summary: It is shown how, in a combined neurosis with severe psychosomatic disease in a 36 year old woman, an initial repressive process that proved to be insufficient entailed a still further repression. The repression of a sadistic drive component dating from early childhood conditioned a reaction formation that led in its turn to masochistic behavior. In the second stage of repression the masochistic libido withdrew, as it were, into the Id and shared the facte of repressed instinctual impulses. Through the Id taking possesion of the content of the re-pressed reaction formation, the Ego was led to form a fresh counter-cathexis, which helped the drive to break through instead of repressing it. This process of »twofold reaction formation« led to the collapse of Ego's defense strivings and to an unchecked in break of the drive, which found its expression in the somatic field. It is described how, in the case in question, hysterical mechanisms were in the foreground that brought about first a conversion hysteria, then a severe psychosomatic illness. This patient's psychosomatic illness formed an expression of an hysterical measure taken by her regressive Ego. Then it is pointed out briefly how analogous conditions can be assumed to hold in perversions, only that in these cases obsessive-compulsive mechanisms stand in the foreground. Finally, a much more general significance is ascribed to the process of repression of a reaction formation fixated on the Ego, in the sense of a measure of security in an insufficiently compensated character neurosis.

Vater und Sohn

Darstellung einer klinischen Fallstudie[1]

Übersetzt von Claudia Schmitt

Im Verlauf einer klassischen Psychoanalyse sind die Rollen in der Regel klar verteilt. Der Analytiker hat die Aufgabe, Erklärungen zu liefern, sei es durch die Interpretation des Verhaltens des Klienten in der analytischen Situation oder durch ein Zusammenfassen der Assoziationen des Patienten in einer Formel, deren Sinn die gegenwärtigen Gefühle mit den verdrängten Affekten der Kindheit verbindet, die aus einer retardierten psychischen Entwicklung der infantilen Sexualität resultieren.

Nun kann in der analytischen Situation die Erklärung des Analytikers beim Klienten auf Widerstand stoßen, der – bekanntermaßen – oft die Folge einer verdeckten negativen Übertragung ist. Misst man den Assoziationen, die während einer negativen Übertragung entstehen, eine tiefgreifende Bedeutung bei, begeht man einen der schwerwiegendsten Fehler überhaupt. Denn die Verdrängung, die man aufzuheben versuchte, würde im Gegenteil durch ein solches Vorgehen nur noch verstärkt. Die Schlussfolgerung jedoch, jeglicher Widerstand des Klienten basiere auf einer negativen Übertragung, wäre zu oberflächlich. Unter bestimmten Umständen können die Formen des Widerstands trotz einer stark ausgeprägten positiven Übertragung unüberwindbar sein. In der Tat scheint es so, als beinhalte ein analytisches Ereignis dieser Art eine Affektspannung, die jederzeit wieder durch die neurotischen Mechanismen des Patienten verdeckt werden kann. In diesem Widerstand, den Freud als den »Widerstand des Es« bezeichnete, zeigt sich der Wiederholungszwang.[2]

Freud schrieb in seiner Darstellung der Analyse einer hysterischen Frau: »Man muss die Eier zerschlagen, um ein Omelett zuzubereiten.«[3] Er

---

1 Vortrag bei der Société Suisse de Psychanalyse vom 26. Januar 1952 in Zürich.

2 Sigmund Freud: Inhibition, Symptôme et Angoisse. Presses Universitaires, Paris, 1951, S. 95–96. (Sigmund Freud: Hemmung, Symptom und Angst. GW Band XIV.)

3 Sigmund Freud: Werke aus den Jahren 1904–1905. Bruchstück einer Hysterieanalyse, Imago Publishing Co. Ltd. London, Bd. V., S. 209.

konnte darüber hinaus auch aufzeigen, auf welch unterschiedliche Weise die Technik des Eierzerschlagens in jedem der untersuchten Fälle in Anbetracht der individuellen Züge des Kranken angewandt werden muss.

Das »Zerschlagen der Eier« bedeutet, die Widerstände mit Hilfe des Instruments, über das der Analytiker verfügt, zu zerschlagen: mit Hilfe seiner Erklärungen, die den hervorgerufenen Assoziationen einen neuen Sinn verleihen. Aber wie greift man diejenigen Widerstände an, die sich gegen den Vorgang des Erklärens selbst bilden? Wie verhält man sich angesichts einer Situation, in der der Patient gar keine Erklärung mehr annimmt und der Arzt keine weitere Möglichkeit mehr sieht, die Analyse weiter voranzutreiben? Wie kann man schließlich die Folgen verstehen, die entstehen können, wenn der Klient – trotz einer systematischen Charakteranalyse, wie sie Wilhelm Reich[4] beschreibt, die darauf abzielt, die wesentlichen Merkmale des neurotischen Verhaltens vom gegenwärtigen Widerstand in der analytischen Situation zu isolieren – in einem Zustand der Regression verbleibt?

Möglicherweise bedeutet solch eine Situation, dass der analytische Prozess mithilfe einer verbalen Erklärung nicht weiter voranschreiten wird, sondern sich fortan die notwendigen Erklärungen über Umwege bilden werden, deren Verlauf, Richtung und verbindliche Regeln der Analytiker suggeriert. Aus diesem Grund sollte der Analytiker seinen Patienten aufmerksam und unbefangen beobachten.

Die Umwege in der Interpretationsarbeit eines Psychoanalytikers bleiben meist verborgen und entgehen selbst der größten Aufmerksamkeit des Analytikers. Wer konnte nicht schon einmal das Verschwinden von Symptomen oder das Entstehen eines neuen Verhaltens bei einem seiner analysierten Patienten beobachten und hatte für diese Veränderungen manches Mal keine Erklärung? Öfter, als man es zugeben will, kann diese Frage, die sich der Analytiker und sein Patient stellen können, selbst zu einem späteren Zeitpunkt, wenn die Analyse schon beendet ist, nicht beantwortet werden. Das intellektuelle Begreifen dieser stummen Veränderungen wird niemals in die tiefen Abgründe des Unbewussten vordringen, weder beim

[4] Wilhelm Reich: Charakteranalyse. Technik und Grundlagen für Studierende und praktizierende Analytiker. København: Im Selbstverlage des Verfassers 1933 (stark erweiterte Fassung 1949 in englischer und 1970 in deutscher Edition).

Klienten noch beim Analytiker selbst. Hier beginnt die Domäne von Theodor Reik, der uns erklärt, dass die Situation, die er eine chaotische nennt, plötzlich ein klärendes Ereignis hervorbringen kann, das die folgende Analyse zwar verständlich macht, die Vergangenheit allerdings in die Dunkelheit des Unbewussten taucht. Etwas literarischer spricht er von »der Geburt eines wunderbaren Sohns am Busen des Chaos«.

Andere Autoren beschränken sich darauf, in diesem Phänomen einen obskuren Instinkt zu sehen, mystische Begriffe wie die kollektiven Mechanismen des Unbewussten einzuführen oder eine wissenschaftliche Arbeit und klare Methode im Bereich der Tiefenpsychologie nur mit überflüssigem Ballast zu beladen.

Aus diesem Grund erscheint es uns interessant und nützlich, einen Fall vorzustellen, der – dank seiner glücklichen Umstände – beleuchten und erklären kann, auf welche Weise sich solch ein Umweg in der analytischen Arbeit umsetzen lässt.

Es handelt sich dabei um eine Analyse, die während einer gewissen Phase festgefahren war. Daraufhin trat eine andere Person in die Analyse ein, die sich dem Klienten in einem Traum zeigte, der im weiteren Verlauf für die Analyse so hilfreich war, dass eine chaotische Situation in eine systematische Analyse umgewandelt wurde, die schließlich erfolgreich war.

Meines Wissens gibt es in der psychoanalytischen Literatur keine Beobachtung dieser Art. Selbstverständlich ist das Phänomen der psychischen Induktion selbst keineswegs neu. Es wurde häufig in Artikeln über Parapsychologie erörtert, vor allem in Berichten zur Telepathie.

Maryse Choisy beschreibt zum Beispiel einen Vorfall, bei dem die Assoziation des Klienten parallele Assoziationen beim Analytiker hervorrief. Nun wurden aber gleichzeitig diese Assoziationen vom Patienten reproduziert. Die Autorin nennt diese psychische Induktion »den telepathischen Parasitismus« und schreibt: »Es gibt Gedanken, die die Stille hört.«[5] Maryse Choisy liefert uns psychodynamische Erklärungen, die notwendig sind, um dieses Phänomen verstehen zu können, aber sie beschränkt ihre Beobachtung auf die analytische Situation. In der gleichen Ausgabe der *Psyché* findet sich weiterhin die Beschreibung eines Falls, bei

[5] Maryse Choisy: Les fantômes de l'escalier de service, in: Psyché, Monatszeitschrift, Ausgabe Nr. 55, Paris, Mai 1951.

dem Personen, die mit der Kranken verwandt waren und in diesem Fall außerhalb der analytischen Situation standen, eine Reaktion auf die Probleme des Klienten zeigten. Diese Beobachtung, die Yvonne Rousseau in Belgien schildert, ist so kurios, dass wir sie hier zitieren wollen:

> »Der Analytiker hielt es für ratsam, einer Patientin, die stark anal regressiv war, mitzuteilen, es sei sehr gut möglich, dass es in der kommenden Nacht zu einem ›infantilen Unfall‹ im Bett komme. Nun aber erzählte ihm die junge Frau einige Tage später, dass sie selbst sehr sauber geblieben sei, ihr Mann und ihre Kinder aber allesamt ihre Laken beschmutzt hätten.«[6]

Zweifellos handelt es sich bei diesen Phänomenen um Projektionen von Patienten, die im Unbewussten des Arztes oder anderer Personen eine Abwehrhaltung hervorrufen, die sich im Verhalten ausdrückt. Letztere leiden oder reagieren, ohne sich selbst über die Projektionen im Klaren zu sein, denen sie unterworfen sind. In der Analytiker-Klient-Beziehung können solche Situationen während der analytischen Arbeit auftreten, und es gibt keinen Grund, daran Anstoß zu nehmen. Sie können bei den didaktisch bestgeschulten Analytikern vorkommen, und dieses Phänomen zeugt nicht notwendigerweise von einer chaotischen Situation.

Obwohl es eher selten vorkommt, ist es doch nicht gänzlich unmöglich, dass die Analyse selbst durch einen Prozess, der so gegensätzlich zu dem ist, was wir gerne als klassisch bezeichnen möchten, einer bestimmten regelhaften Entwicklung folgt, die zum Erfolg führt. Ließe sich diese Gesetzmäßigkeit der Tiefenpsychologie auch ohne das bewusste Eingreifen des Analytikers anwenden? Man könnte noch weiter gehen und vermuten, dass diese Gesetzmäßigkeit vielleicht gerade deshalb Wirkung zeigt, weil sie ausdrücklich verlangt, dass das Bewusstsein des Analytikers nicht beteiligt ist. Die folgende Betrachtung veranschaulicht diese Besonderheit.

[6] Yvonne Rousseau, zitiert nach: Maryse Choisy: Les fantômes de l'escalier de service, in: Psyché, Monatszeitschrift, Ausgabe Nr. 55, Paris, Mai 1951, S. 261.

Vorgeschichte des Falls

Bei dem Patienten handelt sich um einen jungen 22-jährigen Mann aus einer bürgerlichen Schweizer Familie, der immer in der Stadt gelebt hatte. Er hatte einen Bruder, der sechs Jahre älter war, und einen um drei Jahre jüngeren Bruder. Sein älterer Bruder, der uneheliche Sohn seiner Mutter, war Militärpilot und verunglückte bei einem Absturz tödlich, als der Patient 16 Jahre alt war. Der jüngere Bruder war ein sportlicher Draufgänger, der sich wenig um das kümmerte, was in der Familie vor sich ging, und eine Ausbildung als Mechaniker absolvierte.

Das familiäre Umfeld, das der Patient noch nie verlassen hatte, war eher kleinbürgerlich. Obwohl der Vater, 60 Jahre alt, Besitzer des Hauses war, in dem die Familie wohnte, blieb er von finanziellen Sorgen nicht verschont. Die Beschreibung der Familiengeschichte deutete auf eine chronische Störung hin. Die Mutter, 55 Jahre alt, war Hausfrau. Sie war fleißig und reinlich, aber ruhig, oft traurig, von Natur aus melancholisch. Der Vater hatte als Beamter im gehobenen Dienst gearbeitet, war aber vorzeitig in den Ruhestand gegangen. Er war ein verschlossener und streitsüchtiger Mensch, der dem Alkohol verfiel. Er war vom Leben enttäuscht und fand im regelmäßigen Besuch des kleinen Cafés um die Ecke sein einziges kurzzeitiges Vergnügen, und er wurde von der Sorge geplagt, einen Wechsel bei der Bank ausstellen zu müssen, um die Belastung der Hypothek zu verringern, die auf seinem Besitz lag. Den Vater traf die vollständige Verachtung seines 22-jährigen Sohnes, der ihn als eher einfältig, ungebildet und charakterschwach ansah.

Die Beziehung der Eltern war von Streitigkeiten bestimmt. Von Zeit zu Zeit schlug der Vater in einem Wutanfall die Mutter, bis sie weinte. In seiner frühen Kindheit stürzte der Sohn nachts oft zum elterlichen Schlafzimmer, um dann das Schluchzen seiner Mutter zu hören.

Auch sein uneheliche Bruder stritt damals mit dem Vater, wobei die Mutter nie den Mut hatte einzugreifen, um ihren Sohn zu beschützen. Der Klient selbst erfuhr nach eigenen Angaben nur durch einen Zufall von der Unehelichkeit seines Bruders. Er war damals zwölf Jahre alt. Er spürte die Ungerechtigkeit, die sein Bruder erdulden musste, wenn der Vater ihn zurechtwies. Aber er verstand sich mit seinem älteren Bruder nicht, und im Verlauf der Analyse erinnerte er sich an das seltsame Gefühl der

Erleichterung, das er bei der Beerdigung verspürte, die jede Spur des jungen Mannes auslöschen würde.

Zu Beginn der Analyse hatte der Patient seine schulische Ausbildung seit zwei Jahren abgeschlossen. Er wollte lieber professioneller Tänzer werden, anstatt ein Studium an der Universität zu beginnen, wie schon seit langer Zeit geplant war. Weder Vorwürfe noch Moralpredigten konnten ihn umstimmen. Der Vater tat so, als interessiere ihn sein Sohn nicht. Doch er erfuhr über seine Mutter, dass sich die väterlichen Vorhaltungen über sie ergossen. Es war ihre Schuld, dass die Erziehung seines Sohnes in falsche Bahnen gelenkt worden war. Doch alle drei nahmen ihre Mahlzeiten gemeinsam ein, die unter müßigem Geplänkel stattfanden. So vergingen zwei Jahre unter Spannungen, die immer größer wurden und das Familienleben unerträglich machten. Das Künstlerleben, das der Sohn führte, schien den Vater noch mehr in den Alkoholismus zu treiben. Jedoch machte der Sohn beim Tanzen nicht die Fortschritte, die er sich versprochen hatte. Der künstlerische Erfolg ... der war anderen vorbehalten! Mehr und mehr gab er sich dem Müßiggang hin. Er zog durch die Cafés und schloss sich gleich einer ganzen Gruppe von Freunden an, die wie er den Tag mit Gesprächen verbrachte anstatt zu arbeiten. Sie diskutierten endlos über den Sinn des Lebens und kamen zu dem Schluss, dass jede Tätigkeit eines gewöhnlichen Bürgers vollkommen sinnlos sei. Er war einer dieser jungen Leute, die glauben, alles zu wissen, und ständig einen Witz als Antwort auf einen Konflikt parat haben. Er reagierte mit einer arroganten Haltung auf seine Unentschlossenheit und seine Blockade, was die Arbeit anbelangte. Schließlich wandte er sich auf einen Rat hin an einen Psychoanalytiker.

Der junge Mann besaß einige psychologische Kenntnisse. Da er intelligent und intuitiv war, entschied er sich unverzüglich für den analytischen Weg.

Schon bei der ersten Sitzung gestand er seine Hauptsorge ein: die Masturbation. Er hatte sehr wohl versucht, Beziehungen mit einer Reihe von jungen Mädchen einzugehen; es war aber nie eine ernsthafte und dauerhafte Zuneigung entstanden. Die Freundin wurde jedes Mal seinem Freundeskreis vorgestellt. Das waren die Regeln des Spiels, mit dem man ernsthaften Problemen aus dem Weg ging. Die Romanze begann und endete jedes Mal gleichermaßen. Das junge Mädchen, überwältigt von seinem Charme, verliebte sich in ihn. Zu diesem Zeitpunkt kam der Wettbewerb ins Spiel: Unter seinen zahlreichen Freunden fand sich immer einer, der ihm als Rivale dienen konnte. Er war eifersüchtig, dann enttäuscht, und so in einem fort. Trotzdem hatte er sexuelle Erfahrungen gemacht, doch nur um zu bemerken, dass er impotent war. Seine Masturbationsfantasien beinhalteten weibliche Subjekte, die vollkommen verhüllt waren, aber dicht neben ihm standen. Die analytische Situation ergab eine parallele Repräsentation: Hinter dem Vorhang meines Behandlungsraums könne sich eine weiße Marmorstatue verbergen, eine kalte Statue, die ihn zurückwies eine griechische maskuline Marmorstatue.

Bei der Analyse seiner Fantasien und seiner parallelen Repräsentation wurde der Patient sich zum ersten Mal seines Gefühls der Erleichterung und der Befreiung bewusst, das er verspürt hatte, als er eines Tages – scheinbar enttäuscht – das Zimmer einer Freundin verließ, nachdem er sie gerade mit einem anderen Mann im Bett überrascht hatte.

In der Folge verriet eine Fehlleistung die vorbewusste Hoffnung, eine Einberufung des Militärs werde die Analyse aufgrund höherer Gewalt unterbrechen. Eine ganze Reihe von Fehlleistungen und Skotomisationen folgten. Er fand nicht mehr den Eingang meiner Wohnung. Er vergaß Verabredungen. Er ließ versehentlich sein Portemonnaie in einem Postamt liegen.

Die Widerstände der Übertragung wurden während der anschließenden Charakteranalyse aufgelöst. Drei Monate später hatte er seine Tanzkurse aufgegeben und sich heimlich während einer zeitweiligen Abwesenheit seines Analytikers an der Juristischen Fakultät eingeschrieben. Das Strafgesetzbuch hatte sein Hauptinteresse geweckt. Er suchte wahrscheinlich einen Weg, wie er sich gegen seine Übertragung verteidigen könne. Er war im Kampf mit den Tendenzen, die in ihm erwachten und die ihm so rätselhaft erschienen, und er lieferte in seinen kunstvoll geschaffenen Träumen tiefgreifendes analytisches Material, das oft verworren war. Von Zeit zu Zeit brachte eine Interpretation einen neuen Fortschritt. Der Klient beteiligte sich ernsthaft an der analytischen Arbeit. Er selbst erklärte die Charakteristika seines Verhaltens. Er entdeckte seine Passivität und seine femininen Tendenzen, wodurch ihm klar wurde, dass die Beziehungen zu seinen Freunden eine latente homosexuelle Bedeutung hatten.

Ansonsten war jedoch keine große Veränderung festzustellen. Es war ihm unangenehm, dass seine Freunde sich über sein Studium lustig machten, und stimmte ihnen schließlich zu, um seinen Freundeskreis nicht zu verlieren.

Wir haben gesehen, dass das Jurastudium eine Bedeutung enthielt: die Verteidigung gegen die Übertragung. Als er sich darüber im Klaren wurde, dass es einen Verteidigungsmechanismus darstellte, verlor sich sein Interesse. Er verließ die Juristische Fakultät und entschied sich für die Medizin. Ich riet ihm jedoch davon ab, indem ich ihn auf die finanzielle Belastung durch das Studium, die zu groß für seine Familie war, seine lange Dauer, die Prüfungen, die er würde ablegen müssen, und auf die Notwendigkeit, sein Gedächtnis zu trainieren, aufmerksam machte. Hatte er mir nicht früher schon lang und breit erklärt, wie sehr es ihn abschreckte, lernen und Kurse zu besuchen zu müssen?

Dennoch blieb er dabei. Er vertiefte sich in vorbereitende Studien und schaffte es sogar, ein Stipendium zu bekommen, das ihm das erste Jahr seines Studiums finanziell sichern würde.

Ich werde hier ausdrücklich auf eine Tatsache hinweisen, die mir wichtig erscheint. Oft benutzt im Laufe einer Analyse ein zwingendes Abhängigkeitsbedürfnis eine Übertragung, um ein kindliches Verlangen nach körperlicher Abhängigkeit zu stillen, die aufgrund der Neurose der Eltern nicht entstehen konnte, da diese nicht in der Lage waren, die Leitrolle für das Kind einzunehmen und alle Verantwortung zu tragen. Dieses Konzept, das kürzlich von Kardiner und Linton in ihrem Werk »The Mark of Oppression«[7] behandelt wurde, ist nicht nur im sozialen Bereich gültig, sondern auch in der Psychoanalyse. Es erklärt die exzessiven und charakteristischen Übertragungsformen der Neurose.

Im weiteren Verlauf der Analyse trat ein großes Problem auf: Der Patient hatte seinen Eltern niemals erzählt, dass er sich behandeln ließ. Ich riet ihm, mit seinem Vater darüber zu reden und ihm zu verdeutlichen, dass er ohne dessen Hilfe die laufende Behandlung nicht würde fortsetzen können. Er lehnte dies ab, da er die Wut seines Vaters fürchtete, der, wie er sagte, »es nicht verstehen würde«. Er hörte auf, die Sitzungen zu bezahlen. Dann gestand er seiner Mutter den Konflikt, unter dem er litt. Diese teilte seine Furcht, sich dem Vater anzuvertrauen. Aber das Schweigen verbarg das Problem.

---

7 Abraham Kardiner und Lionel Ovesey: The Mark of Oppression. W. W. Norton and Company. Inc. New York, 1951.

In der Zwischenzeit suchte er sich wieder eine junge Frau, die sich in ihn verlieben sollte. Dieses Mal hatte er nicht die Vorkehrung getroffen, rechtzeitig die Rivalität zu einem Freund aufzubauen, und er begann, ihre Gefühle zu teilen. Die junge Frau reiste in ihre weit entfernte Heimatstadt zurück, nicht ohne ihn einzuladen, ihr zu folgen. Er antwortete in einem Liebesbrief, vergaß aber, ihn abzuschicken, was ihm während einer Sitzung einfiel. Noch am selben Abend sandte er den Brief ab. Später verlegte er die Rechnung über die Sitzungen, die er mir noch schuldete. Er bat mich in der darauffolgenden Woche um eine Zweitschrift dieser Rechnung. Aber eine Woche später erhielt er per Post ein Kuvert seiner Freundin, das kommentarlos die verlorene Rechnung enthielt. Er versuchte sofort, sich die Bedeutung dieses Vorfalls zu erklären, die im Übrigen offensichtlich war: In Ermangelung eines anderen hatte er dem Analytiker die Rolle des Rivalen zugeteilt. Das brachte uns beide zum Lachen. So sind die Gesetze, denen die Gefühle unterworfen sind und denen man sich nicht entziehen kann! Er machte sich klar und folgerte, dass er jede soziale Beziehung, eingeschlossen die zu seinem Analytiker, zurückwies. Würde er der Einladung seiner Freundin folgen oder die Analyse fortsetzen?

Die geplante Reise war nichts anderes als eine Flucht vor der Analyse. Er fühlte das und lieferte sich schließlich selbst die Interpretation.

Anschließend beklagte sich der junge Mann darüber, er sei unfähig, einige Gesetze der Physik verstehen zu können. Wir diskutierten eine Stunde lang über das Poiseul-Gesetz. Ich erklärte es ihm, so gut ich konnte. Er unterbrach mich aber, um mir zu widersprechen und mir zu demonstrieren, dass ich niemals etwas von Physik verstanden hatte. Er verwarf seine Reisepläne. Das geschah in der 74. Sitzung.

Dann kam die Faschingszeit. Ich ging zu einem Faschingsball. Ich trug ein recht ulkiges Kostüm, unter dem man mich aber trotzdem noch erkennen konnte. Sagen wir, um die Sache zu vereinfachen, dass der Zufall es wollte, dass der Klient ebenfalls anwesend war. Er war in Abendgarderobe und hatte mich nicht erkannt, obwohl wir uns während des Abends einmal begegneten. Ich stand direkt vor ihm, und er sah mich an.

Bei der nächsten Sitzung sprach ich von unserer Begegnung. Überrascht erwiderte er mir, er habe mich nicht bemerkt. Er fügte hinzu, dass ihm alleine die Vorstellung, seinem Analytiker bei dem Tanzfest begegnet sein zu können, unangenehm war.

Ohne erörterndes Gespräch kam er zu dem Schluss, dass die Bedeutung dieses Vorfalls sein Unbehagen, sich zu verkleiden, darstellen müsse. Es war eine verdrängte exhibitionistische Tendenz zu erkennen, die wir auf anderer Ebene schon in den vorhergehenden Sitzungen entdeckt hatten. Außer der exhibitionistischen Gefahr enthüllte die Skotomisation während des Faschingsballs gleichermaßen ein Gefühl der Verachtung und der Ablehnung. Er wollte mich weder sehen noch wiedererkennen. Auch das machte ich ihm deutlich. Von diesem Zeitpunkt an verliefen die Sitzungen jedoch schwerfällig und in gewisser Weise blockiert. Der Patient war befangen und oberflächlich und redete wenig. Er beschränkte sich auf eine Art gewöhnlicher Konversation. Er zeigte einen hartnäckigen Widerstand, selbst als wir versuchten, den Hauptfaden der vorherigen analytischen Periode wieder aufzunehmen, indem ich ihm die Tatsachen und die Interpretationen, die vormals von ihm schon akzeptiert worden waren, wieder in Erinnerung rief.

Ich suggerierte ihm, er mache mich eventuell für seine Entscheidung, seiner neuen Freundin nicht gefolgt zu sein, verantwortlich. Er bestätigte ironisch, die Möglichkeit bestünde, dass ich Recht habe. Ich konnte ihm sagen, was ich wollte – was außerdem nichts anderes als die Wiederholung der schon während der vorherigen analytischen Arbeit gewonnenen Erkenntnisse war –, der Klient behielt seine regressive Position bei, die sich auch noch mehr und mehr zu verfestigen schien. Offensichtlicher Widerstand bestimmte die analytische Situation.

Während dieses Zeitraums besuchte er seine Kurse so gut wie nie. Seine Freunde hatten ihn wieder in Beschlag genommen. Sie gründeten alle zusammen einen Club und führten in einem Kellergewölbe eine Art Tanzveranstaltung im existentialistischen Stil Saint-Germain des Près ein.

In seinem Kellergewölbe fühlte er sich wohl. Im Laufe eines Wochenendes traf er sich mit nicht weniger als drei jungen Frauen. Er begleitete eine von ihnen. Beherzt machte er ihr auf dem Weg sogar Avancen, wobei er sich vorstellte, der Verlobte dieser jungen Frau werde an einer Straßenbiegung auftauchen und ihm so das normale Ende des Liebesabenteuers ersparen. Er machte einer anderen jungen Frau Heiratsversprechen. Aber sie wartete am vereinbarten Treffpunkt vergeblich auf ihn: Er hatte die Verabredung ganz einfach vergessen.

Er lehnte die Erklärungen ab, die ich ihm anbieten wollte, und ließ mich eines Tages wissen, dass er die Mühe zu schätzen wisse, die ich mir gab.

Aber er war der Meinung, dass sie fehlgeschlagen sei, weil er sich selbst über sein neurotisches Verhalten völlig im Klaren war. Es war unmöglich, ihn aus der Regression zu befreien, in der er sich festgefahren hatte.

Wie redet und analysiert man in einem solchen Fall? Jedes Wort schien den Patienten nur noch mehr in diese Dämmerung einzutauchen, die die düstere Nacht des Chaos ankündigte, die jeder Analytiker zu Recht fürchtet. Eine Krise trat zum Vorschein. Der Patient jedoch schien kaum den Mut zu verlieren. Wie die Analyse später zeigen sollte, handelte es sich nur um eine Übergangsphase. Zweifellos hatte der Patient dies irgendwie geahnt. Ich würde sogar sagen, dass das Unbewusste des jungen Mannes mit mehr Zuversicht reagiert hatte als das des Analytikers, der einen Misserfolg befürchtete. Der Patient hatte in der analytischen Situation all das rekapituliert, was er seit Jahren seinem Vater offenbart hatte. Diese Rekapitulation stand dieses Mal tatsächlich mit der analytischen Situation in Beziehung. Er war dabei, den wirklichen Vater vom schrecklichen Vater, verachtet und einfältig, zu trennen. Diese Rolle wurde dem Analytiker zugeteilt.

Ungefähr einen Monat später ging ich zufälligerweise durch die Straße, in der sich das »existentialistische Kellergewölbe« meines Patienten und seiner Freunde befand. Sicherlich hatte keine bewusste Absicht meine Schritte gelenkt. Plötzlich erinnerte ich mich, dass der Kellerraum, aus dem ein nebliger Schimmer schien, der gleiche sein musste wie der, von dem ich während der Sitzungen schon so viel gehört hatte. Mir kam der Gedanke hineinzugehen. Ich zögerte. »Das ist nicht klassisch«, sagte ich mir, »das wäre sogar ein schwerer Fehler.«

Die unerwartete Situation während des Faschingsballs kam mir wieder in den Sinn. Ich hatte den Eindruck, dass ich wieder exakt das gleiche Verhalten wie damals hervorrufen würde, das der junge Mann zeigte, als er es ablehnte, mich zu sehen oder wiederzuerkennen. Das war eindeutig neurotisches Verhalten. Wenn ich mich dazu entschieden hätte, den Kellerraum nicht zu betreten, wenn ich gegangen wäre, um mich hinter dem, was man gerne als »klassisch« bezeichnet, zu verstecken? ... Und kann es nicht sein, dass in manchen – zweifellos seltenen – Fällen die klassische Methode selbst, das unantastbare Dogma, eine Furcht des Analytikers vor einer Dynamik, die für den therapeutischen Verlauf notwendig ist, verdeckt? Wir werden an anderer Stelle in unseren Schlussfolgerungen noch einmal darauf zu sprechen kommen. Ich öffnete die Tür und trat zu Jazzklängen in den »existentialistischen Keller« ein.

Niemand schenkte mir Beachtung.

Aber da kam plötzlich mein Patient auf mich zu, indem er sich durch die Gruppen der Tänzer schlängelte, und ergriff mit triumphierender Miene meine Hand. Er zog mich in den hinteren Teil des Kellerraums unter dem Vorwand, mir einen bequemeren Platz suchen zu wollen. Er erklärte mir den Aufbau und die Funktion des Clubs. Ich bemerkte die erstaunliche Natürlichkeit und die fehlende Gehemmtheit in seinem Verhalten gegenüber dem Analytiker.

Während der nächsten Sitzung blieb das Verhalten des Klienten ungezwungen. Die klassische analytische Situation war plötzlich wieder hergestellt.

Er berichtete mir von folgendem Traum:

Traum vom Restaurant des Vaters

»Ich sitze mit einem Medizinstudenten beim Essen. Wir befinden uns in einem Lebensmittelgeschäft. Es ist geschlossen. Es gehört meinem Vater. Danach sehe ich mich in einem Restaurant, das ebenfalls geschlossen ist und meinem Vater gehört. Die junge Frau, die mich eingeladen hat, mit ihr zu reisen, betritt das Restaurant. Ich sage ihr: ›Wir werden jetzt miteinander schlafen.‹ Sie gibt mir daraufhin eine Banane. Aber ich schlage ihr vor, sie nach der langen Reise selber zu essen. Sie lehnt ab, und ich wache auf.«

Assoziationen des Patienten

»Die junge Frau ähnelt einer völlig anderen Person, einer anderen, knabenhaften jungen Frau, die regelmäßig den Club besuchte. Diese junge Frau hieß …?«

Er hatte tatsächlich ihren Namen vergessen.

Es bereitete keinerlei Schwierigkeiten, den Sinn dieses Traums mit meinem kürzlichen Besuch im Kellergewölbe zu verbinden. Es handelt sich hierbei um einen Übertragungstraum, der die Aufmerksamkeit auf zwei Punkte lenkt.

Erstens ist eine Andeutung auf die Umwandlung des Übertragungsobjekts zu erkennen. Der Medizinstudent in dem Lebensmittelgeschäft verwandelt sich in die junge Frau, die von einer langen Reise zurückkehrt war. Sollte dies ein erstes Zeichen dafür sein, dass die Projektion des Vaters in der analytischen Situation durch eine Mutterimago ersetzt werden würde? Allerdings war es noch nicht so weit. Er hatte den Namen der jungen Frau vergessen, die regelmäßig den Club besuchte.

Zweitens. – Nicht zu vernachlässigen ist das folgende Element, das im Traum auftaucht: Die Orte, an denen die Traumszenen spielen, sind Eigentum des Vaters. Darüber hinaus sind sie geschlossen. *Hat sich also zwischen Vater und Sohn ein Ereignis abgespielt, von dem der Analytiker ausgeschlossen war?*

Bei der nächsten Sitzung erzählte er einen neuen Traum:

Der Traum der Telefonzelle

Er sah sich mitten in der Innenstadt bei dem Versuch, mit einer Frau Geschlechtsverkehr zu haben. Die junge Frau aber schlug ihm vor, in eine Telefonzelle zu gehen. Dort hob sie ihren Rock. Daraufhin träumte er, dieser Traum sei ein Übertragungstraum. Ohne zu erwachen fühlte er sich beruhigt und schlief weiter.

Er war überzeugt, dass dieser Traum die gleiche Bedeutung hatte wie der letzte: ein Übertragungstraum im Zusammenhang mit der analytischen Situation.

Folgendes Gespräch fand zwischen uns statt:

ICH: *Ist es nicht erstaunlich, Ihrem Bericht des Traums zufolge, dass der offensichtliche Inhalt einen Übertragungstraum anhand seiner beruhigenden Wirkung selbst erkennt?*

ER: *Ich war mir im Traum völlig sicher, dass es sich um einen Übertragungstraum handelte. Es erschien mir seltsam, dass man die Bedeutung eines Traums im Traum selber träumen kann. Ich akzeptierte jedoch, dass jeder Klient schließlich an diesem Punkt ankommt, und das hat mich zufrieden gestellt.*

ICH: *Sie haben mir aber erzählt, dass Sie in dieser Nacht nicht aufgewacht sind?*

ER: *Ich habe tatsächlich weitergeschlafen. Jetzt fällt mir jedoch ein, dass sich zwischen dem Teil des Traums, in dem die junge Frau ihren*

Rock hebt, und dem Teil, in dem mir klar wurde, dass es sich hier um einen Übertragungstraum handelte, eine lange, erregende Szene abspielte, die ich vergessen habe.

ICH: *Daraus geht also hervor, dass die Vorstellung, alles beziehe sich auf die Analyse, eine erregende Geschichte verdrängte und Sie während Ihres Traums beruhigte.*

So hatte sich die Verarbeitung des Traums auf eine Weise, die vollkommen angemessen war, entwickelt. Sie benutzte unsere Interpretationen, die im Laufe der vorhergehenden Sitzung entstanden waren, mit einer festgelegten Intention. Das Gefühl, dass es sich um einen Übertragungstraum handelte, sollte beweisen, dass die Beziehung Analytiker-Klient keine schwerwiegenden Auswirkungen nach sich zog. Der Traum schaffte es durch die Eliminierung dieser offensichtlichen Gefahr, die uns bis dahin noch unbekannt war, den Schlaf zu schützen.

Diese Interpretation erlaubte es dem Patienten, tief Luft zu holen. Jetzt war er noch etwas ungezwungener. Es handelte sich demnach um etwas anderes als die Analyse. So konnte man unbesorgt mit der Behandlung fortfahren. Seine erste Assoziation war der Name der knabenhaften jungen Frau des Clubs, den er während des letzten Traums vergessen hatte.

Es sei mir hier eine Zwischenbemerkung erlaubt. Zunächst möchte ich eine Idee untersuchen, deren Sinn uns erst später vollständig erschlossen sein wird: Die Tatsache, dass er seinen Traum im Rahmen des offensichtlichen Inhalts als einen Übertragungstraum definierte, war für den Patienten in Wirklichkeit ein Verteidigungsmechanismus gegen die Irruption des *inzestuösen Wunsches*. Unter diesem Blickwinkel betrachtet hatte der Traum sicherlich eine klare Übertragungsbedeutung. Nichtsdestotrotz wirkte das Erkennen der Übertragung im manifesten Inhalt beruhigend, da sich in dem Moment, als er zum »Liebenden« wurde, dahinter folgender Gedanke verbarg: »Das hat irgendetwas mit dem Vater zu tun, und deshalb ist es verhältnismäßig ungefährlich.«

Wenn man die noch heimliche Verwandlung der Vaterimago in eine Mutterimago innerhalb der Übertragung berücksichtigt, ist es nicht falsch zu behaupten, dass dieser Traum nicht den gleichen Übertragungssinn hatte wie der vorhergehende. In Wirklichkeit war der letzte Traum in der Telefonzelle kein Übertragungstraum in Bezug auf die Vaterimago in der analytischen Situation, sondern enthielt bereits eine mütterliche Komponente. Die Ekphorie des vergessenen Namens der jungen Frau scheint diese Deutung zu bestätigen.

In der Analyse werden diese Beziehungen begreiflicherweise nicht interpretiert. Denn die positive Übertragung würde durch solch eine Entdeckung auf gefährliche Weise angegriffen. Nach der Interpretation des Traums, dem Vergessen des Namens in den darauffolgenden Assoziationen (eine Tatsache, die kaum interpretiert wurde, wie wir uns erinnern) fuhr der Klient fort:

ER: *Mir fällt gerade ein, dass ich Ihnen nie erzählt habe, dass sich mein Vater vor einiger Zeit verletzt hat. Er war betrunken nach Hause gekommen. Ich wurde gerufen. Ich erhob mich mit offensichtlichem Widerwillen. Unten weinte meine Mutter und mein Bruder feixte. Mein Vater saß da, völlig verdreckt und das Gesicht voller Blut.*

(Hier herrschte kurzes Schweigen.)

ICH: *Was passierte dann?*

ER: *Nichts Besonderes. Ich half ihm ein bisschen, und dann legte ich mich schlafen.*

ICH: *Haben Sie Ihren Vater ins Bett gebracht?*

ER: *Das war tatsächlich nötig, weil meine Mutter es nicht konnte. Sie weinte. Ich wischte das Blut auf den Schuhen meines Vaters weg. Als er lag, ging es ihm viel besser.*

ICH: *Sie verheimlichen mir etwas.*

ER: *Nein, ich weiß nichts anderes mehr.*

ICH: *Haben Sie Ihren Vater entkleidet?*

ER: *Nein ... Das heißt ich habe ihm das Hemd von unten ausgezogen, das Nachthemd war darüber.*

ICH: *Wie das? Was haben Sie gemacht?*

(Hier folgt eine verworrene Erklärung über die Art, sich aus- oder anzuziehen.)

ICH: *Ich verstehe nicht, was Sie sagen wollen.*

ER: *Ich habe ihn einfach ausgezogen, vollständig nackt. Ich habe ihn ins Bett gelegt. Aber es war mir peinlich, meinen Vater in solch einem traurigen Zustand zu sehen, betrunken und schwach wie ein Kind.*

Der Vater dankte dem Sohn. Letzterer dachte, dass er ihn ruhig hätte umarmen können. Daraufhin ging er zu seiner Mutter und seinem Bruder und sagte ihnen, es könne jedem passieren, betrunken zu sein. Er selbst sei es einmal gewesen. Seine Mutter fing an zu lachen und legte sich dann schlafen. Der Bruder fragte seinen älteren Bruder zum ersten Mal um Rat.

Nach einer kurzen Pause fügte mein Patient zerstreut hinzu:
»Einige Tage später träumte mein Vater von mir.«
Ich glaubte, mich verhört zu haben, und fragte:
»Wie? Wer hat geträumt?«

»Ja«, sagte er, »mein Vater hat von mir geträumt. Am nächsten Tag erzählte er seinen Traum beim Mittagessen. Das ist jetzt ungefähr drei Wochen her.«

Der Patient hatte diesem Phänomen keinerlei Bedeutung zugemessen, und es war fast nur einem glücklichen Zufall zu verdanken, dass er diesen Traum erzählte.

Der Traum des Vaters

Der Vater befindet sich im Esszimmer. Sein Sohn steht neben ihm, und ihnen gegenüber ein Professor der Medizinischen Fakultät. Dieser Professor sagt dem Träumenden, dass nun nichts Anderes übrig bliebe als zu heiraten. Denn der Sohn (das heißt unser Klient) hatte vor kurzem die Tochter des Professors in dessen Haus geschwängert. Der Träumende erklärte daraufhin, immer noch in seinem Traum, dass die Angelegenheit vielleicht nicht so ernst sei, wie der Professor glaubte. Als er dann alleine mit seinem Sohn war – noch in seinem Traum – sagte ihm der Vater, er müsse trotzdem vorsichtiger sein. Denn das sei schließlich eine ärgerliche Geschichte.

So erzählte der Vater seinen Traum beim Mittagessen. So weit der Klient sich zurückerinnern konnte, hatte sein Vater noch nie von einem Traum erzählt. Vor allem hatte er nie einen Traum angedeutet, in dem der Sohn eine Rolle gespielt hätte. Der Traum hatte seine Mutter und seinen Bruder sehr amüsiert. Aber der Klient fragte seinen Vater in aggressivem Tonfall:

»Was für ein Verhalten erwartest du von mir?«
Etwas erschrocken antwortete der Vater auf genauso aggressive Weise:
»Du solltest auf jeglichen Kontakt mit jungen Frauen verzichten.«
Von diesem Tag an gingen Vater und Sohn oft zusammen bis zur Bushaltestelle. Bei einem dieser Spaziergänge kam das Gespräch auf die Analyse des Sohns. Der Vater reagierte auf eine Weise darauf, die meinen Patienten

überraschte. Tatsächlich schien der Vater dieser Neuigkeit nicht viel Bedeutung beizumessen. Er gab zu verstehen, dass er die analytische Behandlung als Banalität betrachte. Später schob er seinem Sohn sogar von Zeit zu Zeit etwas Geld zu, um sich an den Kosten zu beteiligen – was er zuvor noch nie getan hatte. Eines Tages trafen sie sich zufällig in der Stadt. Der Sohn begleitete eine junge Frau. Der Vater lächelte ihn an, und mit seinem freundlichen Gruß schien er anzudeuten, dass er nichts Schlimmes an der Liebesgeschichte seines Sohnes fand.

In der Behandlung trat eine neue Phase ein. Die nötigen Erklärungen bildeten sich. Der tiefere Sinn trat ohne Schwierigkeiten zum Vorschein. Die Verteidigungsmechanismen wurden aufgelöst. Der ödipale Konflikt kam bei einer erstaunlichen Sitzung zutage. Die Assoziationen des Klienten erfolgten so spontan, dass man sich fragen musste, wie dies alles bisher hatte verdrängt werden können. Der Widerstand war über einen Umweg besiegt worden.

Der Klient begann im Verlauf der Analyse, die gewonnenen Erkenntnisse auf seine eigene psychische Entwicklung anzuwenden. Er interpretierte den Traum seines Vaters. Er analysierte tiefgreifend und methodisch seinen Vater, wobei er sich auf die vorhandenen Traumelemente stützte.

Der Traum des Vaters beinhaltete ganz offensichtlich den ödipalen Konflikt des Klienten. Aber es schien unmöglich, diese Erklärung auf die unbewusste Tendenz des Träumenden selbst anzuwenden. Wir beschränkten uns auf die Schlussfolgerung, dass der Ödipuskomplex des Vaters die gleichen Charakteristika hatte wie der des Sohnes. *Der Sohn hatte sich so mit seinem Vater identifiziert, dass sich die Konflikte des Vaters auf den Sohn übertrugen,* die sowohl für den einen als auch für den anderen unüberwindbar schienen.

Nichtsdestotrotz kehrte der Klient diesen Sachverhalt um. Zunächst deutete er den Sachverhalt so: »Der Vater identifizierte sich mit dem Sohn.« Er war davon sehr beeindruckt und sagte:

»Mein Vater hat für mich Partei ergriffen. Im Traum hat er mich unterstützt, als er dem Professor erwiderte, die Tatsache, dass seine Tochter schwanger sei, sei vielleicht nicht so ernst, wie dieser glaubte. Trotzdem riet er mir danach, vorsichtig zu sein, um nicht in eine ärgerliche Geschichte verwickelt zu werden. Das bedeutet, dass es sich hierbei nicht um einen unwahrscheinlichen Vorfall handelt und dass er mich selbst in einer so ernsten Angelegenheit unterstützen würde. Wenn mein Vater also beginnt, so von mir zu träumen, muss man darin seinen sehnlichsten Wunsch sehen. Das zeigt, dass Papa mich sehr liebt. Vielleicht ist seine Zuneigung zu mir so stark, dass alles, was ich tue, nebensächlich ist.«

Der Klient erklärte, diese Zuneigung sei wahrscheinlich verborgen. Vielleicht war sie sogar unbewusst. Aber aus welchem Grund auch immer, der Vater konnte sie nicht zeigen. Das war der Grund, wieso er so verschlossen und unnahbar geworden war. In der Tat konnte sich die Zuneigung, die er für seinen Sohn empfand, nur im Traum ausdrücken, das heißt zu einem Zeitpunkt, als seine Verteidigungsmechanismen durch den Schlaf geschwächt waren.

»Das hat sich jetzt geändert«, versicherte der Patient, »wenn ich ihn treffe, ist er freundlich.«

Der Patient war sich sicher, dass der Vater sich mit ihm identifiziert und dieser seine Haltung verändert hatte. Das machte die Erklärung meinerseits notwendig, dass seine Interpretation verkehrt war. Die wahrscheinlichste Hypothese war, dass sich der Sohn mit dem Vater identifiziert hatte, und nicht umgekehrt. Die Veränderung des Vaters konnte nur aus dem veränderten Verhalten seines Sohnes resultieren.

Der Klient jedoch konnte diese Erklärung nicht verstehen. Also kehrten wir zum Inhalt des Traums zurück. Der Vater hatte dem Professor geantwortet, die Angelegenheit sei nicht so ernst. Implizierte diese Aussage nicht die Möglichkeit, dass eines Tages ein anderer Mann auftauchen und das schwangere Mädchen heiraten würde? Der Patient erwiderte darauf: »Der Vater selbst, zum Beispiel. Hat er damals nicht tatsächlich eine Frau geheiratet, die bereits ein uneheliches Kind hatte? ...«

ICH: Also hat sich der Vater in seinem Traum mit dem ersten Mann Ihrer Mutter identifiziert, und nicht mit Ihnen.

Das erschreckte ihn. Der inzestuöse Wunsch des Unbewussten war reaktiv. Dann fragte er:

ER: Hat mein Vater mich an die Stelle des ersten Mannes meiner Mutter gesetzt?

Die Tatsache, dass der Vater ihn als einen Mann gesehen hatte, der eine uneheliche Schwangerschaft verursacht, war der stärkste Eindruck, den er von dem väterlichen Traum behielt. Er nahm sogar an, dass dies seinen aggressiven Ton verursacht hatte, in dem er seinen Vater gefragt hatte: »Was für ein Verhalten erwartest du von mir?«. Die Antwort des Vaters

»Du solltest auf jeglichen Kontakt mit jungen Frauen verzichten« stellte für ihn das väterliche Verbot gegen den inzestuösen Wunsch dar.

Man darf nicht vergessen, dass der Vater durch die Heirat tatsächlich den Platz des ersten Mannes seiner Ehefrau eingenommen hatte. Als der Patient behauptete, sein Vater habe sich mit ihm identifiziert, hatte er also nicht vollkommen Unrecht.

ER: Mein Vater hätte gerne die Rolle des Mannes übernommen, der ein uneheliches Kind zeugt und sich dann aus dem Staub macht. In seinem Traum diene ich ihm gewissermaßen als Vorbild.

Zweifellos musste der Traum diesen unbewussten Wunsch des Vaters enthüllen. Aus diesem Grund macht der Vater in seinem Traum seinem Sohn einen weniger schweren Vorwurf als später im realen Gespräch. Der Vater hatte geheiratet, und gerade dadurch war der Wunsch, sich mit dem Vater eines unehelichen Sohnes zu identifizieren, seitdem dazu verurteilt, unerfüllt zu bleiben. Infolgedessen nahm er eine verschlossene Haltung ein, wurde jähzornig und überhäufte seine Frau mit Vorhaltungen. Es ist sehr wahrscheinlich, dass diese chronische Unzufriedenheit ihn in den Alkoholismus trieb.

Der Patient analysierte anschließend die Wahl des Liebesobjekts seines Vaters. Er arbeitete anhand seiner Überlegungen heraus, dass der Vater sich genau deshalb an die Mutter gebunden hatte, weil diese ein uneheliches Kind mit in die Ehe brachte. Durch den Anblick des unehelichen Sohnes wurde er ständig an den ersten Mann dieser Frau erinnert. Dieser Mann stellte für den Vater ein Identifikationsobjekt dar, durch das er seinen inzestuösen Wunsch verwirklichen konnte.

Meiner Meinung nach wird diese Hypothese durch ein Geständnis, das die Mutter ihrem Sohn gemacht hatte, bestätigt: Der Vater konnte nach dem Tod seines Stiefsohns keinen Geschlechtsverkehr mehr mit seiner Frau vollziehen.

Im Verlauf der weiteren analytischen Arbeit wurde sich der Patient anhand des Beispiels seines Vaters der folgenden Tatsache bewusst: *Diejenigen Beziehungen, die sich ohne deren Wissen und über eine Frau zwischen einem Mann und einem anderen bilden, stellen eines der Anzeichen für eine latente Tendenz zur Homosexualität dar. Wie wir uns erinnern, repräsentierte die Sicherheit, einen Rivalen zu haben, in den neurotischen Liebesbeziehungen des Patienten diesen charakteristischen*

Zug. Diese Verhaltensweise des Klienten hatte sich nach dem Vorbild der elterlichen Beziehung gebildet.

Der kleine uneheliche Junge bildete also eine Conditio sine qua non für die väterliche Wahl des Liebesobjekts. Umgekehrt wird dieser Vater seinen Sohn nur lieben, sofern irgendeine Form von Illegitimität auftritt. Die nachfolgenden Assoziationen des Patienten bestätigten diese Beobachtung. Sie bezogen sich auf Erinnerungen an seinen verstorbenen Halbbruder.

Der Patient erinnerte sich, wie er seinen Bruder zunächst verehrt und bewundert hatte und wie er sich freute, wenn der Ältere sich mit ihm beschäftigte. Er wollte seinem Bruder gleichen. Darauf folgte eine Periode, während der er fürchtete, von seinem Vater genauso behandelt zu werden wie sein älterer Bruder. Daraus resultierte ein Widerstand gegen seinen Bruder. Der Patient erzählte weiter, welches seltsame Gefühl der Sanftmut und der Beruhigung ihn am Tag der Beerdigung überkam. Nach dem Tod seines Bruders verstärkte sich der Widerstand gegen seinen Vater noch. Der Kontakt wurde praktisch abgebrochen. Dennoch wollte der junge Mann, dass sein Vater ihn zurechtwies. Er hoffte, sein Vater würde sich gegen ihn auflehnen, so wie er sich gegen seinen älteren Bruder aufgelehnt hatte, der so unabhängig gewesen war. Er brauchte ihm nur zu sagen, dass auch er sich seiner Abstammung vielleicht nicht sicher sei. Das bedeutete, dass er die Legitimation seines Vaters fürchtete.

Diese Interpretation löste einen Weinkrampf aus. Nach diesem Affektausbruch konnten wir erkennen, dass wir hier die Fantasien bezüglich seiner illegitimen Abstammung berührt hatten. Die zutage geförderten Fantasien führten zu einer reaktiven Kastrationsangst. Seit Freud wissen wir, dass Fantasien den gleichen psychodynamischen Wert besitzen wie reale Ereignisse. Der Tod des unehelichen Bruders, sozusagen eingeleitet von den ständigen Familienstreitigkeiten, belegte den Sinn mit einer Erinnerung, die von der väterlichen Kastrationsmacht bedeckt wurde. Die Reaktivierung der Kastrationsangst begann mit dem väterlichen Tadel in dessen Traum und setzte sich mit dem deutlicheren Verbot am Mittagstisch fort, um schließlich zu einem Affektausbruch in der analytischen Situation zu führen.

Aber der Traum des Vaters führte zu noch viel weitreichenderen Entwicklungen. Am Vortag des Traums hatte die Mutter während des Mittagessens von einer jungen Frau aus der Nachbarschaft gesprochen. Sie hatte auf die Freundschaft, die diese junge Frau mit dem Klienten während ihres ersten

Schuljahres verbunden hatte, angespielt. Während der Sitzung erklärte der Patient, die Äußerungen seiner Mutter hätten ihn verärgert. Diese junge Frau war auf wenig vorteilhafte Weise herangewachsen. Sie wirkte schwachsinnig. Sie trug ihre Haare in Zöpfen, die im Nacken festgebunden waren und kleidete sich wie ein Mädchen aus der Provinz. Sie war prüde und gehemmt. Die Eltern dieser jungen Frau waren bigott. Der Vater, ein Pastor, unterhielt freundschaftliche Beziehungen zu den Eltern des Klienten. Die junge Frau weckte Abscheu bei unserem Patienten. Auf diese Weise begründete er seine Wut während des Mittagessens.

Möglicherweise spielten Tagesreste eine Rolle im Traum des Vaters. Denn die Mutter hatte noch die Worte hinzugefügt:

»Die junge Frau kann einem Leid tun. Sie wird es schwer haben, einen Ehemann zu finden.«

Diese Anspielung verärgerte den Vater. Erinnerte sie ihn nicht daran, dass er selbst sich mit einem Mädchen vermählt hatte, das es schwer hatte, einen Ehemann zu finden, weil sie ein uneheliches Kind hatte? Und hatten die Worte der Mutter die ganze Situation nicht wieder zum Vorschein gebracht? Man hat Grund, dem zuzustimmen, da der Patient zu Beginn der Behandlung erklärt hatte, sein Vater habe seine Mutter aus Mitleid geehelicht.

Aber auch der Sohn hegte Mitleidsgefühle gegenüber seiner Mutter. War er in seiner frühen Kindheit nachts nicht oft zur elterlichen Schlafzimmertür gestürzt, um dort verängstigt dem Schluchzen seiner Mutter, geschlagen und verletzt vom jähzornigen Vater, zu lauschen? Der Abscheu und der Widerwille des Klienten bezogen sich auf diese unfreie Epoche seiner Kindheit, in der die Tabuisierung der inzestuösen Wünsche stattfand. Gleiches gilt für den Traum des Vaters, in dem die mütterliche Imago unter dem Aspekt der schwangeren jungen Frau dominiert. So enthielt der Traum, der nach Ansicht des Vaters den Sohn thematisiert hatte, nicht nur dessen eigene ödipale Situation, sondern auch auf die Mutter bezogene inzestuöse Komponenten.

Es erscheint mir als sehr wahrscheinlich, dass der Patient sich in seiner frühen Kindheit mit dem älteren Bruder identifizierte. Diese Identifikation trat zweifellos zum Zeitpunkt der phallisch-narzisstischen Phase auf, als der ödipale Konflikt seinen Höhepunkt erreicht hatte. Dieser ältere Bruder, das uneheliche Kind der Mutter, verkörperte die inzestuösen Beziehungen schlechthin. Dadurch, dass er an die Stelle seines eigenen Vaters trat, bot er das Objekt zur Erfüllung der Bedürfnisse des neuen Vaters nach Rivalität. Nach der erfolgten Identifikation nahm der Patient an den fortwährenden Streitigkeiten zwischen dem Vater und dem Halbbruder teil. Er musste die Bedrohung durch den Vater gespürt haben. Deshalb war er gezwungen, sein erstes Identifikationsobjekt aufzugeben und den Vater schließlich zu introjizieren. Aber der Vater war selbst neurotisch. Um sich gegen eine Rückkehr der inzestuösen Wünsche abzusichern, verlangte das Ich des Patienten eine Identifikation, die analog zu der des ersten gewählten Objekts war. Mit dem Vater war dies nicht möglich. Auf diese Weise *übertrug sich die Neurose des Vaters auf den Sohn.*

Der Ödipuskomplex wurde also auf exakt die gleiche Weise verdrängt, wie dies beim Vater der Fall war. Der väterliche Traum ist der Beweis für die Identität der beiden Konflikte. Er leitet aus ihm ab, der Sohn habe sich völlig umfassend und unwiderlegbar mit dem Vater identifiziert. Aber über einen Umweg hatte dieser sich mit seiner Mutter identifiziert, das heißt *mit der Mutter, die sich im Unbewussten des Vaters verborgen hielt.*

Die Fantasien, die sorgfältig mit ihrer Andeutung auf seine eigene Illegitimität konstruiert wurden, bestätigen das. Also wurde der Vater eliminiert. Der uneheliche, bewunderte Bruder, der die Mutter beherrschte und den inzestuösen Wunsch verwirklichte, wurde wieder zum Leben erweckt. Eine Bestätigung hierfür könnte man gleichermaßen in der analytischen Situation finden. Zunächst mussten die Fantasien über die illegitime Abstammung enthüllt werden. Die notwendigen Voraussetzungen dafür konnten sich allerdings nur im Traum des Vaters bilden, indem sie den inzestuösen Wunsch des Vaters und des Sohns anschnitten. Dadurch wurde auch die Rolle, die der Vater spielen musste, klar: Der schreckliche, unnahbare Vater, der alles verweigerte und nichts verstand, repräsentierte die Verteidigungsmechanismen gegen die inzestuöse Versuchung.

Der Patient selbst erkannte, dass ein liebender Vater gegenwärtig den schrecklichen Vater ersetzt hatte. Alt und geschwächt hatte er seine bedrohliche Stellung verloren. Die Interpretationsarbeit erforderte einen beträchtlichen Umweg, der zu einer Bewusstwerdung des unbewussten Begehrens der Mutter führen musste. Anscheinend konnten die mütterlichen Tendenzen jedoch nicht vor der Bereinigung des väterlichen ödipalen Konflikts in Erscheinung treten. Die analytische Situation spiegelte diese Notwendigkeit wider.

Um die Verdrängung, die mit den Fantasien der illegitimen Herkunft verbunden war, aufzulösen, war es notwendig, den Analytiker selbst zu eliminieren. Aus diesem Grund erwies sich der Umweg in der analytischen Arbeit als unausweichlich. Der reale Vater wurde von der Projektion des schrecklichen Vaters befreit. Erst nach dieser Befreiung konnte der väterliche Traum auftreten. Dank seines Inhalts führte er zur vollständigen Beseitigung der Verdrängung. Die Projektion der väterlichen Autorität hatte keine Daseinsberechtigung, der Eliminationsprozess keinen Beweggrund mehr. Erneut konnte hier der Analytiker ins Spiel kommen. Seine Anwesenheit wurde sogar umso wichtiger, da zwischenzeitlich die Bedeutung der Übertragung um mütterliche Qualitäten bereichert worden war, die keinen Zweifel mehr zuließen.

Diese Umwandlung der Imago bestätigte sich im Verlauf der Analyse während der darauffolgenden Sitzungen. Zum ersten Mal konnte der Patient von seinen homosexuellen Erfahrungen erzählen. Davor hatte man diese vergeblich gesucht. Obwohl sie latent, das heißt in der Umsetzung noch gehemmt waren, würden sie sich schließlich sehr klar zeigen. In seinen Berichten tauchten Personen auf, die bis zu diesem Zeitpunkt noch nie erwähnt worden waren. Gleichermaßen kamen äußerst wichtige Ereignisse zum Vorschein. Daraus ergab sich ein Sinn, der für die analytische Entwicklung förderlich war.

Dem Analytiker fiel die Rolle der mütterlichen Imago zu. Meiner Meinung nach kann diese Mutterrolle des Analytikers nicht angezweifelt werden, da die Bewusstwerdung einer latent homosexuellen Reaktion nur durch eine Mutterübertragung erfolgen kann. Die Erfahrung beweist das. Ein derartiges homosexuelles Subjekt identifiziert sich – bekanntermaßen – gewöhnlich mit seiner Mutter. Bei dieser irrtümlichen Identifikation verliebt sich der eigene Sohn in seine Mutter. Von diesem Zeitpunkt an wird dieser Sohn in all den homosexuellen Liebesobjekten des Neurotikers repräsentiert sein. Dies ist ein klassisches Verhalten in der psychischen Entwicklung von narzisstischen Homosexuellen, die sich in ihren eigenen Liebesbeziehungen sozusagen selbst lieben.

Im Verlauf der Behandlung sollten mehrere Tatbestände diese Interpretation bestätigen. Der Patient war der Liebling seiner Mutter. Oft wandte sie sich an ihn, um ihm Dinge anzuvertrauen, und sprach von ihren Enttäuschungen, für die sie den Vater verantwortlich machte. Der Sohn vertrieb mit seinen Ratschlägen ihren Kummer. Außerdem war die Mutter die einzige Person, der sich der Sohn von frühester Kindheit an anvertrauen konnte. *Er konnte nie einen Kontakt zu seinem Vater herstellen. Die Mutter musste hier als Mittelsperson fungieren.* Schließlich – und das ist nicht der schwächste Beweis – darf man nicht vergessen, dass der Klient sich an die Mutter gewandt hatte, um den Vater wissen zu lassen, dass er in analytischer Behandlung war und dafür Geld brauchte.

Aus dieser Reaktion ergibt sich eine Grundregel der analytischen Dynamik: *In der Analyse folgen die signifikanten Grundideen im äußersten Fall einem Verlauf, der zusammengefasst und geballt all das wiedergibt, was sich in der Eltern-Kind-Beziehung während der frühen Kindheit ereignet hat. Genauso hätten sich die verworrensten Umwege im Laufe der Analyse nicht bilden können, hätten sie sich in den familiären Beziehungen nicht als unumgänglich erwiesen.*

Der Traum vom Spiel mit den springenden Spielsteinen

ER: In der Nacht von Samstag auf Sonntag hatte ich einen Traum ... und dann einen anderen in der Nacht von Sonntag auf Samstag.

ICH: Von Sonntag auf Samstag?

ER: Ich habe mich versprochen. Das war ein Versprecher. Ich wollte sagen, in der Nacht von Sonntag auf Montag. (Hier trat ein kurzes Schweigen ein.)

ER: Ich habe geträumt, dass ich in einer Bar gegenüber von meinem Freund saß. Wir spielten ein Spiel, das ich in meiner Kindheit oft zusammen mit meinem kleinen Bruder gespielt habe. Man springt mit kleinen Spielsteinen von einem Feld zum anderen und versucht dabei, über einen Spielstein des Gegners zu springen. Gelingt einem das, kann man den gegnerischen Spielstein entfernen. Am Ende des Tischs saß zwischen uns meine Exfreundin. Sie schaute uns beim Spielen zu. Als ich mit einem meiner Spielsteine über einen Spielstein meines Gegners springe, wird das Mädchen plötzlich wütend. Sie steht auf und sagt: »Merkst du denn gar nicht, wie sehr ich mich langweile, während du hier mit deinem Freund spielst?«

Der Klient bot selbst die Erklärung seines Traums an. Er glaubte, dieser stehe für Dreierbeziehungen. Sein Freund und er spielten zusammen ... Die springenden Spielsteine könnten die Mädchen symbolisieren. »Das jedoch«, fügte er an, »hätte für früher gelten können. Aber die Situation hat sich geändert.« Er erzählte, sein Freund sei seit kurzer Zeit mit einer jungen Frau liiert, die den Klienten sehr beeindruckt zu haben schien. Er sagte mit trauriger, schwermütiger Stimme, diese Beziehung, die sich vor seinen Augen entwickelte, zeuge von einer wunderbaren Harmonie und großem Glück. Am darauffolgenden Tag nach dem ersten Treffen hatte der Freund seine neue Eroberung – nennen wir sie Irène – dem Klienten vorgestellt. Es war offensichtlich, dass Irène ihm sehr gefiel.

»Neulich waren wir alleine, Irène und ich«, erzählte er. »Sie zog mich auf. Ich antwortete ihr in leicht ironischem Ton. Am selben Tag trafen wir uns noch einmal in einem Kinosaal. Sie hatte mich nicht sofort erkannt. Sie gestand mir, sie habe befürchtet, ein dreister junger Mann würde sich an sie heranmachen. Wir gingen daraufhin in ein Café. Sie fragte mich im Vertrauen nach meiner Meinung zu meinem Freund. Sie glaubte, er sei ein ›Nichtsnutz‹. Sie bat mich andeutungsweise, ihn zu überzeugen, irgendeine Arbeit anzunehmen oder wie ich ein Studium zu beginnen. Dann sprachen wir über das Tanzen. Sie nahm Stunden. Deshalb habe ich ihr heute Nachmittag meine Tanzschuhe vorbeigebracht.«

Mit unsicherer, etwas undeutlicher Stimme fuhr er fort:

»Ich brauche sie jetzt doch nicht mehr. Außerdem sind mir diese Schuhe vollkommen gleichgültig.

Irène servierte mir in ihrem Zimmer Tee und kleine Kuchen. Ich musste ihr erklären, dass das Tanzen nicht so leicht zu erlernen sei, wie sie glaubte, dass man sich anstrengen müsse, um erfolgreich zu sein. Irène flehte mich daraufhin an, das Geheimnis mit den Tanzschuhen für mich zu behalten. Wenn ihr Freund das erfahren würde, würde er sie auslachen. Einige Tage später stand ein Streit zwischen meinem Freund und Irène. Ich gebe zu, dass ich mich ein wenig darüber gefreut habe. Ich riet meinem Freund trotzdem, sich so schnell wie möglich wieder mit der jungen Frau zu versöhnen. Am darauffolgenden Tag trafen wir uns zufällig. Ich stand oben an einer Treppe und sah die beiden auf mich zukommen, um mich zu begrüßen. Irène lief vorneweg, mein Freund, der ihr folgte, legte einen Finger auf den Mund, um mir zu bedeuten, den kürzlichen Streit nicht zu erwähnen. Diese sehr diskrete Aufforderung verärgerte mich dennoch, und ich wandte mich sofort an die junge Frau, um sie nach Neuigkeiten zu diesem verbotenen Thema zu befragen, die sie mir lachend erzählte. Dabei dachte ich an das Geheimnis der Tanzschuhe, das ich mit ihr teilte.«

»Sie sind verliebt«, erklärte ich ihm.

Erschreckt durch diese Enthüllung brach er seinen Bericht ab und behauptete, ich hätte nichts verstanden. Der Traum der springenden Spielsteine wurde anschließend wie folgt erklärt: Er verstand, dass die Personen ausgetauscht werden mussten, um den Sinn des Traums zu verstehen. Der Freund, mit dem der Träumende spielte, musste durch die junge Frau ersetzt werden. Deshalb hatte der Klient auch am Anfang seiner Erzählung die Wochentage vertauscht, als er von einem Traum *»in der Nacht von Sonntag auf Samstag«* berichtete. Diese Fehlleistung kündigte den versteckten Sinn seines Traums an.

Die Eliminierung der übersprungenen Spielsteine, die Bestandteil der Spielregeln war, symbolisierte das heimliche Einvernehmen zwischen Freunden, die Verschwiegenheit zwischen jungen Männern. Auf der Treppe, hinter dem Rücken von Irène, hatte der Freund auf diese Verschwiegenheit angespielt und um dessen Einhaltung gebeten. Dasselbe Schema der Verschwiegenheit trat während der Analyse in die Beziehung zwischen Analytiker und Patient und hatte eine entscheidende Rolle in den Vater-Sohn-Beziehung gespielt. All diese Geheimnisse zwischen Männern waren ab diesem Zeitpunkt allerdings obsolet. Die Intentionen des Freundes wurden nicht mehr respektiert. Stattdessen entstand ein neues Geheimnis. Irène hatte ihm ihre Tanzleidenschaft anvertraut, und so hatte er begonnen, das Geheimnis der Schuhe zu respektieren.

Der Wechsel in der libidinösen Objektwahl war vollzogen. Zugegebenermaßen nicht ohne Zögern. Er hatte seinen Freund verraten, der, ausgeschlossen, im Traum den Platz der jungen Frau eingenommen hatte. Die Traumelemente sollten die neue Rolle des Freundes erläutern. Sicherlich geschah es nicht ohne Grund, dass sich dieser abrupt erhob und darüber beklagte, nicht an einem ähnlichen Spiel teilnehmen zu können. Gestern noch hatte der Freund dem Klienten als Vorbild gedient, genau wie sein Vater. Heute musste er aufgeben, weil er seine bedrohlichen Aspekte verloren hatte.

Der Traum der springenden Spielsteine, der die Verwandlung des männlichen Freundes in die junge Frau aufzeigte, enthielt in diesem Sachverhalt des Personenwechsels den dynamischen Faktor, der grundlegend für das Verständnis der Bedeutung der gegenwärtigen Übertragung in der analytischen Situation war. Auf diese Weise war die Analyse wieder zum ursprünglichen Gebiet der wichtigen mütterlichen Beziehungen zurückgekehrt. Der Inhalt des Traums bestätigte dies eindeutig.

Auf diesem Gebiet war schon alles dafür vorbereitet worden, um die Tatbestände zusammenzutragen, die die Entwicklung der kindlichen Sexualität mit ihren Ausprägungen der Begierde, die auf so besondere Art geformt worden waren, aufzeigen würden. Die Bestimmung des Ödipuskomplexes versprach eine vertiefende Erklärung.

In der Nacht von Sonntag auf Montag hatte der Klient folgenden Traum:

Traum von der Bedienung

»Ich sitze in einem Café. Mein Freund ist wieder dabei. Die Bedienung ist sehr nett zu mir. Sie ist im Gesicht von einem Ekzem befallen und trägt ein schwarzes Kostüm, das hinten halb geöffnet ist. Durch diese Öffnung in ihrem Rock berühre ich die Haut ihres Pos. Dann steige ich die Treppe des Cafés hinab, um der Bedienung in die Telefonkabine zu folgen. In diesem »Raum« versuche ich die Bedienung zu küssen. Aber die Besitzerin des Cafés, die direkt gegenüber der Telefonkabine steht, betrachtet uns von der Theke aus. Ich muss aufpassen, damit diese meine Annäherungsversuche durch das Guckloch in der Tür der Telefonkabine nicht sieht. Meine amourösen Absichten führen zu gar nichts. Ich gehe wieder zu meinem Freund zurück. Einige Augenblicke später versuche ich noch einmal, dem Mädchen in den gleichen Raum zu folgen. Da die Besitzerin des Cafés verschwunden ist, nutze ich die Gelegenheit, um die Bedienung ausgiebig zu küssen. Aber in diesem Moment wache ich auf, und ich denke zunächst, dass ich mich ... bei mir zu Hause befinde. Allerdings stelle ich mich sehr schnell der Realität und weiß nun, dass alles nur ein Traum war.«

Lassen Sie mich hier bemerken, dass der Klient in dieser Nacht wie gewöhnlich bei sich zu Hause schlief. Seine erste Assoziation beim Erwachen überrascht daher umso mehr. Wir werden gleich den Sinn sehen, den man dieser Assoziation, die beim Aufwachen entstand, zuschreiben muss. Fügen wir hinzu, dass der Klient mit seinem Traum in die tiefen Schichten der präödipalen Sphären eingetaucht ist. Hier sind in kurzen Sätzen die Erkenntnisse, die aus dem Traum abgeleitet wurden:

Die Bedienung des Cafés repräsentiert die Prostituierte. Sie kann ihn zurechtweisen. Sie verweigert es jedoch nicht, dass man ihren Rock hebt und ihren Po berührt. Außerdem steht es ihr frei, mit jedem zu schlafen. Ein uneheliches Kind ist der Beweis dafür, könnte man sagen. Ihr Kostüm ist hinten halb geöffnet. Der Klient küsst im Traum diese Person in dem so genannten »Raum« [franz.: »cabinet«: »kleiner Raum«/»kleines Zimmer«, aber auch »Toilette«]. Dieser Ausdruck lässt die Toilette erahnen. Hier liegen die Anhaltspunkte für die anale Phase. Die Annahme scheint erlaubt zu sein, dass die infantilen Wünsche dieser Zeit auf glückliche Art und Weise aufgelöst wurden, da diese Traumelemente von keinerlei Angstgefühl begleitet werden. Die Bedienung repräsentiert im Traum eine präödipale Mutterimago.

Der Traum konnte dank seiner so verwunderlichen Fähigkeit zur Verdichtung aber noch eine weitere Mutterimago herausstellen. Die Besitzerin des Cafés hatte das Paar in der Telefonkabine zunächst bedroht. Dann willigte sie ein zu gehen, sodass der Kuss stattfinden konnte. Dieser Kuss weckt nun aber den Träumenden. Das war das Alarmsignal, um die Kräfte des Ich gegen die triebhafte Bedrohung zu stellen. Diese war jedoch schon vorbewusst, und sie übersetzte ihre Tendenz, indem sie die bewusste Vorstellung des Träumenden formte, er befinde sich, als er erwachte ... bei sich zu Hause. Auf den ersten Blick schien dem Träumenden diese Vorstellung unsinnig. Diese bezog sich nun aber auf den ödipalen Konflikt. Sie enthüllte, dass es gerade seine Mutter war, die immer bei ihm zu Hause war. Der triebhafte Wunsch muss unerfüllt und verboten bleiben, solange die Mutter ihren Sohn, den Träumenden, überwacht. Die Verwirklichung dieses libidinösen Wunsches ist nur dann erlaubt, wenn diese Mutter verschwindet. Aber ist sie wirklich verschwunden?

Das beängstigende Alarmsignal weckt den Träumenden auf, weil die Mutter immer noch anwesend ist. Die vollständige Formung des Traums ist gescheitert.

Der Patient erwacht sogar etwas zu spät, um diese unbewusste Präsenz zu verschleiern, die sich in seiner ersten Assoziation offenbart ... Ich bin bei mir zu Hause. Also muss die Mutter anwesend sein, damit die Wünsche verwirklicht werden können. Die Besitzerin des Cafés verkörpert die zweite Mutterimago.

Es ist wahrscheinlich, dass diese Mutterimago eng mit der phallisch-narzisstischen Phase verbunden ist. Weiterhin scheint die Annahme erlaubt, dass die wichtigsten Konflikte in dieser Phase stattgefunden haben. Die Traumelemente, die den Kontext dafür bilden, sind beladen mit unüberwindbaren ängstlichen Empfindungen.

In dieser Hinsicht sind zwei Traumelemente festzuhalten:

1. Das Guckloch in der Tür der Telefonkabine, durch das die Mutterimago die amourösen Aktivitäten des Klienten beobachtet, enthält einen beträchtlichen Symbolgehalt. Die Erfahrung mit diesem Patienten zeigte bereits eine Neigung, Sachverhalte ins Gegenteil zu verkehren, um ihren Sinn besser verschleiern zu können. Das Guckloch wäre demnach ein Symbol für eine verdrängte Erinnerung im Unbewussten: Das Subjekt selbst hatte etwas durch eine Spalte, ein Schiebefenster, ein Guckloch beobachtet. Haben wir nicht festgestellt, dass der Patient sich mit seiner Mutter identifizierte? Dabei spielt es keine Rolle, dass der Identifikationsprozess auf recht komplizierte Weise entstand (wie wir uns erinnern). Diese Beobachtung der amourösen Aktivitäten durch das Guckloch verkörpert die Reminiszenz dessen, was er in ferner Vergangenheit beobachtet hatte, als er dem elterlichen Koitus beiwohnte.
2. Die Mutter muss anwesend sein, um die libidinösen Wünsche des Patienten zu befriedigen. Was bedeutet dieses Detail? Der Mutter musste gezeigt werden, wie man küsst. Eine Art Exhibitionismus scheint hier mitzuspielen. Folgendes ergab die Analyse zu diesem Punkt:

Bei den Küssen handelte es sich um Tagesreste bezüglich der gegenwärtigen Beziehung des jungen Mannes. Erinnern wir uns, dass die Handlung des Küssens mit der oralen Phase verbunden ist, um zu verstehen, warum die Assoziationen eine kindliche Lust hervorriefen, die schon seit langer Zeit vergessen war, eine Lust, die mit süßen Naschereien verbunden war. Die Assoziationsreihe endete mit der Rekapitulation von Masturbationshandlungen.

Das alles bestimmte die Masturbationstendenz. Zu Beginn der Analyse hatte der Patient seine Fantasien beschrieben: ein weiblicher Körper, vollständig verhüllt, der dicht neben ihm steht. In der analytischen Situation entstand eine parallele Repräsentation, bei der ein Vorhang eine männliche griechische Statue verbarg. Eine tiefgreifende Erklärung konnte zu Beginn der Behandlung noch nicht gegeben werden. Erst am Ende der Analyse konnte man zu folgendem Modell gelangen, das trotz allem hypothetisch bleibt:

Ich nehme an, dass sich der Junge in frühester Kindheit vor seiner Mutter entblößte. Diese hatte wahrscheinlich, da sie eine krankhafte Neigung befürchtete, die Nacktheit des Kindes bedeckt. Und hatte sie auf zufällige Weise nicht noch irgendeine törichte Bedrohung hinzugefügt, wie das Eltern häufig tun? Das ist gut möglich, da der Patient seine Mutter als eine sehr prüde Person darstellte. Ein weiterer Hinweis kann diese Interpretation untermauern.

Wir sind auf der Suche nach der affektiven Ergänzung der gelieferten Erklärung. Sie ist sicherlich gut versteckt im Unbewussten zu finden, denn sie wird zwischen den ältesten kindlichen Elementen zu suchen sein. Die Umwege, die die Analyse genommen hat, bestanden darin, erst den Vater, dann den Analytiker zu eliminieren. Dieser Weg führte zur Besiegung des schrecklichen Vaters. Auf diese Weise konnte man die Mutter erreichen. Woher kann diese instinktive Tendenz kommen, einem solchen Weg zu folgen?

Ich würde diesen Umweg einen demonstrativen Akt nennen, einen Exhibitionismus vor dem Analytiker. Der Analytiker, der letztendlich zur Mutterimago wurde, ist von dem Patienten eliminiert worden. Seine Rolle war es, passiv zu bleiben und zu beobachten, was der Klient alles tun würde. Die Mutter sollte sehen, wozu der Sohn in der Lage war.

Diese Demonstration blieb im Unbewussten vergraben und zeigte sich ausschließlich in einem affektiven Ausdruck des Verhaltens. Die Interpretation der Mutterimago der vollzogenen Übertragung ist in diesem Verhalten seit Beginn der Analyse auf einem sehr tiefgehenden Niveau zu finden. Die Traumelemente gehen aber noch weiter: Der Träumende hatte der Besitzerin des Cafés nicht erlaubt, den amourösen Aktivitäten beizuwohnen. Die Gefahr, die von dem inzestuösen Wunsch ausging, war jedoch zu groß, und ein Eingreifen in Form der Unterbrechung des Schlafs war nötig. Es handelte sich um die gleiche Gefahr, die von der neuen realen Beziehung ausging, die der Patient mit der jungen Frau Irène unterhielt.

Das Ekzem auf dem Gesicht der Geliebten, Symbol einer verdrängten Syphilidophobie, lässt deutlich die Kastrationsangst erkennen. Diese zeigte sich schon viel früher. Die Fantasien des Patienten über eine Freundin aus dem »existentialistischen« Kellergewölbe beinhalteten die Vorstellung, deren Verlobter werde an einer Straßenbiegung auftauchen und ihm so die Konsequenzen ersparen, die er fürchtete. Die eheliche Beziehung der Eltern formte die infantilen Repräsentationen, von denen die folgenden die beiden hauptsächlichen sind: die Fantasien über die Eliminierung desjenigen, der eine Beziehung mit der Frau eingeht, und das Element der »gezeichneten« Frau, das im Traumbild der Bedienung, die von einem Ekzem befallen ist, zum Ausdruck kam. Diese dynamischen Symbole veranschaulichen zum einen, was die Mutter erleidet, wenn der Vater zu ihr kommt, und zum anderen, was den Vater befallen kann, wenn er es wagt, sich der Frau anzunähern. Die Frau wird durch den Vater gezeichnet. Letzterer hingegen wird von der Frau eliminiert. Genau hierin liegt der ursprüngliche Sinn der Kastrationsangst des Klienten. Solch eine Bestimmung der Kastrationsangst ist für die große Mehrheit der latent narzisstischen Homosexuellen charakteristisch. Die unbewusste Repräsentation der schrecklichen Mutter leiht ihre bedrohliche Erscheinung allen Frauen, die mit dem neurotischen Subjekt eine Beziehung eingehen. *Der Neurotiker dieses Typs befürchtet tatsächlich, wie Ernest Jones*[8] *dargestellt hat, letztendlich den väterlichen Phallus, der sich in den Genitalien der Frau verbirgt.* Eine archaische Repräsentation solcher Art versinnbildlicht die Kastrationsmacht der Frau, die sie dank ihrer Vagina Dentata, die von den neurotischen Fantasien erschaffen wird, hat. Man könnte sich keinen aufschlussreicheren Symbolismus vorstellen als den der Eliminierung, ein Symbolismus, der sich, resultierend aus der Angst, einen genau festgelegten Teil des Körpers zu verlieren, auf alle zwischenmenschlichen Beziehungen ausweitet.

Die Analyse dieses jungen Mannes endete nach 120 Sitzungen. Möglicherweise handelte es sich hier nur um ein provisorisches Ende. Der Klient setzte sein Studium fort und entwickelte sich auf vorteilhafte Weise. Trotzdem sollte man die Aufmerksamkeit auf folgenden Sachverhalt lenken: Intellektuelle und empfindsame Patienten, die unter einer chronischen Charakterneurose leiden, brauchen für gewöhnlich eine lange Zeit, die oft mühevoll ist, um sich vollständig von dem ödipalen Konflikt zu befreien.

[8] Ernest Jones: Traité de Psychanalyse. Presses Universitaires.

Diese Entwicklung wird sich nach der Behandlung fortsetzen. Sie wird Umwege erfordern, die analog zur analytischen Entwicklung nicht weniger intensiv sein werden als während der Analyse selbst.

Nach der Auflösung des ödipalen Konflikts in der familiären Situation machen diese Patienten in der Regel eine stufenweise Anpassung durch. Sie werden sich zunächst in eine heterosexuelle Beziehung stürzen, die von dem Freundeskreis, in dem sie sich wohl fühlen, befürwortet wird. Diese neue heterosexuelle Beziehung, die als neue und erste Erfahrung wahrgenommen wird, wird durch die wechselseitige Identifikation der Freunde geschützt werden. Viele ehemalige Patienten verbleiben in dieser Phase, da die neurotische Störung, die bestehen bleibt, keine Hemmung der sozialen Anpassung mehr darstellt. Diejenigen, die dieses Stadium überwinden wollen, werden die Freiheit der Wahl des Liebesobjekts erfahren, die den genitalen Charakter ausmacht.

Schlussfolgerungen

In der gerade dargestellten Analyse ist die *chaotische Situation*, die eine mühevolle Phase der Behandlung bestimmte, der entscheidende Punkt. Fassen wir diese Entwicklung zusammen: Ein dringendes Abhängigkeitsbedürfnis hatte sich unbewusst die Übertragung zunutze gemacht, als der Klient sich entschied, mit dem Medizinstudium zu beginnen. Der Widerstand gegen die Anerkennung dieser festsitzenden Übertragung zeigte sich in der Sitzung, in der der Patient seinem Analytiker eine Physiklektion erteilte. Der gleiche Widerstand wurde am Abend des Faschingsballs sehr deutlich. Der Klient hatte seinen Analytiker nicht erkannt. Daraufhin hielt der Analytiker es für notwendig, diese Begegnung, die er genauso gut nicht hätte erwähnen müssen, in einer der folgenden Sitzungen anzusprechen. Als der Analytiker eine genaue Bedeutung dieser Skotomisation lieferte, war vorherzusehen, dass sich die Verteidigungsmechanismen des Klienten verstärken würden. Daraus resultierte die chaotische Situation. Diese Phase symbolisierte die vorübergehende Eliminierung des Analytikers.

Die chaotische Situation wurde später durch die Begegnung in dem »existentialistischen« Kellergewölbe aufgelöst. Macht man sich den Inhalt bewusst, ist es zweifelhaft, dass diese Situation von der methodischen

Vorgehensweise provoziert wurde, die der Analytiker gewählt hatte. Man könnte einwenden, dieser habe überhaupt keine neutrale Haltung eingenommen, die seiner Rolle entspräche, sondern sich ganz im Gegenteil aktiv als Privatperson in die neurotischen Gegebenheiten seines Patienten eingemischt. Die Begegnung auf dem Faschingsball war selbstverständlich unvermeidbar. Jedoch hätte das Schlimmste abgewendet werden können, berücksichtigt man die Tatsache, dass der Klient nichts von dem Vorfall wusste. Also wird der nächste Einwand darin bestehen zu sagen, der schlimmste Fehler sei es gewesen, in der folgenden Sitzung das Geschehene anzusprechen. Man wird sagen wollen, dass, da der Fehler nun schon einmal begangen worden war, der Analytiker offensichtlich die Situation zu retten versuchte und noch einmal in das Privatleben seines Patienten eingriff, indem er sich entschloss, ihn in dem Kellergewölbe zu besuchen. Daraus wird nun aber nichts. Und das aus folgendem Grund: Von einem methodischen Standpunkt aus musste zunächst der wachsende Verteidigungsmechanismus, der sich zum Schutz der Übertragung eingerichtet hatte, beseitigt werden. Da es sich um eine Charakterneurose handelte, bestand die primäre Sorge darin, keine Chance zu bekommen, die Mechanismen der negativen Übertragung offen zu legen. Hier findet sich eine Grundregel, die uns Wilhelm Reich formuliert und die Freud, nebenbei gesagt, schon vor ihm definiert hat: Es ist oft äußerst unangenehm, die Aspekte einer negativen Übertragung offen zu legen. Hier findet sich eine grundlegende Schwierigkeit der analytischen Methode. Zögert man, die Erklärungen, die auf die negative Übertragung abzielen, aufzudecken, muss man auf eine chaotische Entwicklung gefasst sein, aus der man vergeblich zu entkommen versucht.

Im hier beschriebenen Fall wählte der Klient den Aspekt der negativen Übertragung. Durch die Enthüllung dieser Haltung wurde es ihm unmöglich, damit fortzufahren. Die Erklärung traf den Sachverhalt sogar sehr genau, da sich die positive Übertragung – wie in allen Fällen, bei denen die Verteidigungsmechanismen zusammenbrechen – verstärkte. Dies war auch bei unserem Patienten der Fall. Nun bezog sich die positive Übertragung, die sich festsetzte, aber auf die Mutterimago. Der oberflächliche Aspekt der Person des Analytikers, der den Vater repräsentierte, musste eliminiert werden, und diese Eliminierung, die die chaotische Situation mit sich brachte, war nichts anderes als die für den Klienten geeignete Art, seine positive Übertragung offen zu legen.

Dabei handelte es sich sozusagen um das erste Stadium einer positiven Übertragung, die sich in der Entwicklung befand. Welche Sachverhalte lassen in der chaotischen Situation dieses Falls ein Symptom für eine positive Übertragung erkennen? Davon gibt es mehrere:

1. Die Auflösung der chaotischen Situation erfolgte durch die Begegnung in dem »existentialistischen« Kellergewölbe. Dabei sind zwei psychodynamische Faktoren festzuhalten: Einerseits lieferte dieser Besuch den Beweis, dass der schreckliche Vater in Wirklichkeit gar nicht so schrecklich war. Andererseits ermöglichte dieser Kontakt die Neuanlage der angestauten und gehemmten Libido, einer affektiven Energie, die zuvor genau für die Aufrechterhaltung der chaotischen Aspekte gesorgt hatte.
2. Trotz der chaotischen Situation erfolgte eine verborgene, sehr intensive Entwicklung. Während dieser Periode musste sich der analytische Prozess als so stark präsentieren, dass sich ein seltenes Induktionsphänomen vollziehen konnte. Eine Entwicklung dieser Art ist mit einer Situation der negativen Übertragung unvereinbar.
3. Die analytischen Gegebenheiten ließen eine Umwandlung der Vaterimago in eine Mutterimago erkennen. Diese Umwandlung erfolgte jedoch über einen Umweg, der von vorübergehendem Chaos bestimmt war.
4. Das war auch letztendlich der Sinn dieses Umwegs, der belegte, dass allein eine positive Übertragung die ödipalen Elemente aufdecken konnte – die Imagination der illegitimen Herkunft und die Kastrationsrolle der schrecklichen Mutter.

All diese Fakten sprechen auf Anhieb gegen die Einwände, die auf den ersten Blick gerechtfertigt erscheinen. Aber ich würde sogar noch weiter gehen. Mir scheint, dass das therapeutische Verfahren in diesem Fall keinen anderen Weg hätte gehen können. Der Patient selbst forderte die Wahl dieses seltsamen Umwegs, und der Analytiker musste ihm trotz der chaotischen Situation folgen, die sich daraus ergab.

Dieser Umweg war notwendig. In einer späteren Phase waren die charakteristischsten Elemente dieser Neurose eng mit der Dynamik dieses Umwegs verbunden, der auch eine affektive Seite beinhaltete. Die beträchtlichen Aggressionen, die die neurotische Last des jungen Mannes noch erschwerten, mobilisierten sich über den gleichen Umweg. Die Entladung konnte nicht dramatisch oder plötzlich erfolgen. Sie vollzog sich über mehrere Anläufe. Diese progressive Entspannung entwickelte sich über den umgeleiteten Prozess selbst. Dieser enthielt eine verborgene Aggressivität: Die Unfähigkeit des Analytikers musste belegt werden. Der vom Patienten gewählte Umweg war eine sehr gesunde Reaktion, da dieser eine Weise gefunden hatte, seine Aggressionen freizusetzen. Drängt der Analytiker in solch einem Fall nicht auf diese unbewusste Notwendigkeit des Kranken, weigert er sich, das provisorische Objekt aller Projektionen zu sein, die der Klient auf ihn übertragen will, lässt er im Gegenteil lieber die verschiedenen Gegebenheiten außer Acht, die immer unvorhersehbar bleiben werden, dann beweist er durch ein so klassisches Verhalten das Vorhandensein der Möglichkeit, dass die Projektionen nicht auf die empathische Grundhaltung treffen, die nötig ist, um den Neurotiker genesen zu lassen. Im vorliegenden Fall hätte solch eine Haltung leicht nicht nur eine Eliminierung des Analytikers, sondern auch des Klienten selbst herbeiführen können. Man weiß, dass die aggressiven Tendenzen, die nicht nach außen getragen werden können, auf das Subjekt selbst gerichtet werden, wo sie auf wehrlosen Nährboden treffen. Eine hemmende Situation, in der der Klient in einer unüberwindbaren Sprachlosigkeit verbleiben würde oder durch die eine chronische und sogar gefährliche Depression entstehen könnte, wäre weit weniger vorteilhaft als eine vorübergehende chaotische Situation.

Rufen wir uns jedoch ins Gedächtnis zurück, dass die chaotische Situation die schmerzhafte Partizipation sowohl des Klienten als auch des Analytikers erfordert. Es handelt sich hier vielleicht erneut um eine Conditio sine qua non für eine erfolgreiche analytische Behandlung einer Neurose, deren Ursachen nur dann gefunden werden, wenn man anerkennt, dass sich ein sehr verallgemeinertes soziales Element in den psychischen Aspekten des analysierten Individuums äußert.

Exhibitionismus

Kasuistisches Beispiel

Ein 21-jähriger Fabrikarbeiter aus dem französischen Jura, nicht weit entfernt von der berühmten Lip-Fabrik, begann ein Jahr nach seiner Heirat und acht Monate nach der Geburt seiner Tochter, die kurze Vormittagspause an seinem Arbeitsort einer Montagehalle elektrischer Geräte im Kellergeschoss einer Maschinenfabrik, seine Geschlechtsteile jungen Frauen zu zeigen.

Während seine Arbeitskollegen in der Kantine des Kellers Kaffee oder Bier tranken und politisierten, ging der junge Mann die Treppe hoch, bis er die Strasse sehen konnte, die an der Fabrik vorbeiführte. Er wartete bis ein Mädchen oder eine junge Frau vorbeikam. Geschah dies, entblößte er sich schnell und ging die letzten Stufen der Treppe hinauf, was den Exhibitionseffekt so steigerte, dass es zum Orgasmus kam. Meistens blickten die jungen Frauen verwundert auf den ejakulierenden, jungen Mann und gingen weiter. Manchmal bemerkten sie ihn auch gar nicht, weil der Entblößungsakt ja nicht vor ihnen ausgeführt worden war.

Er wurde verhaftet, im Untersuchungsgefängnis verwahrt, psychiatrisch begutachtet und schließlich verurteilt. Das Gericht erließ ihm die Gefängnisstrafe mit der Auflage, sich psychiatrisch behandeln zu lassen. Er kam in ambulante Psychotherapie mit zwei wöchentlichen Sitzungen und arbeitete weiter im Kellergeschoss der Maschinenfabrik, wo ältere Arbeitskollegen ihn während der Vormittagspause in der Kantine politisch zu indoktrinieren begannen.

Der Patient blühte auf. Er war von seinem Arzt begeistert und von den Arbeitskollegen, die mit ihm redeten. Wie ein Kind hörte er mit halboffenem Munde zu, was man ihm sagte. Von sich aus sprach er wenig. Sagte er einmal etwas, waren seine Sätze unvollständig und abgehackt, sodass man meinen konnte, er sei debil oder doch sehr undifferenziert.

Der Patient war das jüngste Kind einer Arbeiterfamilie. Zwei ältere Schwestern waren längst verheiratet. Mutter und Vater arbeiteten in großen Fabriken, wie der Patient, doch jeder in einer anderen. In dieser Familie war es nicht üblich miteinander zu sprechen. Alle waren erschöpft, wenn sie nach Hause kamen und verständigten sich nur über das Allernotwendigste, meistens mit Gesten oder Grunzlauten. So war es seit frühester Kindheit des Patienten immer gewesen. In der französischen Landschule, die der Patient als Kind besuchte, bestand der Kontakt zwischen Lehrern und Schülern hauptsächlich darin, auswendig gelernten Stoff dem Lehrer vorzutragen. In den Pausen machten die Kinder ausgelassene Spiele, bei welchen der Patient von seinen Kameraden wegen der Körperkräfte, die er besaß, bewundert wurde. Die Kinder wuchsen in einem Fabrikarbeiterdorf auf, wo fast alle Mütter zur Arbeit gingen. Früh begannen sexuelle Spiele unter den Kindern den Patienten stark zu beschäftigen. Alles ging stets heimlich, aber mit auffallender Freiheit und Selbstverständlichkeit vor sich. Wie fast alle Jugendlichen in diesem Dorf, kam auch der Patient mit 16 Jahren in die Fabrik. In dieser Zeit lernte er seine spätere Frau kennen. Während der ersten drei Jahre ihrer Bekanntschaft, sahen sie sich selten, weil das Mädchen in einer Fabrik in der benachbarten Stadt arbeitete. Wenn sie sich trafen sprachen sie wenig und schliefen vor allem miteinander. Sie liebten sich sehr. Schließlich nahm das Mädchen eine Stelle in der Fabrik des Patienten an. Es kam zur Schwangerschaft und zur Heirat. Die Klagen des Patienten in der Psychotherapie bezogen sich vor allem darauf, dass er mit seiner Frau nicht ins Gespräch kommen könne. Der averbale Kontakt zur Frau und auch zum Kind war aber ausgezeichnet. Jetzt während der Psychotherapie, wo der Arzt und seine Arbeitskollegen viel mit ihm redeten, macht es dem Patienten weniger aus, mit seiner Frau nicht richtig reden zu können.

Seinem Exhibitionismus gegenüber war er ratlos. Er verstand nicht was in ihm vorging und konnte je länger je weniger verstehen, weshalb er überhaupt jemals perverse Drangzustände verspürt hatte. Jetzt schien es ihm so, als ob er dies niemals wieder tun könnte. Seine gewinnende, fast kindliche Art, in voller Naivität darüber zu sprechen, hatten alle Menschen, die ihn umgaben, die Ärzte nicht ausgeschlossen, annehmen lassen, der Patient sei gar nicht pervers, oder, wenn er es gewesen war, sei er jetzt gesund. Es ging ihm so ausgezeichnet, dass die Ärzte der staatlichen Poliklinik, wo er behandelt wurde im Einvernehmen mit dem Gericht die Therapiestunden abbauten. Der Patient kam nun ein mal pro Woche, dann ein Mal alle 14 Tage und schließlich, zur weiteren Beobachtung, noch einmal im Monat zu einer kurzen Konsultation. Da der Patient ohnehin nie viel sprach, fiel die depressive Verstimmung, in die er nun geriet, niemandem richtig auf. Das Leben eines Fabrikarbeiters ist ohnehin nicht sehr erquicklich. Daran hat man sich in unserer Gesellschaft gewöhnt.

Sechs Monate später wurde mir der Fall in einem Seminar vorgestellt. Der Patient war rückfällig geworden und saß im Gefängnis. Von dort kam er gelegentlich in die Poliklinik, weil er dem Gerichtsarzt wegen seines merkwürdigen Verhaltens aufgefallen war. Manchmal saß er stumm und wie kataton in seiner Zelle, dann wieder redete er in stereotyper aber eindringlicher Weise zu dem Gefängnispersonal über seinen früheren Arzt, bei dem er in Psychotherapie gewesen war. Er drängte zur Wiederaufnahme der Behandlung. Vom Gericht und den Ärzten wurde darüber diskutiert, ob eine dauernde Verwahrung in einer psychiatrischen Klinik notwendig sei. Zunächst hat man den Patienten ambulant mit Medikamenten und Explorationen zu behandeln versucht. Der behandelnde Arzt, ein junger, begabter südländischer Psychiater mit großem psychoanalytischen Interesse hatte die Behandlung übernommen. Er drängte darauf, seinen schwierigen Fall im Seminar vorzustellen.

Nach einer zweistündigen Diskussion schien sich folgendes Bild allmählich abzuzeichnen:

Dieser Patient hat den Exhibitionismus, als perverses Syndrom, im Sinne einer Überbrückungsstruktur ausgebildet, um in seiner psychischen Gesamtentwicklung nicht einer schweren narzisstischen Regression anheim zu fallen. In seiner frühen Kindheit hat sich die narzisstische Entwicklung offensichtlich nicht abrunden können, weil wahrscheinlich in erster Linie der praeverbale Dialog mit der Mutter sich in den späteren Objektbeziehungen nicht zu einem verbalen Dialog weiterentwickeln und ausdifferenzieren konnte. Bereits in der Latenzzeit und in der Adoleszenz muss sich diese Überbrückungsstruktur in irgendeiner Weise manifestiert haben, die die Disposition zur späteren perversen Aktivität in sich trug. Möglicherweise spielen die frühen sexuellen Kontakte und die Bewunderung, die seine Körperkräfte bei seinen Kameraden hervorrief, in diesem Zusammenhang eine Rolle. Im Verlaufe seiner psychischen Entwicklung hat sich die frühe narzisstische Störung weder in der Ich- noch in der Libidoentwicklung entscheidend ausgewirkt, ist doch der Patient in seinen Ich-Funktionen nicht schwer gestört. Auch seine Liebesfähigkeit scheint gewährleistet zu sein. In seiner Frau hat er ein konstantes Liebesobjekt gefunden, mit welchem er eine befriedigende sexuelle und zärtliche

Beziehung aufrechterhalten konnte. Zu seinem Kind hat er eine gute, väterliche reife Beziehung entwickelt.

Es ist geradezu typisch, dass der Exhibitionismus als perverses Symptom, erst in jenem Zeitpunkt in Erscheinung getreten ist, als er sich von seinen Eltern ablöste und sich relativ autonom neuen Objekten zuwandte, die er intensiv mit Libido besetzte. Durch diese Entwicklung wurde die narzisstische Homeostase besonders belastet. Der Patient begann sehr darunter zu leiden mit seiner Frau in keinen verbalen Kontakt zu kommen, wodurch eine Disharmonie im narzisstischen Bereich aufzutreten drohte. In diesem Zeitpunkt wurde die Perversion manifest.

Die jungen Frauen, vor denen er sich exhibierte, stelle in magisch-symbolischer Art wahrscheinlich die junge Mutter seiner Kindheit dar, mit welcher er nicht nur praeverbal, sondern verbal in einen objektgerichteten Dialog treten wollte. Das psychoanalytische Konzept erkennt in der Perversion eine Überbrückungsstruktur, die eine zum Teil fehlgegangene narzisstische Entwicklung in einer besonderen Weise ergänzt und abrundet, sodass die psychische Gesamtentwicklung der Persönlichkeit relativ ungestört fortschreiten kann. In diesem Falle hat der manifeste Exhibitionismus die Funktion, die verbale Kommunikationsfähigkeit zu ersetzen. Die eigenartigen Mittel, mit denen die Perversion ihr Ziel erreicht, stammen aus dem Bereich der archaischen, primärprozesshaften Realitätsinterpretation. Was als Riss in der narzisstischen Erlebnisweise, im Bilde der eigenen Person, des Selbst und des eigenen Körpers, erscheint, entspricht dem polaren Gegensatz, der sich zwischen den realen Lebenserfahrungen und den magisch-symbolischen Vorstellungen der Realität eingestellt hat. Das kommt daher, dass die imaginären, primärprozessartigen Vorstellungen im Erleben des Kindes in entscheidenden Abschnitten der frühen Mutter-Kindbeziehung keine Bestätigung erfahren haben, also nicht in den Bereich eingeordnet werden konnte, was zum realen Leben gehört. Es ist merkwürdig, aber von großer Bedeutung dass in unserem Leben das Wahnhafte, das primärprozesshafte Denken durch die großen Figuren in unserer frühen Kindheit eine reale Bestätigung erfährt und so als lebendige Erfahrung der Realität des eigenen Lebens eingebaut werden kann. Nur dann entstehen ein gesundes Selbstgefühl und ein gutes Körperich. Denn Fantasien und Illusionen spielen in für die Aufrechterhaltung des narzisstischen Gleichgewichts in unserem Leben eine mindestens ebenso große

Rolle wie die Wahrnehmung der materiellen, objektiven Realitäten unserer eigenen Person und unserer Umgebung.

Während der ersten Phase der Psychotherapie, die den exhibitionierenden Patienten nach seiner Verhaftung so auflockerte und gesunden ließ, war von einer narzisstischen Form der Übertragung gezeichnet, in welcher er sein Selbst durch die Person des Arztes erweiterte. Durch den verbalen Kontakt, den der Arzt mit dem Patienten einging, ergänzte er im Selbstgefühl des Patienten, jenen Teil der ihm fehlte, der eine narzisstische Lücke darstellte und den er selbst nicht ergänzen konnte. Nachdem diese Beziehung abgebrochen wurde, war der Patient von einer narzisstischen Regression bedroht. Die narzisstische Kränkung, die der Verlust des Arztes bedeutete, hatte eine depressive Entwicklung zur Folge. Doch der Patient entging der Regression durch Wideraufnahme seiner perversen Handlungen. Der Rückfall in die Perversion ist eine Notfallfunktion und als eine Ich-Leistung des Patienten aufzufassen, weil eine pathologische Entwicklung im Sinne einer schweren narzisstischen Regression dadurch vermieden wurde.

Die depressive Verstimmung und der depressive Rückzug wie auch das erregte Fragen nach dem behandelnden Arzt im Gefängnis sind verzweifelte Versuche des Patienten, der nun neuerdings drohenden narzisstischen Regression zu entgehen. Wird der soziale Druck durch die Verhaftung und durch die Bedrohung der gesellschaftlichen Sanktionen so groß, wie er sich jetzt für den Patienten zeigt, ist das perverse Verhalten als Funktion zur Stützung der narzisstischen Homeostase verunmöglicht, wodurch regressive Prozesse im Ich, in den Libidobesetzungen und im narzisstischen Bereich in Gang zu kommen drohen. In diesem Falle war anzunehmen, dass eine solche Entwicklung vermieden werden kann und vermieden werden muss, indem man mit dem Patienten eine systematische analytische Kur einleitet.

Mit der Einleitung einer psychoanalytischen Behandlung veränderte sich das psychische Verhalten des Patienten schnell. Nach einigen Wochen wurde er aus dem Gefängnis entlassen. Er arbeitete wieder in seiner Fabrik. Doch wollte seine Frau nun nichts mehr von ihm wissen, bis das Gericht das definitive Urteil gefällt hätte. Der Patient zog wieder zu seinen Eltern, die sich seiner schämten und weder mit ihm sprachen, noch ihn sonst beachteten. Er wohnte in einem kleinen Zimmer der Wohnung, ohne seine Eltern oft zu sehen. Auch an seinem Arbeitsort begegnete man ihm mit Misstrauen und Distanz.

In der Analyse entwickelte der Patient eine intensive, idealisierende Beziehung zu seinem Arzt. Gelegentlich besuchte er seine Frau, mit welcher er immer besser ins Gespräch kommen konnte. Da sie nicht mehr mit ihm sexuell verkehren wollte, war die Kontaktnahme jetzt mehr verbal als körperlich, wie früher. Zu seiner kleinen Tochter, die nun schon ihre ersten Schritte machte, entwickelte er eine zärtliche und differenzierte Beziehung.

Was ihn beunruhigte, war die bevorstehende Gerichtsverhandlung und das Urteil. Die Allmacht, die er seinem Arzte zuschrieb, ließ ihn in beinahe wahnhafter Art annehmen, dieser werde sicher beim Gericht seinen Freispruch erwirken. Es dauerte drei Monate, bis die Gerichtsverhandlung stattfinden sollte.

Als der Patient der Vorladung folgte, kam er unverrichteter Ding zurück. Sein Fall war nochmals hinausgeschoben worden.

Wie zu erwarten war, setzte sich der Richter schließlich doch mit dem behandelnden Arzt in Verbindung. Dieser vertrat dem Richter gegenüber die psychoanalytischen Gesichtspunkte in überzeugender Weise. In solchen Fällen geht es ja gewöhnlich nur darum, wer schließlich die Verantwortung für diese oder jene Entscheidung übernimmt. Verantwortungen dieser Art sind im Wesentlichen Absprachen von Mitgliedern einer Gesellschaft, die eben die Interessen dieser Gesellschaft in erster Linie wahren und schützen. Der junge, südländische Kollege, konnte eine Verantwortung anderer Art anbieten. Er war überzeugt, dass die Analyse gelingen könne, wenn sie folgerecht fortgesetzt würde. Es kann vorkommen, dass die Justiz auf solchen Enthusiasmus positiv anspricht, weil sie annimmt, die Enttäuschung werde die Begeisterung des Eifrigen schon brechen und ihn so schließlich den Interessen der Gesellschaft leichter zuführen, als wenn er Grund zur Opposition behält.

Der Freispruch erschien in großer Aufmachung in der Lokalpresse. Überall wurde der Patient beglückwünscht. Seine Frau, die sich bereits damit abgefunden hatte, wieder in der Fabrik zu arbeiten und das Kind in Pflege zu geben, war nun bereit, den Patienten wieder bei sich aufzunehmen.

Die Eltern wollten sich jetzt ihrem Sohne zuwenden. Dabei kam es zum ersten großen Streit zwischen der Mutter und der Schwiegertochter. Der Patient reagierte darauf mit lässiger Großzügigkeit.

Seine Beziehung zum Arzt hatte sich verändert. Der Freispruch hatte nicht etwa zu einer noch größeren Idealisierung des Analytikers geführt, wie man vermuten könnte. Im Falle echter narzisstischer Neurose wäre diese Vermutung richtig gewesen. Im Falle einer Perversion ist es anders. Es ist deshalb wichtig, an dieser Stelle zu zeigen, dass sich die narzisstische Expansion, die die bisherige Beziehung in der Übertragung charakterisierte, nicht einfach weiterging, sondern jetzt abgelöst wurde durch eine recht plötzlich einsetzende objektale Besetzung des Arztes als Übertragungsfigur. In einer solchen Entwicklung muss man als Analytiker bereit sein, sich einer objektalen Konfrontation mit dem Patienten zu stellen. Die Befürchtung, den Analysanden damit narzisstisch zu kränken oder in eine Regression zu treiben ist unberechtigt. Die Erfahrung zeigt vielmehr, dass es umgekehrt ist. Hält man in einer solchen Entwicklung an der narzisstischen Form der Übertragung fest, fühlt sich der Patient in seinem Bedürfnis eine Objektbesetzung mit dem Analytiker einzugehen, frustriert. Er rächt sich unbewusst und straft den Analytiker, indem er ihn in seiner Allmacht erniedrigt, was er am besten mit dem Ausagieren seiner Perversion machen kann.

Der Freispruch hatte in der analytischen Beziehung bewirkt, dass die fantasierte Allmacht des Analytikers vom Patienten als seine eigene erlebt wurde. In ihrer Omnipotenz erschienen ihm beide von gigantischer Wirksamkeit auf alles, er selber und sein Arzt. In solcher Grandiosität ist man großzügig und kritiklos. Da er es selber war, erwartete er Gleiches auch von seinem Arzt. Er begann damit nicht mehr rechtzeitig zu den Stunden zu kommen. Als Begründung brachte er lachend den Einfall, Spielsachen für seine Tochter einzukaufen. Es entwickelte sich ein hartes Ringen um die Einhaltung der Stunden, der verabredeten Zeiten zunächst, dann der Stundenzahl, die der Patient begann launenhaft zu reduzieren und schließlich um die Bezahlung der monatlichen Rechnungen.

Dies waren die ersten Zeichen, die darauf hinwiesen, dass der Analysand den sozialen Rahmen, in dem er lebte, zu sprengen versuchte. Analytisch betrachtet ist eine solche Tendenz in der Beziehung zum Analytiker bei Perversen von ganz besonderer Bedeutung. Diese Anzeichen sind die ersten Signale für eine Umformulierung der Perversion. Beim Exhibitionisten ist es besonders deutlich, wie sich das perverse Verhalten in Gegensatz zur sozialen Ordnung stellt. Interessant war auch, dass der Patient außerhalb der analytischen Beziehung relativ wenig agierte, während seine unmittelbare Umgebung immer stärker ins Agieren kam. Obschon sich die Honorarfrage zuspitzte und zu einem ernsthaften Konflikt in der Analyse wurde, war es zunächst wichtiger, dem Patienten zu deuten, wie er versuche, den Analytiker so auszuschalten, wie die Figur des Richters ausgeschaltet worden war. Das Damoklesschwert der drohenden Verurteilung hatte doch die Analyse aufs Entscheidende in Frage gestellt. Nach dem Freispruch verhielt sich nun der Patient so, als ob er selber die Analyse in Frage stellen wollte. Das bedeutete offensichtlich nicht nur, dass der Analytiker zur Figur des Richters gemacht werden sollte, der ausgeschaltet wird, sondern dass die Funktion des Analytikers nun nicht etwa von ihm selber, sondern von seiner Frau übernommen werden sollte. Das entsprach der Tendenz des Patienten, die narzisstische Expansion, die er in der analytischen Beziehung erlebt hatte, mit seiner Frau zu realisieren. Diese Neigung musste gedeutet werden, damit der Patient allmählich verstehen lernte, dass er sein Selbstgefühl und das Bild seiner Person nicht dadurch festigen und autonom gestalten kann, indem er in allen Objektbeziehungen eine Fusion mit dem Bild des anderen sucht.

Psychodynamische Aspekte der Abwehr mit Kommentaren zur Behandlungsmethode von Zwangsneurosen

Übersetzt von Antje Becker

Sobald eine Analyse einmal im Gange ist, beginnen sich die »Abwehrmechanismen« (A. Freud, 1936) des Patienten immer deutlicher zu zeigen. Der Analytiker hat das Gefühl, dass er langsam aber sicher die Person besser kennen lernt, die er analysiert. Die wichtigsten Persönlichkeitsmerkmale, auf die er sich von Beginn an eingestellt hat, stammen von der Abwehr und nicht von den Trieben. Es wird schrittweise klarer, dass spezifische Abwehrmechanismen bevorzugt werden und dass diese Mechanismen in einer Weise und Abfolge auftreten, die für die in Frage stehende Person mehr oder weniger charakteristisch ist (Freud, 1937).

Die Entwicklung der Libido mit ihren verschiedenen Phasen, genetisch vorherbestimmt, vollzieht sich in Übereinstimmung mit den Gesetzen, die für die Menschheit als Ganzes gelten, während die Merkmale, die man in der Entwicklung der Abwehrorganisation beobachtet, keinen ähnlichen Regeln zu folgen scheinen (Hoffer, 1954). Die Bildung der Abwehrorganisation scheint individuell verschieden zu sein. Obwohl es schwierig ist, in metapsychologischen Begriffen von einer hierarchischen Struktur der Abwehrorganisation zu sprechen und sie genetisch zu erklären, können wir – von klinischer Seite – trotzdem annehmen, dass die Abwehrorganisation im Ich auf diese Weise strukturiert ist. Die Abwehrorganisation zeigt einen relativ hohen Grad an Stabilität, und es ist sinnvoll, von einer Abwehrstruktur zu sprechen, die Teil der Ich-Struktur als Ganzes ist.

Die analytische Erfahrung zeigt, dass sich die Stabilität der Abwehr nicht nur im Fall der psychisch gesunden Person zeigt, wo die Abwehr erfolgreich war, sondern auch im Fall der neurotischen Person, wo sie ihre Funktion teilweise nicht erfüllen kann. Auf Grund der klinischen Bedeutung, die meines Erachtens mit diesem Standpunkt verknpüft ist, möchte ich besondere Aufmerksamkeit auf die Tatsache lenken, dass das Versagen einer Abwehrfunktion nicht zwangsläufig eine Gefährdung der Stabilität der Abwehrstruktur als Ganzes bedeutet. Ich würde noch einen Schritt weiter gehen und mutmaßen, dass die erfolgreiche Anwendung der psychoanalytischen Methode zu einem großen Teil von der Stabilität der Abwehrstruktur abhängig zu sein scheint (neben zahlreichen anderen Bedingungen, die nicht deshalb bagatellisiert werden sollten). Es ist eine wohlbekannte Tatsache, dass psychische Störungen, die von einer ausgeprägten Regression des Ichs begleitet werden, dem analytischen Prozess häufig unüberwindbare Hindernisse entgegenstellen. Solche Schwierigkeiten müssen, einfach ausgedrückt, zur Unfähigkeit des Patienten zurückverfolgt werden, stabile Objektbeziehungen zu formen. Man weiß jedoch wenig über die Psychodynamik der fast unüberwindbaren Schwierigkeiten bei der Analyse eines Patienten, dessen Abwehrstruktur einen Mangel an Stabilität aufweist, obwohl er fähig ist, stabile Objektbeziehungen einzugehen. Bei solchen Patienten scheint die Abwehrstruktur lediglich vorübergehend desorganisiert zu sein und lässt sich zu einem anderen Zeitpunkt leicht ausarbeiten. Man kann diese Situation als eine reversible, isolierte Desintegration der Abwehrstruktur beschreiben.

Bei Zwangsneurosen erhalten wir den Eindruck, dass die Abwehrstruktur, bis zu einem gewissen Punkt, erkennbar und stabil ist. Während die Analyse fortschreitet und in zunehmendem Maße unter den Einfluss der instinktiven Impulse gerät, die unterdrückt werden müssen, kann ein eigentümlicher Zustand der Verwirrung entstehen. Die Abwehr scheint desorganisiert zu sein. Eines der beeindruckendsten Beispiele eines solchen Vorkommnisses ist Freuds Rattenmann (1909). Die Verwirrung, die den Patienten überwältigte und Freud dazu, als die Verbindung zwischen dem Rattenthema und der Zahlung für den bestellten Kneifer geschlossen wurde, kann laut Freuds Aufzeichnungen als das Resultat einer solchen reversiblen, isolierten Desintegration der Abwehrstruktur eingestuft werden. In dieser Fallgeschichte entsteht der Zustand der Verwirrung in der dritten Analysesitzung, und es besteht kein Zweifel darüber, dass der Patient eine starke Übertragung bereits zu Beginn der Analyse entwickelt hatte. Die Gefühle, die der Patient auf Freud übertrug, entsprachen den heftigen instinktiven Impulsen, die in seiner frühkindlichen Beziehung zu seinem Vater Ausdruck gefunden hatten und verursachten somit eine schnelle Intensivierung der Objektbeziehung in der Analyse. Die Feindseligkeit gegenüber dem Vater, die unterdrückt werden musste, drohte, in der Übertragung durchzubrechen. Die starke Kastrationsangst des Patienten bewirkte die Unterdrückung der feindseligen Impulse. Der Patient entkam dieser bedrohlichen Entwicklung, indem er eine andere Bedrohung beschrieb, die Rattenstrafe, und erzeugte dadurch einen Verwirrungszustand, den Freud als Delirium beschreibt. Erst 14 Jahre, nachdem Freud diese Fallgeschichte aufgeschrieben hatte, in seinem Nachtrag zu dem Fall (1923), fühlte er sich in der Lage, die Verwirrung zu lösen, die seine Beschreibung so erschwert hatte.

Es ist möglich, die Neigung, in einen Zustand der Verwirrung zu verfallen, als eine Aktivität des Ichs im Dienste der Abwehr zu betrachten. Jedoch muss die Frage gestellt werden, ob diese Sichtweise den Kern des Problems trifft. Vom Standpunkt der Methode aus ist die Annahme, dass wir mit einem Abwehrmechanismus konfrontiert sind, gerechtfertigt, wenn er sich als Widerstand hinsichtlich der Übertragung erweist. Im Fall des Rattenmannes würde die Neigung zum Zustand der Verwirrung diese Bedingung erfüllen. Eine weitere Notwendigkeit muss jedoch gegeben sein, d. h., dass, wenn in der analytischen Situation die genaue Bedeutung des versteckten, unbewussten, instinktiven Drangs entdeckt und gedeutet wird, eine Verringerung des Widerstandes folgt. Diese zweite Bedingung scheint dort nicht erfüllt zu sein, wo Entwicklungen im Zusammenhang mit dem oben erwähnten Zustand der Verwirrung betroffen sind. Man kann hier einwenden, dass es wahrscheinlich sehr schwierig ist, auf die richtigen Deutungen zu stoßen, obwohl Freud ein Meister darin war. Er schaffte es auch, Ordnung in die Verwirrung des Patienten darüber, wem er nun Geld schuldet, zu bringen. Freud deutete zum Beispiel die Verleugnung des Patienten der Tatsache, dass er von Anfang an gewusst hätte, dass die junge Dame auf dem Postamt in »Z« aus ihrer eigenen Tasche den notwendigen Betrag für die Auslieferung des Paketes hinterlegt hatte. Da er sich dessen bewusst war, hätte der Patient wissen müssen, dass es sinnlos war, weiterhin zu behaupten, dass er die triviale Summe an Leutnant A. würde zurückzahlen müssen. Freud lenkte die Aufmerksamkeit des Patienten auf diese offensichtliche Verzerrung der Realität, und der Patient hatte die nötige Einsicht, um die Tatsache zuzugeben und die Deutung zu akzeptieren. Freud schreibt:

»Trotzdem leistete er den auf diesen Irrtum gegründeten Schwur, der ihm zur Qual werden musste« (1909, S. 397) und endet mit der folgenden Aussage:

»Ich gebe zu, dass sein Benehmen nach dieser Richtigstellung noch unsinniger und unverständlicher wird als vorher« (1909, S. 397).

In diesem Zusammenhang muss betont werden, dass der Rattenmann in seinem Delirium die wichtigen Erinnerungen assoziierte, die ein unmissverständlicher Beweis seiner unbewussten Feindseligkeit gegenüber seinem Vater waren. Freud deutete diese unbewussten Impulse, verband sie mit Kindheitserinnerungen und versuchte, die Einsicht des Patienten so weit wie möglich aufzubauen. Es scheint aber so, als ob Freuds Versuch, die Verwirrung loszuwerden, zu der Verwirrung um die Geschichte mit den Ratten noch beigetragen hat: eine Verwirrung, die in der Beziehung zwischen dem Analytiker und dem Patienten entstand. Freud kommentiert die endlosen Diskussionen, die er mit seinem Patienten hatte, wie folgt (1909, S. 404–405 Fußnote):

> »Es ist niemals die Absicht solcher Diskussionen, Überzeugung hervorzurufen. Sie sollen nur die verdrängten Komplexe ins Bewusstsein einführen, den Streit um sie auf dem Boden bewusster Seelentätigkeit anfachen und das Auftauchen neuen Materials aus dem Unbewussten erleichtern.«

Vom Standpunkt der Methode aus wäre es möglich, zahlreiche Bedingungen zu erwähnen, an die man sich halten muss, wenn »das Auftauchen neuen Materials aus dem Unbewussten« eine effektive Entwicklung des analytischen Prozesses unterstützen soll. Eine dieser Bedingungen ist zum Beispiel, dass das Auftauchen neuen Materials aus dem Unbewussten nur dann für den analytischen Prozess wertvoll ist, wenn die analytische Situation intakt bleibt. Es ist nicht meine Absicht, dieses Thema weiter auszuführen, aber ich würde die Aufmerksamkeit gerne auf die Tatsache lenken, dass der analytische Prozess nicht zwangsläufig gefördert wird, wenn Patienten mit einer ausgeprägten Ich-Regression oder annähernd psychotischen Symptomen große Mengen an Material aus dem Unbewussten hervorbringen. Der Rattenmann kann jedoch nicht zu dieser Patientenkategorie gezählt werden. Die Entwicklung hin zu einem Verwirrungszustand, wie er sich beim Rattenmann darstellte, ist ein Vorgang, dem viele Zwangsneurotiker unterliegen und der sich in einer Vielzahl an Formen zeigt. In solchen Fällen findet das Aufkommen unbewussten Materials auf relativ unkoordinierte Weise statt, oder es entsteht mit einer solchen Leichtigkeit, dass die wohlbekannten Abwehrmechanismen des Patienten nicht gegen das in Frage stehende Material in Aktion treten. Klinische Erfahrungen zeigen, dass Patienten, die solche Phasen durchmachen, nicht unbedingt Anzeichen einer weiteren Libido-Regression zeigen; zudem manifestiert sich regressives Verhalten nicht zwangsläufig in ihren Objektbeziehungen. In dieser Hinsicht unterscheiden sich ihre Reaktionen grundlegend von denen der Patienten mit psychotischer Struktur.

Schauen wir nochmals auf die gerade zitierte Fußnote Freuds. Wir können fragen, welche unterdrückten Komplexe durch diese Diskussionen mit dem Rattenmann ins Bewusstsein gebracht wurden und welcher Natur der Konflikt war, der im Bereich der mentalen Aktivität in Gang gesetzt wurde. Freuds Material zeigt deutlich, dass es der unterdrückte Ödipus-Komplex war, oder, um genauer zu sagen, der unterdrückte Hass auf den Vater und die unterdrückten inzestuösen Wünsche, die ins Bewusstsein gebracht wurden. Solch eine Schlussfolgerung liefert uns jedoch keine Erklärung für die Methode, weil keine Schlüsse hinsichtlich der Methode selbst auf der Basis einer solchen Schlussfolgerung gezogen werden können. Eine methodisch relevante Antwort auf die beiden Fragen erfordert, dass der dynamische Ansatz durch einen thematischen ersetzt wird.

Die unterdrückten Komplexe, aus denen sich das Delirium (Wahnideen) zusammensetzte, sind im Falle des Rattenmannes untrennbar zuallererst mit dem Verwirrungszustand verbunden, in dem er sich befunden hatte und in den er es schaffte, Freud mit einzubeziehen. Was sich nach und nach seinen Weg ins Bewusstsein bahnte, war die Tendenz, sich und andere in einen Zustand der Verwirrung zu stürzen. Dieser Konflikt, der im Feld der mentalen Aktivität in Gang gesetzt wurde, war das Ringen um die Etablierung der Übertragungsneurose. Freuds Beschreibung des Falles beweist eindeutig die Tatsache, dass der wichtigste Aspekt der Übertragungsneurose durch die Neigung zur Verwirrung ersetzt worden war. Die Neigung zur Verwirrung hatte die volle Ausbildung der Übertragungsneurose verhindert. Am Ende des Kapitels, das sich mit den auslösenden Gründen der Krankheit beschäftigt, erwähnt Freud die Übertragungsfantasie, in der der Rattenmann einmal ein junges Mädchen auf der Treppe in Freuds Haus getroffen hatte. Er hatte sie in den Stand von Freuds Tochter erhoben. Dann folgt das Kapitel über ›Der Vaterkomplex und die Lösung der Rattenidee‹, in dem Freud schreibt:

»Er musste sich also die Überzeugung, dass sein Verhältnis zum Vater wirklich jene unbewusste Ergänzung einforderte, erst auf dem schmerzhaften Weg der Übertragung erwerben« (1909, S. 429).
(Freud bezieht sich hier auf die unterdrückte Feindseligkeit des Patienten gegenüber dem Vater, den er liebte.) Er schreibt weiter:

> »Es kam bald dazu, dass er mich und die Meinigen in Träumen, Tagesfantasien und Einfällen aufs gröblichste und unflätigste beschimpfte, während er mir doch mit Absicht niemals etwas anderes als die größte Ehrerbietung entgegenbrachte. [...] In solcher Schule des Leidens gewann er allmählich die ihm mangelnde Überzeugung, die sich jedem andern nicht persönlich Beteiligten wie selbstverständlich ergeben hätte; dann war aber auch der Weg zur Auflösung der Rattenvorstellung frei« (1909, S. 429).

Auf der Basis dieser Beschreibung sind wir nun in der Lage, die wichtige Frage danach zu stellen, warum sich die Behandlung in eine Übertragungsneurose entwickelte, vor der sich der Patient so lange erfolgreich geschützt hatte. Das Problem, dem wir begegnen, wenn wir diese Frage zu beantworten versuchen, wird nicht einfacher, wenn wir berücksichtigen, dass der Patient aller Wahrscheinlichkeit nach nicht streng genommen ›abgewehrt‹ hatte. Der Patient hatte nicht versucht, die Ausbildung der Übertragungsneurose durch Abwehrmechanismen zu verhindern; im Gegenteil, er war praktisch unfähig zu einer solchen Entwicklung. Die Fragen, die sich bezüglich der Theorie der Methode hieraus ergeben, sind:
(i) Was muss hinsichtlich der Methode gelöst werden?
(ii) Welche Verfahrensweisen können gewählt werden, um das sich stellende Problem der Methode zu lösen?
Um die erste Frage zu beantworten: Das Problem ist, eine Neigung zur Verwirrung in eine innere Bereitschaft dazu zu verwandeln, eine weitere Komponente der Übertragungsneurose zu entwickeln. Ich betrachte die Neigung zur Verwirrung als einen Ausdruck einer isolierten Ich-Regression, die fast ausschließlich diejenigen Ich-Funktionen beeinträchtigt, welche die Abwehrorganisation aufgebaut haben. Es scheint möglich zu sein, von einer partiellen Regression des Ichs oder von einer isolierten ›Abwehr-Psychose‹ zu sprechen, die für die Tatsache verantwortlich sein muss, dass sich eine Übertragungsneurose nicht ausbilden kann oder sich in

einer Weise entwickelt, die sie für den psychoanalytischen Zweck nutzlos macht. Ich würde hier gerne an den Beginn der akuten hysterischen Krise erinnern (Dämmerzustände etc.), während der die Abwehrorganisation vorübergehend zu kollabieren scheint und der Primärprozess zum Vorschein kommt, wobei das Bewusstsein jedoch beeinträchtigt ist. Der Primärprozess tritt in ähnlicher Weise in den Verwirrungszuständen auf, die sich bei Zwangsneurosen beobachten lassen. Trotzdem bleibt der Vorgang streng von anderen Funktionen getrennt. Das Bewusstsein bleibt durch die Isolierung des inflationären Primärprozesses intakt, der sich dann zeigt, und man bekommt den Eindruck einer nur partiellen Ich-Regression. Die Verwirrung entwickelt sich zunächst als ein Ersatz für die Übertragungsneurose und sowohl der Analytiker als auch die Beziehung zu ihm sind davon betroffen. Abgesehen von seinen Verwirrungen, bleiben die Ich-Funktionen des Rattenmannes bestehen. Während der Behandlung bleibt er relativ stabil im anal-sadistischen Niveau verhaftet und regrediert nicht in einen Zustand allgemeiner oraler Abhängigkeit. Unter dem Druck der instinktiven Impulse bleiben die anal-sadistische Libido sowie die Ich-Funktionen praktisch unberührt – der eine ›schwache‹ Punkt des Ichs ausgenommen, d. h. die Instabilität innerhalb der Abwehrorganisation selbst.

Die zweite unserer Fragen war, wie das eben beschriebene Problem methodisch gelöst werden kann. Gibt uns Freud irgendwelche Informationen hierzu? Er erzählt die oben genannte Übertragungsfantasie wie folgt:

»Aus einer dunkeln und schwierigen Periode der Behandlungsarbeit ergab sich endlich, dass er ein junges Mädchen, welches er einmal auf der Stiege meines Hauses angetroffen, zu meiner Tochter erhoben hatte« (1909, S. 421).

Freud zeigt, dass das methodische Problem lösbar ist. Er näherte sich seinem Patienten in der festen Überzeugung, dass er trotz der herrschenden Verwirrung zu einem klaren Verständnis von ihm gelangen würde. Diese tiefe Überzeugung, dass er echtes Verständnis erreichen würde, ist charakteristisch für Freuds Arbeit, und sie gehört zu seiner Einzigartigkeit als Mann der Wissenschaft. Der Rattenmann konnte dieser Kraft nicht standhalten. Er bewunderte Freud und idealisierte ihn, wie er es sich als Kind gewünscht hatte, seinen Vater idealisieren zu können. Der isolierte Schaden für das Ich, der sich als Instabilität der Abwehrorganisation herausstellte und der für die Art der Objektbeziehung verantwortlich war, die er seit seiner Kindheit geformt hatte, harmonisierte nun nicht länger mit der neuen Beziehung, die er mit Freud eingegangen war. Freuds tiefe Überzeugung, dass er trotz der Verwirrung zu einem echten Verständnis gelangen würde, war das nicht greifbare Instrument, welches die isolierte Ich-Regression des Rattenmannes umkehrte und den Weg zur Übertragungsneurose ebnete.

Dies ist jedoch keine befriedigende Antwort auf unsere Frage. Wir müssen verstehen, wie dieses nicht greifbare Instrument genutzt wird. Der Zwangsneurotiker hat eine Reihe intakter Ich-Funktionen zur Auswahl, die in den Dienst der Analyse gestellt werden müssen. Der Rattenmann hatte das Privileg, in der Person Freuds auf einen außerordentlich begabten Analytiker zu treffen, der nur auf Grund seiner Persönlichkeit überzeugt war. Es wäre zuviel, dies allgemein vorauszusetzen; es muss andere und einfachere methodische Maßnahmen geben, um das Problem anzugehen.

Das zu deutende Material ist der gesamte Komplex der partiellen Ich-Regression, d. h., die Neigung, sich und andere in Verwirrung zu stürzen. Es ist dieser Zustand der Verwirrung, der einer weiteren Ausbildung der Übertragungsneurose im Weg steht. Dank der intakten anderen Ich-Funktionen ist der Patient in der Lage, diese Deutung zu verstehen. Die Tatsache, dass er eine deutliche Neigung dazu zeigt, seine Gefühle mit intellektuellen Mitteln zu kontrollieren, erleichtert sein Verständnis dieser Deutung. Der Analytiker sagt zu seinem Patienten: ›Die Tatsache, dass Sie mich in Verwirrung stürzen, macht es mir unmöglich, Ihnen zu folgen, denn ich kann nicht verstehen, wovon Sie reden. Ich vermute, Sie wissen selbst nicht, wovon sie reden‹.

Die Absicht dieser Deutung ist es, den Patienten auf seine Neigung zur Verwirrung aufmerksam zu machen. Er muss seine Fähigkeit zur Selbstbeobachtung entsprechend der von Löwenstein (1963) beschriebenen dynamischen Einsicht entwickeln. Beim Zwangsneurotiker hat eine solche Deutung fast immer einen ernüchternden Effekt. Es folgt eine hartnäckige und analfixierte Einstellung zum Objekt unter Aufrechterhaltung der Verwirrung. Es entwickelt sich bald ein regelmäßiger Widerstand, der jedes Mal gedeutet werden kann. Schließlich gibt der Patient die Versuche, einen Zustand der Verwirrung hervorzurufen, auf. Neue Übertragungsfantasien, häufig anal-sadistischen Inhalts, lassen sich nun in regelmäßigen Abständen beobachten, welche jetzt trotz heftiger Widerstände verbalisiert und analysiert werden können. Die Tatsache, dass ich von einer Deutung der Neigung zur Verwirrung gesprochen habe und nicht von Konfrontation, ist gerechtfertigt, da der Patient auf die Zustände innerhalb der Sphäre seines Ichs genauso aufmerksam gemacht wird wie auf diejenigen, die sich in der Übertragung durchsetzen. Solche Interaktionen führen grundsätzlich zu einer Veränderung in den Übertragungsaspekten, ein Prozess, der durch die Konfrontation in der Regel nicht in Gang gesetzt wird. In der Behandlung von Zwangsneurotikern, die in einen Verwirrungszustand ähnlich dem des Rattenmannes verfallen, denke ich, dass rekonstruktive Deutungen nur dann nützlich sind, wenn es eindeutige Anzeichen dafür gibt, dass die Neigung zur Verwirrung durch neue Aspekte der Übertragungsneurose ersetzt worden ist.

Der folgende Auszug aus einer Fallgeschichte wird die Anwendung der Methode verdeutlichen.

Ein 46jähriger Zwangsneurotiker hatte mich von Beginn der Analyse an idealisiert. Gleichzeitig hatte er sich auch bei einem Chiropraktiker in Behandlung begeben, den er argwöhnisch als Scharlatan beschrieb. Die Deutung der Verdrängung seines insgeheimen Misstrauens gegenüber der Analyse erzeugte eine weitere Verdrängung seiner feindseligen Gefühle. Es folgte ein langwieriger Streit mit der Besitzerin des Hauses, in dem er seine Geschäftsräume gemietet hatte. Als ich versuchte, diese Verdrängung zu deuten, teilte er mir mit, dass er auf dem Weg zur Analysesitzung mit der Hand eine Seemöwe gefangen hätte. Er sagte, er hätte den Vogel leicht töten können, aber er tat ihm Leid und ließ ihn wieder fliegen. Die Deutung der Verbindungen zwischen dem Streit, der Möwe und der Analyse führte zur Einsicht in die feindseligen Impulse, die er mir gegenüber hegte und die er zu verbergen versuchte. Er verstand auch, dass er versucht hatte, seine Feindseligkeit mir gegenüber abzuwenden. Seine Idealisierung meiner Person war eine Reaktionsbildung. Die Neigung zur Isolation, zusammen mit dem Streit und den anderen Ersatzhandlungen konnte als Abwehr bewusst gemacht werden. Erst dann konnte er zugeben, dass er unter koprophilen Zwangsfantasien litt, die sexuelle Erregung hervorriefen. Eine *ejaculatio praecox* war wiederholt Grund zum Streit mit seiner Frau, obwohl eigentlich tatsächlich das Zwangsverhalten des Patienten dazu führte, dass er sich mit seiner Frau in den Haaren lag. Diese Information verringerte die Spannung in der Übertragung. Seine Angst vor dem Analytiker nahm ab, und er war in der Lage, seine Kindheit detailliert zu beschreiben.

Sein Vater hatte ein jähzorniges Temperament und schlug seine sieben Kinder, mit Ausnahme des jüngsten, dem Patienten selbst. Seine Mutter hatte ihn während seiner gesamten Kindheit kontinuierlich gedemütigt. So lange er sich erinnern konnte, hatte er sie gehasst. Sie starb, als er 20 war. Mein Patient war außerordentlich erfolgreich, sowohl intellektuell als auch im Beruf, und überflügelte alle anderen Mitglieder seiner Familie. Die Isolation, die dies mit sich brachte, war ein Leidensgrund, und er war sich der Tatsache voll bewusst, dass er ein teuflisches Verlangen danach hatte, sich selbst zu demütigen, sich ganz seinem Vater unterzuordnen. Von da an wurde der Wunsch, sich vor mir zu demütigen, in der Übertragung akut. Der Patient versuchte, diese Entwicklung durch hartnäckige Reaktionsbildungen und durch gegen das Fortführen der Analyse gerichtetes Handeln abzuwehren. Er arrangierte absichtlich Auslandsreisen, sagte darüber nichts in der Analyse und setzte seine Pläne schließlich um, mit dem einzigen Ziel, der Analyse fernzubleiben. Die Deutungsarbeit in Verbindung mit dieser Phase führte schließlich zu dem Geständnis, dass ihm die Analyse gefiel und er Zuneigung zu mir empfand.

Im Verlauf der nächsten Wochen verfiel der Patient in einen Zustand der Verwirrung, in den er mich einbezog. Der Zustand des Patienten erinnert in vielem an die wirren Einzelheiten der Geschichte des Rattenmannes. Es begann mit sadistischen Fantasien, gepaart mit Zwangshandlungen, die mit dem Vergiften großer Bäume zu tun hatten. Der Patient besaß eine Villa, die an einem steil abfallenden Hang lag, der auch den Garten bildete. Die Bäume des Nachbarhauses, die Schatten auf seinen Gemüsegarten warfen, gingen ihm in unerträglichem Maß auf die Nerven. Als Gegenbesetzung der sadistischen Fantasien begann er, große Erdmassen in seinem Garten zu bewegen. Während dieser Zeit fing er an, mit Beziehungswahn auf harmlose Assoziationen und Beobachtungen zu reagieren. Er wurde von einer Flut quälender, grässlicher Fantasien geplagt, welche die Themen der Demütigung, des weltweiten Holocaust und seiner schlussendlichen Erhöhung zum Retter seiner Heimatstadt wiederholten. Die Probleme, die im Zusammenhang mit der Landschaftsformation seines Gartens auftauchten, nahmen gigantische Ausmaße an, indem sie für sein Heimatland als Ganzes entscheidend wurden, sogar für Europa selbst.

Es war während dieser Phase der Analyse, dass er sich entschloss, seinen Garten umgestalten zu lassen. Seine Absicht war, den steilen

Abhang zu entfernen und ihn über Stützmauern in Terrassen umzuwandeln. Dieses Projekt würde ihn eine große Menge Geld kosten. Ich erkannte, dass es sein Ziel war, seinen Garten so schön zu machen, wie es der Garten seiner Eltern in seiner Kindheit war. Dieser Garten war eben, und es dauerte eine ziemlich lange Zeit, bis der Patient damit anfangen konnte, mir von dem Problem zu erzählen, in dem er sich verfangen hatte. Die Stützmauern, die zum Erreichen seines Ziels notwendig waren, gingen ihm nicht aus dem Kopf. Verwirrung setzte ein, als er damit anfing, die architektonischen Aspekte des Landes zu beschreiben, eine Tatsache, die mich dazu zwang, mein Konzept von seinem Garten unzählige Male anzupassen. Schließlich begann ich zu vermuten, dass die Anordnung der Stützmauern in Übereinstimmung mit gegen den Nachbarn gerichteten Rachefantasien geplant worden war, dessen Bäume er vergiften wollte. Die von den Fantasien vorgegebene Konfiguration konnte jedoch nicht mit der Vorstellung des Patienten von dem Garten als ebene und symmetrische Nutzfläche, ähnlich dem Garten seiner Eltern, in Einklang gebracht werden. Die Deutung dieser Rachefantasien half nicht, die Situation aufzuklären. Der Patient trieb sich selbst nur noch weiter zur Verzweiflung, in dem er neue Probleme aufwarf, die einerseits mit der Anordnung der Stützmauern zu tun hatten und andererseits mit dem sich schlängelnden Gartenpfad und seinen gelegentlichen Stufen. Die Dicke der Mauer, ihr Fundament, die Gefahr, auf unterirdische Leitungen zu stoßen, die Anzahl der Pflastersteine und Stufen – alle waren in das Netz seines Deliriums mit seinem fantastischen Nebeneinander verwoben. Am Ende erklärte er seine Absicht, Erde und Steine in der Nacht umzuschichten, so dass die Blumenbeete nicht länger im Schatten der verhassten Bäume liegen würden. Dieses Unternehmen musste unentdeckt bleiben, denn er hatte den Plan, die Bäume seines Nachbarn zu vergiften, nicht aufgegeben. Nachdem er seinen Plan in die Tat umgesetzt hätte – so seine Vorstellung –, wäre er in der Lage, als Beweis für seine Unschuld auf seine neuen Beete zu verweisen, die nicht länger im Schatten der verhassten Bäumen lägen.

Schließlich machte ich die oben erwähnte Bemerkung: ›Obwohl ich mein Bestes gebe, um Sie zu verstehen, kann ich Ihnen nicht folgen, denn Sie verwirren mich. Ich vermute, dass auch Sie verwirrt sind. Sie wissen nicht wirklich, was Sie wollen‹. Seine Reaktion war: ›Ich baue einen Swimming Pool, weil meine Frau einen möchte‹. Das war neu und erklärte einiges. Der Pool sollte auf der obersten Terrasse gebaut werden. Diese Information half, den Bedenken des Patienten hinsichtlich der Möglichkeit, dass die Stützmauer unter dem Druck des Wassers des Swimming Pools nachgeben könnte, Sinn zu geben. Die Neigung zur Verwirrung setzte jedoch nochmals ein. Ich begann dann mit beständigen Deutungen seiner Neigung, mich und sich selbst in Verwirrung zu bringen. Hierdurch war es dem Patienten möglich, seine Erzählung von Sachverhalten, über die er bisher geschwiegen hatte, Schritt für Schritt weiterzuführen. Ich war dann in der Lage, mir das Aussehen seines Gartens vorzustellen, was mir deutlich machte, dass seine landschaftsgärtnerischen Ideen sowohl praktisch als auch rational waren. Inzwischen hatte der Patient begriffen, dass die Verwirrung, in die er wiederholt verfiel, den analytischen Prozess behinderte.

Als einige Zeit später eines der Abflussrohre des Hauses verstopft war, war der Patient selbst dafür mitverantwortlich. Während sich seine Frau in der Kirche befand, hob er, unter beträchtlichen Anstrengungen, die Abdeckung eines Schachts ziemlich genau in der Mitte seines Gartens an. Mit Werkzeugen, die dafür nicht geeignet waren, wollte er versuchen, selbst die Verstopfung zu beheben. Inzwischen wurde er von dem Gedanken geplagt, dass ich genau in diesem Moment auftauchen könnte und mit ihm die Vorzüge des Swimming Pools genießen wollte.

Es kostete den Patienten große Mühe, bis er mir diese Übertragungsfantasie mitteilen konnte, was schließlich am Ende seines Gartendeliriums eintraf. Die Übertragungsneurose hatte sich nun einen Schritt weiter entwickelt, und es war möglich, das Material, dessen Bedeutung mir lange klar gewesen war, ohne Schwierigkeiten zu deuten. Der Swimming Pool zum Beispiel, den er angeblich auf die Bitte seiner Frau hin bauen ließ und über den er so lange nicht hatte sprechen können, war eng mit seinem inzestuösen, frühkindlichen Wunsch verbunden, seine Mutter zu besitzen.

Die Neigung zur Verwirrung setzte bei mehreren Gelegenheiten während des weiteren Verlaufs der Behandlung ein, aber es war immer möglich, sie zu überwinden, indem der Patient auf seine Neigung zur Verwirrung aufmerksam gemacht wurde. Das Ansprechen derjenigen Ich-Funktionen, die nicht in die isolierte Desintegration der Abwehr involviert waren, hatte einen ernüchternden Effekt, der notwendig war, um in der analytischen Situation wieder eine Objektbeziehung aufzubauen.

Zum Abschluss möchte ich die Vermutung äußern, dass die Verwirrung, der man bei Zwangsneurosen so häufig begegnet, nur eine der

Formen ist, in denen sich eine reversible, isolierte Desintegration der Abwehrorganisation darstellen kann.

Bibliografie

Freud, A. (1936): Das Ich und die Abwehrmechanismen. Frankfurt: Fischer, 1984.

Freud, S. (1909): Bemerkungen über einen Fall von Zwangsneurose. Gesammelte Werke, Band VII. Frankfurt: Fischer, 1999.

Freud, S. (1937): Die endliche und die unendliche Analyse. Gesammelte Werke, Band XVI. Frankfurt: Fischer, 1999.

Hoffer, W. (1954): Defensive process and defensive organization: their place in psycho-analytic technique. International Journal of Psycho-Analysis, 35.

Loewenstein, R. M. (1963): Some considerations on free association. Journal of the American Psychoanalytical Association, 11.

Wüste, Savanne, Urwald

Notizen von einer Autoreise durch die Sahara nach Westafrika.

In der Zeit vom Dezember 1954 bis März 1955 haben Dr. Paul Parin, Liselotte Matthèy und Dr. F. Morgenthaler aus Zürich die Durchquerung der Sahara von Arier aus über die Hoggarroute unternommen. Die Reise führte weiter über Nord-Nigeria in das Goldküstengebiet und von da nach Dakar quer durch die Elfenbeinküste, Französisch Guinea und den Senegal. Die Fahrt erfolgte mit einem expeditionsmäßig ausgerüsteten Jeep über eine Strecke von 14.000 Kilometern. Bei dieser Reise der drei Psychoanalytiker handelte es sich nicht in erster Linie darum, thematisch vorbereitete Studienobjekte aufzusuchen. Es bestand die Absicht, Erscheinungen fremder Erlebnisweisen zu beobachten. Auf der Reise entstanden 120 Farbstiftzeichnungen und über 1000 Fotographien.

Die Wüste ist unfassbar wie eine Vision, vergleichbar der Geistervorstellung eines Kindes. Hier sind nicht Beobachtungen Ausgangspunkt zum Erlebnis. Das Erlebnis ist primär und zieht Eindrücke nach sich. Die Bewohner der spärlichen Oasen bilden jeweils eine familienähnliche Gruppe, in welcher jeder alles vom anderen weiß und weitergibt. Und unter den Oasen zusammen ist es nochmals dasselbe. Der Wüstenklatsch verbreitet alles. Ein asoziales Verhalten diskriminiert den Täter fast schlagartig über einen halben Kontinent. In der Wüste wird deshalb nicht gestohlen.

Wenn es gilt, in der Wunschfantasie die Sahara zu bezwingen, wird der Wüstenfahrer zum einmaligen Helden der Piste: C'est moi qui ai tracé la piste ... Aber wie das Kind, das allzu mutig dem fantasierten Geist entgegentrat, erwartet auch der Wüstenheroe mit heimlicher Angst eine Strafe für seine Leichtfertigkeit. Er ist erfüllt von abenteuerlichen Geschichten, die immer gleich enden: On peut y mourir.

Wer aber von der Wüste ein wohlwollendes Entgegenkommen so wenig verlangt, wie man auch nicht von einem Geist Brot und Wein erwarten könnte, dem eröffnet sie eine Welt noch nie erlebter Farben und Dimensionen. Doch wehe dem, der den blaufunkelnden Stein oder den leuchtend gelben Zweig des Wüstenbusches ergreift, um das Erlebnis in einem gegenständlichen Andenken festzuhalten. In seiner Hand erlöscht das blaue Funkeln, und der Zweig ist stacheliges Stroh. Kann es da noch wundern, wenn inmitten dieser magischen Welt ein Wüstennomade auftaucht und ins unbekannt Weite zieht? Die Tuaregs sind die wirklichen Söhne der Wüste. Wir verstehen weder ihre Sprache noch ihre Gesten und fühlen uns ihnen trotzdem merkwürdig verwandt. Es ist die gleiche fremde Verwandtschaft, die der Erwachsene mit seiner ihm entschwundenen Kindheit kennt, wenn er verloren durch die Gegenden streift, die er Jahrzehnte zuvor halb träumend, halb spielend mit seinen Fantasien erfüllte.

Als Mustafa, der Tuareghirte, am Abend die Kamele festgebunden hatte, setzte er sich an das Feuer einer Tuaregfamilie. Ich folgte seinem Beispiel. Hinter dem Feuer war das offene Zelt, in welchem die Frau saß mit ihren beiden Männern und allen ihren Kindern. Die Negersklaven hockten hinter dem Zelt. Als Mustafa sich müde zum Schlafen hinlegte, bekam er einen Fußtritt von der Tuaregfrau. Mustafa machte das gar nichts aus. Er zog fröhlich singend zum nächsten Feuer. Neugierig folgte ich ihm. Wieder wurden wir freundlich empfangen und mit Kamelmilch bewirtet. Als Mustafa sich auch da hinlegen wollte, erhielt er zum zweiten Mal einen Fußtritt der Tuaregfrau. Die gleiche Szene wiederholte sich auch am dritten und vierten Feuer. Danach ging er fort, und wir hörten ihn noch lange singen. Mustafa muss warten, bis ihn eine Tuaregfrau als einen ihrer Männer in ihr Zelt holt.

In der Savanne trocknen die Wassertümpel nach der Regenzeit allmählich aus. Einer der letzten war das »Mare von Ifanqui«, wo sich alle wilden Tiere der Gegend zur Tränke versammeln. In einem Negerdorf nahe beim Niger fand sich ein Hirte als Führer. Er sprach kein Wort Französisch; aber leitete uns mit präzisen Gesten mitten durch den Busch an die Wasserstelle. Plötzlich tat sich vor uns ein Garten Eden auf. Giraffen, Strauße, Rudel von Antilopen und falben Wildschweinen, große, seltsame Wasservögel, alle friedlich beisammen. Selbst ein großer Leopard kreuzte unseren Weg. Hier schienen uns die Tiere vertrauter als der fremde Hirte. Begriffe wie Zeit und Distanz schien er nicht zu kennen. Auf dem Rückweg schlug er sich plötzlich wild gegen Kopf und Bauch und sagte »Bourema«. Erst später wurde uns klar, dass er sich damit vorgestellt hatte.

»Les indigènes sont tous des fainéants«, sagte ein Bauunternehmer im Urwald, der dreihundert Arbeiter beschäftigt. »Ich weiß nicht, ob morgen noch dreißig kommen werden. Wenn sie genug Geld verdient haben, gehen sie wortlos weg. Auch eine Prämie nützt nichts. Und wenn ich den Lohn nur zum Teil auszahle, verzichten sie lieber auf den Rest, als weiterzuarbeiten, wenn sie das Geld nicht dringend brauchen.«

Die Neger nehmen immer eine Ruhestellung ein. Sie tragen wenn möglich nichts mit den Händen. Das Schulmädchen an der Goldküste trägt das Tintenfass auf dem Kopf, und genau so macht es auch der Garagearbeiter in Guinea mit der Bierflasche. Die Neger legen sich überall hin, sitzen immer bequem. Auch wenn sie in strenger Livree im Luxushotel Speisen servieren, ruhen sie sich gleichsam aus, während der Gast sich bedient.

Der tropische Mond liegt horizontal. Ein gastfreundlicher Engländer, der seit Jahren in den Tropen lebt, hat ihn mir gezeigt. Für mich war der genüsslich ruhende Mond ein Erlebnis.

Initiation und Introjektion

Die schwarzen Afrikaner sind anders als wir Weißen. Schon die Art wie das kleine schwarze Kind schreit ist so bezeichnend, dass man von weitem und ohne erst hinzuschauen sagen kann, das war ein Negersäugling, das kann kein weißes europäisches Kind gewesen sein. Etwas ist da ganz anders bei den schwarzen Eltern. Im Urwaldgebiet der Elfenbeinküste gibt es einen Stamm, in welchem die verheiratete Frau plötzlich ihre Kinder und ihre Familie für einige Monate verlässt und sich der freien Liebe hingibt. Und wenn sie dann wieder zu ihrer Familie zurückkehrt und vielleicht inzwischen schwanger geworden ist, dann ändert das nichts. Das »fremde« Kind – wie wir sagen würden – welches zur Welt kommen wird, gehört dem Vater wie seine eigenen. Die afrikanische Mutter schaut zu, wie ihrem Kinde die Stammesmarkierungen mit Schnitten im Gesicht angebracht werden, oder wie man ihrem Kinde die Schneidezähne ausbricht, weil es so Sitte ist. Dabei liebt sie ihr Kind. Etwas ist da ganz anders, fremd und unvorstellbar.

Die Fremdartigkeit der schwarzen Afrikaner führt uns unmittelbar dazu Ähnlichkeiten und Analogien mit unserem eigenen Denken und Fühlen aufzusuchen und von dem Fremden, Unverständlichen zu trennen. Das Fremde benennen und erklären wir dann, wie wir können, und bannen es so an einen bestimmten Platz in unserer Erkenntnis. Mit anderen Worten verhalten wir uns beim Zusammentreffen mit der schwarzen heidnischen Welt vorerst ganz ähnlich wie wir Unverständlichem und Fremdem begegnen, das aus unserem eigenen Unbewussten stammt, und etwa als Fehlleistung oder Traum in unserem Bewusstsein auftaucht.

Wenn wir uns die Aufgabe stellen, über das Seelenleben der Afrikaner etwas auszusagen, besteht die gleiche Schwierigkeit wie wenn wir versuchen, uns Einblick in die unbewussten Motive eines seelischen Vorganges zu verschaffen. Wir wissen, dass die Mittel unserer bewussten Erfahrung und auch alle unsere Kenntnisse über die Gesetzmäßigkeiten des Unbewussten allein nicht ausreichen, eine solche Aufgabe zu lösen. Ich meine, wir müssten, ganz ähnlich wie bei der psychoanalytischen Bearbeitung, beispielsweise eines Traumes, eine freischwebende Aufmerksamkeit für unerwartet auftretende Zusammenhänge bewahren, wenn wir uns der Schwarzen Psyche nähern, denn das Verhalten des Afrikaners scheint ganz vom Unbewussten bestimmt zu sein.

Man kann sagen, dass die ungebundenen triebhaften Regungen im Ich dauernd einen breiten Raum einnehmen können. Der Vergleich mit dem Primärvorgang wie ihn Freud beschrieben hat, liegt nahe. Der Neger folgt mit spielerisch anmutender Leichtigkeit in Handlungen und Vorstellungen dem Lustprinzip. Er macht, was ihm Freude bereitet. In seinen rituellen Handlungen folgt er strengen Vorschriften, zum Beispiel bei bestimmten Geheimhaltungen. So darf der Fremde den großen Fetisch beim Initiationsfest nicht zu Gesicht bekommen. In diesen Vorstellungen fehlt jedoch die Synthese. Unter dem Drucke des Lustprinzips kann ein lockendes Geschenk ohne weiteres die Vorschrift der Geheimhaltung durchbrechen. Der Fremdling wird dann zugelassen.

Auf einem Markt im Norden von Dahomey gelang es mir das scheinbar absolut unverkäufliche Ahnenamulett eines Sombanegers käuflich zu erwerben. Es ist zwar für die Sombas unvorstellbar, den wichtigsten Schutz, den sie mit sich tragen, zu veräußern, aber sie können es tun, wenn die Lust dazu aus verschiedensten Motiven ansteigt. Es scheint so, als ob sie den ganzen Affektgehalt, den sie einem Amulett zusprechen, frei verschieben könnten. Sie verlegen die magische Kraft eines Amulettes auf ein anderes oder vorübergehend auf sich selbst ohne Anflug von Schuldgefühlen oder Angst. Auf jenem Markt der Sombaneger waren ganz im Gegenteil Schuldentwicklung und Angst vielmehr auf meiner Seite. Die alten Männer des kleinen Dorfes, die ich aufsuchte, um das von mir verursachte Unheil – wie ich glaubte – wieder gut zu machen, lachten mich aus, und der frühere Besitzer des Amulettes war stolz mit seinem Gelde, umringt und beklatscht von seinen Freunden.

Wir wissen, das Charakteristische am Primärvorgang im Unbewussten besteht darin, dass noch keine Synthese zwischen den einzelnen Vorstellungen erfolgt, dass die Affekte noch frei verschiebbar, Gegensätze störungsfrei nebeneinander oder zusammenfallend wirksam sind, und dass das Luststreben die weitaus intensivste Äußerung dieses Vorganges darstellt.

Der Afrikaner mit seinen Möglichkeiten ungehemmt dem Lustprinzip zu folgen, lebt aber keineswegs ohne strenge Bedingungen, die ihm der Clan, zu dem er gehört, auferlegt. Nach unserer ersten Reise nach Britisch- und Französisch Westafrika hatten wir versucht von unseren Beobachtungen am Verhalten primitiver Afrikaner das Problem der Überich-Bildung anzugehen. Wir kamen dabei zum Schlusse, dass sich das Überich nicht in der gleichen Art wie bei uns ausbildet. An Stelle des Überich steht ein Clangewissen, welches nur innerhalb einer einzigen Sozietät gültig ist und seine Wirksamkeit bei Trennung von dieser Sozietät verliert. Man kann dieses Clangewissen als eine Vorstufe des Überich bezeichnen, wenn man annimmt, dass eine scharfe Sonderung von Ich und Es noch nicht genügend ausgebildet ist. Man stellt sich damit auf den Standpunkt, dass die psychische Entwicklung der heidnischen Negergesellschaften auf einer primitiven Stufe stehen geblieben sei.

Nach allen Beobachtungen, die an primitiven Afrikanern gemacht worden sind, geht hervor, dass das Grundproblem, welches immer wieder beschäftigt, in der psychoanalytischen Sprache etwa so gefasst werden kann: diese sogenannt »Primitiven« weisen keine scharfe Sonderung von Ich, Es und Überich auf, wie wir das in unserer zivilisierten Welt gewohnt sind anzutreffen, verfügen aber dennoch über psychische Sicherungsvorgänge, die das soziale Zusammenleben schützen und die Erreichung der genitalen Entwicklungsstufe garantieren.

Wir haben allen Grund anzunehmen, das kleine schwarze Kind durchlaufe die Entwicklungsschritte der infantilen Sexualität wie irgendein anderes Kind und finden viele Beweise dafür, dass es imitiert und sich mit Vorbildern identifiziert genau so, wie wir es tun. Freud hat weiter in *Totem und Tabu* nachzuweisen vermocht, dass die totemistischen Vorstellungen der Primitiven ganz den Gesetzmäßigkeiten des Ödipuskomplexes folgen. Diese wichtige Konzeption führt uns zur Annahme, dass der Afrikaner auf seine Art den Ödipuskomplex überwinden muss. Das ist zwar von vornherein zu erwarten, aber durchaus nicht ohne Weiteres vereinbar mit einer Entwicklungsstufe, in welcher Ich und Es noch unscharf abgegrenzt sind.

Man könnte hier entgegnen, die ganze ödipale Problematik werde nach außen in den Totemismus projiziert nach dem Vorbild des magischen Denkens unserer Kinder, oder so, wie es bei vielen Neurotikern zu beobachten ist, die auf dem Umwege der Projektion den ödipalen Konflikten ausweichen. Darauf würde ich antworten, dass weder das im magischen Denken verhaftete Kind, noch der Neurotiker mit seinen Projektionen Sicherungen aufzubauen vermögen, die sowohl den sozialen Zusammenhalt als auch ganz besonders die Erreichung der genitalen Organisationsstufe garantieren.

Als Sigmund Freud 1925 in *Hemmung, Symptom und Angst* begründete, weshalb er den Begriff der Abwehr erneut einführe und die Verdrängung bloß als einen Spezialfall der Abwehrvorgänge bezeichne, schloss er seine Ausführungen mit folgendem Satz: »Es kann leicht sein, dass der seelische Apparat vor der scharfen Sonderung von Ich und Es und vor der Ausbildung eines Überich andere Methoden der Abwehr übt, als nach der Erreichung dieser Organisationsstufen«. Bei den Afrikanern handelt es sich wahrscheinlich weniger um Vorstufen, als um eine andere mögliche seelische Entwicklung, in deren Zentrum etwas anderes steht als die Es-Ich-Abgrenzung mit der scharfen Überichausbildung. Wenn wir vorerst davon absehen, was uns die Erforschung des Seelenlebens der Primitiven zum vermehrten Verständnis der uns vertrauten Beziehung zwischen Unbewusstem, Ich und Überich beitragen kann, so stellt sich die Frage, wie es überhaupt möglich ist und auf welchem Wege es geschieht, dass eine seelische Entwicklung bis zu einer vollausgebildeten genitalen Organisation vor sich gehen kann, ohne die wichtigen Stufen der Abgrenzung des Ich vom Es und der adäquaten Ausbildung eines Überich zu durchlaufen.

Stellen wir die Frage, welches denn bei uns der wichtigste Vorgang sei, der uns zur vollausgebildeten genitalen Organisation führt und uns damit vor einer schweren neurotischen Entwicklung schützt, so haben wir es Sigmund Freud zu verdanken, auf diese Frage eine entschiedene Antwort geben zu können. Der entscheidende Vorgang im Verlaufe der Entwicklung in unserer westlichen Kultur, der darüber bestimmt ob das Ich mit dem Es und dem Überich in relativem Einklang zu stehen vermag, ist für jedes Lebensalter und jede Entwicklungsphase der jeweilige Stand der Introjektion. Die Überwindung des Ödipuskonfliktes, als Voraussetzung zur Erreichung des genitalen Primates geschieht, wie wir wissen, auf dem Wege der Introjektion der versagenden Hauptperson zur Zeit der Hochblüte der frühinfantilen Sexualität. Freud schreibt: »Die ins Ich introjizierte Vater- oder Elternautorität bildet dort den Kern des Über-Ichs, welches vom Vater die Strenge entlehnt, sein Inzestverbot perpetuiert und so das Ich gegen die Wiederkehr der libidinösen Objektbesetzung versichert.

Charakteristisch am Vorgang der Introjektion ist ihr schichtenweise übereinander gelagerter Aufbau über lange Zeit, wobei die ersten und frühesten Introjektionen entscheidend sind für den ganzen Prozess. Man muss dabei die praeödipalen Introjektionen als die entscheidenden für die Abgrenzung des Ich von der Außenwelt von den später erfolgenden libidobesetzten Objektintrojektionen unterscheiden, die die Abgrenzung des Ich vom Es und die Überichbildung herbeiführen und die die Erreichung der genitalen Reife wie die Herrschaft des Lustprinzips im Ich sichern.

Ich weiß, dass ich mit diesen Ausführungen über den Vorgang der Introjektion, den ich als den Wichtigsten der ganzen psychischen Entwicklung hinstelle, die Kritik von verschiedenen Seiten bewirken werde. Man kann gewiss darüber sehr vieles sagen und die ganze Diskussion aufrollen, die seit jeher gegen die Freud'sche Psychoanalyse geführt wird. Ich denke das kommt davon her, dass keiner unter uns in der Lage ist vom Introjektionsvorgang, dem er selbst in seiner Entwicklung folgte, etwas Sichereres Nachweisbares auszusagen, denn die Introjektionen sind tief unbewusste Leistungen des Ich. Wir wissen davon nichts. Wir können bloß nachträglich aus den Folgen, die wir beobachten, auf die Introjektionsleistungen zurückschließen.

Wenn wir uns nun erneut den Afrikanern zuwenden und fragen, welcher Vorgang für diese Menschen, deren Ich-Es-Abgrenzung unscharf und deren Überich fragmentarisch angelegt sind, entscheidend im Verlaufe ihrer seelischen Entwicklung eingreift, um die genitale Entwicklungsstufe zu erreichen, wird es schwierig sein, eine befriedigende Antwort zu finden.

Wir können sagen es gehe viel natürlicher zu, ähnlicher wie bei den Tieren, weil die Afrikaner primitiver, weniger differenziert und problemloser seien.

Man könnte sagen der Ödipuskomplex werde leichter überwunden, weil in der frühen Kindheit weniger Versagungen von Seiten der Mütter vorliegen, der Introjektionsvorgang finde prinzipiell gleich statt wie bei uns, möglicherweise auch nur in Vorstufen. Indem man sich auf »Massenpsychologie und Ich-Analyse« beruft, wäre es bestechend anzunehmen, der Ödipuskonflikt würde bei den Afrikanern nach dem Vorbild bestimmter Symptombildungen überwunden, bei welchen die Objektwahl zur Identifizierung regrediere. Die Identifizierung als die früheste und ursprünglichste Form der Gefühlsbindung wäre auch möglich, solange Es und Ich unscharf abgegrenzt sind. Rudimentäre Überichforderungen genügten, sofern sie die homosexuellen Identifizierungen sichern würden. Gegen eine solche These müsste man einwenden, dass die Regression von der Objektwahl zur Identifizierung gerade den Schritt zur genitalen Organisation verhindere, wenn sie auch – wie Freud gezeigt hat – zur Festigung der sozialen Struktur in einer Masse führen kann. Wollte man dann die besonders starke Projektionskraft der heidnischen Neger ins Feld führen, um eben die neurotisierende Wirkung der Regression von der Objektwahl zur Identifizierung auszuschalten, so müsste man zum mindesten annehmen, die zwei wichtigsten psychopathologischen Erscheinungen, die eine derartige psychische Entwicklung bei uns mitbringt, die Homosexualität nämlich und die Melancholie würden bei den Afrikanern gehäuft auftreten. Carothers und andere haben aber zeigen können, dass weder Homosexualität noch Melancholie auch nur entfernt so bedeutsam in Erscheinung treten als in unseren zivilisierten Gegenden.

Wie wir diese Frage nach dem entsprechenden Vorgang der Introjektion bei den Afrikanern auch angehen, immer unterliegen wir der Tendenz, die Erkenntnisse aus unserer eigenen Entwicklung mit den notwendigen Abwandlungen, die sich aus unseren Beobachtungen ergeben, auf sie zu projizieren.

Um hier weiterzukommen, müssen wir uns – wie ich glaube – genau so verhalten wie in der analytischen Situation. Wir müssen darauf verzichten unsere eigenen Meinungen und Gedanken durchzusetzen, und uns von der Vorstellung befreien, der entsprechend entscheidende Vorgang in der Entwicklung der Afrikaner bis zu ihrer genitalen Reife müsste analog dem Vorgang der Introjektion auch unbewusst ablaufen. Wir müssen uns darauf gefasst machen, dass die freie Assoziation unseres Studienobjektes, in unserem Falle der Afrikaner, schon das Richtige bringen werde. Wenn wir zuhören, was der Neger darüber aussagt, so vernehmen wir von jedem einzelnen, wenn wir ihn fragen und können es in der Literatur finden, die sie selber verfassen, dass das wichtigste Ereignis im Leben eines jeden schwarzen Afrikaners, gültig für jeden Mann und jede Frau, das Ereignis der Initiation ist. Sosehr sich die Initiationsriten bei den verschiedenen Stämmen in ihren Einzelheiten unterscheiden, so stellt doch die Initiation ein einmaliges, zeitlebens bewusstes dramatisches Erlebnis dar, welches als Zeremoniell mit der Beschneidung des Mannes und mit der Excision der kleinen Schamlippen und der Clitoris bei der Frau einhergeht. Durch das Ereignis der Initiation wird das Leben des Afrikaners in zwei Teile getrennt. Vor der Initiation ist er ein Kind ohne Verantwortung und ohne soziale Befugnisse. Nach der Initiation ist er Träger von Verantwortungen und befugt Brauch und Tradition des Stammes, zu dem er gehört, weiter zu tragen und zu pflegen. Das Initiationsritual ist clanbedingt, das heißt für jeden Stamm entsprechend den überlieferten Gesetzen des Brauches und der Lebensnotwendigkeit bestimmt und begründet.

Um einen Einblick in dieses Geschehen zu erhalten soll nun die Beschreibung der Initiation des jungen Mädchens des Stammes der Guerzée im kargen Hügelland der Haute-Guinée dienen. Der Stamm lebt ärmlich, die wichtigste Nahrung ist der Reis, die größte Sorge das Wasser. Das kleine Guerzée-Mädchen lernt in der Kindheit von seiner Mutter all das, was auch bei uns ein Kind lernen würde: wie man kocht, die Hütte pflegt, das Feld bestellt und wie man sich Wasser holt. Es lernt auch, dass man nicht lügen and nicht stehlen darf, doch für alles was es tut und was dem Clangewissen widerspricht, ist nicht das Kind, sondern seine Mutter verantwortlich. Sie hat die Bußen zu bezahlen die eine Gruppe richtender Frauen des Clans verhängen, wenn das Mädchen clanwidrig auf den ersten Zuruf antwortet, mit der Hand einen Gruß erwidert, das Tuch um den Leib bindet nach Männerart und die Dinge beim Namen nennt ohne besondere Höflichkeitsformen anzuwenden. Wenn das Mädchen 15 Jahre alt ist, kommt es mit allen anderen Mädchen seiner Generation für die Dauer von drei Jahren in den heiligen Wald, wo die Initiation stattfindet. Die Zeit des Aufenthaltes im heiligen Wald ist bei anderen Stämmen verschieden lang. Sie schwankt je nach dem Clan zwischen mehreren Wochen, Monaten oder Jahren.

Lange zuvor treffen die Eltern des Guerzée-Mädchens alle Vorbereitungen zum festlichen Anlass der Initiation, bestellen ein Feld für das später initiierte Kind; weben Kleider und tun alles, um die Vorbereitungen so reich und prächtig zu gestalten wie möglich, auch wenn Jahre der Verarmung und Hungersnot auf diesen Anlass folgen sollten. Anlässlich eines großen Festes gehen alle Mädchen mit dem Versprechen, die große Göttin Zegele zu töten mit Tränen in den Augen und voller Schrecken in den heiligen Wald. Dann schließt Zebulu, die Fetischpriesterin, die Türe zum heiligen Wald. Nun weiß jedermann, dass die große Göttin Zegele alle Mädchen gefressen hat.

Sie geht nun drei Jahre schwanger mit allen Mädchen und wird von den Eltern mit Nahrungsmitteln genährt, die in den heiligen Wald getragen werden, ohne dass die Mädchen jemals gesehen oder besucht werden dürften. Initiierte Frauen, die vom Clan dazu bestimmt wurden, führen mit drakonischen Maßnahmen die Erziehung zur Ausbildung des Clangewissens an den Mädchen durch. Der Beschneidungsakt erfolgt gegen Ende der Zeit im heiligen Wald. Dann kommt der Tag der monstruösen Geburt aller Mädchen durch die große Göttin Zegele. Einige Mädchen sind gewöhnlich während der Initiationsperiode gestorben. Gleich wie beim Ereignis einer wirklichen Geburt werden die Eltern der Zurückkehrenden vom ganzen Clan beglückwünscht. Die initiierten Mädchen kommen in ein gemeinsames Lager.

Sie haben in symbolischer Weise alles aus ihrem früheren Leben vergessen, auch ihren Namen und ihre Eltern, denen sie nun vorgestellt werden wie fremde Frauen. Man erklärt ihnen, der Reis sei ein Nahrungsmittel und Wasser sei zum Trinken bereitgestellt. Die frisch initiierte Frau hat auf symbolische Weise darzustellen dass sie soeben erst geboren wurde und alles Weltliche noch nicht verstehe. So taucht sie das Tuch in den Schlamm statt es zu waschen, begießt den Säugling mit Wasser, statt ihm zu trinken zu geben und schüttet den Reis auf den Boden, statt ihn in die Kalebasse zu leeren. Die Vorschrift alles zu verkennen dauert nur wenige Momente am Tage der Rückkehr, darf aber von der frisch initiierten Guerzée-Frau noch während eines Monates willkürlich angewendet werden. Von da an erwarten sie strenge Bußen, die vom Clan über sie verhängt werden, wenn sie die Regeln des Gesetzes übertritt.

So wird sie jetzt nicht mehr auf den ersten Anruf antworten, sondern warten bis sie dreimal angesprochen wird. Sie wird nicht mehr mit der Hand grüßen, sondern die linke Hand zum Gruße über die rechte Faust legen. Sie wird das Tuch um die Lenden nur mehr links knüpfen und die Dinge nicht mehr beim Namen nennen, die besondere Höflichkeitsformen erfordern. So wird sie von einem Manne, der eine Gazelle getötet hat, sagen: »dieser Mann hat sich den Fuß verstaucht.« Will sie die Schwäche eines Mannes benennen so wird sie sagen, dass die Katze dieses Mannes die Maus nicht mehr beiße. Alle diese Regeln, deren Befolgung der Brauch des Guerzée-Stammes von der Frau fordert, scheinen darauf ausgerichtet zu sein ein Clangewissen aufzurichten, welches unter anderem die aggressiven Tendenzen und Wünsche nach Befreiung und besserem Leben in der Frau zu unterdrücken hat. Denn die Armut ist groß, die Überschwemmungen in der Regenzeit und die Termitenplage während der wasserarmen

Trockenzeit sind so beträchtlich, dass der Brauch es zum Schutze des Stammes fordern muss, dass die Frau ihre Aufgaben erkennt und sich nicht dagegen auflehnt.

Im Beispiel der Initiation des Guerzée-Mädchens erkennt man deutlich, wie das clanbedingte Überich aufgerichtet wird, und wie in den animistischen Vorstellungen der großen Göttin Zegele die mächtige kastrierende ödipale Mutter auftritt. Bei anderen Initiationsritualen sind die animistischen Vorstellungen wieder deutlicher auf die totemistischen Gesetze ausgerichtet, wobei die beiden Tabus des Totemismus, die Schonung des heiligen Tieres und die Inzestscheu sichtbar werden.

So darf der zur Initiation bestimmte Malinké, im Bergland der Haute-Guinée, bei der großen Löwenprobe das bedrohlich brüllende Totemtier nicht zu Gesicht bekommen, wenn es nachts in der Steppe beim großen Baumwollbaum erscheint, unter welchem die Gruppe der jungen Initiationskandidaten versammelt worden sind. Während der Initiationszeit darf er keine Frau berühren und die eigene Mutter darf nicht gesehen werden.

Bemerkenswert ist der Umstand, dass bei den Malinké das große Löwengebrüll von älteren, bereits initiierten Mitgliedern des Clans mit geeigneten Instrumenten erzeugt wird und dass der junge Initiierte nach seiner Rückkehr ins Dorf nicht mehr wie bisher in der Hütte seiner Mutter leben wird, sondern in einer eigenen, die inzwischen für ihn erbaut wurde.

Wir wissen seit Freud, dass in den totemistischen Tabus die beiden zentralen Forderungen für die Überwindung des Ödipuskomplexes enthalten sind: die Respektierung der väterlichen Autorität, als Voraussetzung für die Einverleibung dieser gleichen väterlichen Eigenschaften, bei gleichzeitiger Abwendung vom Inzestwunsch, der damit untergeht.

Ich will die Inhalte des Totemismus nicht weiter verfolgen und mit jenen des Ödipuskomplexes vergleichen. Es kommt mir mehr darauf an, die dynamische Bedeutung und die Auswirkungen des Initiationsritus mit dem Vorgang der Introjektion zu vergleichen, bei welchem auch die Inhalte weniger bedeutsam sind, als das, was mit diesen Inhalten im weiteren Verlaufe der Entwicklung geschieht.

Um dieses Ziel nicht aus dem Blickfeld zu verlieren, will ich festhalten, wie weit wir bisher kommen konnten. Ich meine ermutigend weit, denn es steht außer Zweifel, dass der Afrikaner durch das Ereignis der Initiation vom Kind zum Erwachsenen wird, soziale Funktionen erlangt und berücksichtigen lernt. Mit andere Worten sein Clangewissen aufbaut und festigt, was einer Überichbildung entspricht. Weiter erlangt er durch die Initiation seine genitale Reife und durchläuft den Ödipuskonflikt auf der totemistischen Stufe. Lassen wir einmal beiseite was das wirklich heißt, und begnügen wir uns damit, dass wir feststellen, er durchlaufe den Ödipuskomplex auf seine Art.

Ich habe schon hervorgehoben, dass dieser entscheidende Prozess der Initiation zeitlebens bewusstes einmaliges Erlebnis mit großer äußerlicher und innerpsychischer Umwälzung darstellt. Es scheint so, als ob ein langwieriger, mühsamer, vielfach gestufter Prozess in unserer seelischen Entwicklung bis zur Erreichung der genitalen Organisation, bei den Afrikanern auf einen Kristallisationsmittelpunkt gerafft wäre, der im Ereignis der Initiation Gestalt annähme, und die ödipalen Probleme in einem Male zu lösen vermöchte. So blickt das schwarze Kind in all seinen libidinösen Konflikten, denen es begegnen mag, auf die zukünftig zu bestehende Initiation. Alle Verstöße des Kindes gegen das Clangewissen werden von seinen Eltern, Geschwistern und vom ganzen Clan im Bewusstsein der später zu vollziehenden Initiation hingenommen und gewährt. Die Erwachsenen, Initiierten aber blicken zurück auf ihre »Neugeburt« durch Initiation, die sie ermächtigte den ödipalen Wünschen zu begegnen und dieselben zu überwinden.

In der Entwicklung des Afrikaners scheinen eine Reihe von Beobachtungen und Gründe dafür zu sprechen, dass eine lokalisierbare versagende Hauptperson, die mit einer libidinösen Bindung verknüpft ist, kaum in einem bedeutsamen Masse auftritt. Die versagenden Instanzen sind von früher Kindheit an auf wechselnde Personen verteilt. Die ödipale versagende Hauptperson erscheint nicht in der direkten Gestalt des Vaters. Der zeugende Vater und die gebärende Mutter sind keine ödipal wirksamen Väter und Mütter; sie sind Söhne und Töchter des Clans, die dem wahrhaftigen ödipalen Vater und der wahrhaftigen ödipalen Mutter nur einmal in ihrem Leben, anlässlich ihrer eigenen Initiation, begegnet sind.

Durch die Raffung des Konfliktstoffes auf ein einmaliges Ereignis wird der Ödipuskomplex in einer durchaus eigenartigen, für uns schwer einfühlbaren Weise, materialisiert. Alle ödipalen Ängste treten zusammengeballt in den Initiationskandidaten auf und erhalten im Beschneidungsakt eine greifbare materielle Bedeutung. Das Ereignis ist zeitlich und örtlich bestimmt und abgerundet, wird bewusst über Jahre zuvor mit Schrecken erwartet und bleibt während des ganzen weiteren Lebens bewusster Markstein für den Beginn eines anderen Lebens, das des Erwachsene jenes der genitalen Organisation. Bei der Überwindung des Ödipuskonfliktes durch Initiation gewinnt man den Eindruck es gelingt den Afrikanern den ganzen Ödipuskomplex wie ein materielles Objekt zu isolieren, dem man im Leben einmal begegnen muss.

Wenn wir jetzt versuchen, die eingangs gestellte Frage zu beantworten, auf welchem Wege eine seelische Entwicklung beim Menschen bis zur genitalen Organisation vor sich gehen könne ohne die wichtigen Stufen der Abgrenzung des Ich vom Es und einer vollen Ausbildung des Überichs zu durchlaufen, so können wir vielleicht Folgendes sagen:

Eine derartige Entwicklung kann über den Vorgang der Initiation erfolgen, so wie es bei den Afrikanern zu beobachten ist. Die Initiation nimmt den Platz ein, der in unserer Entwicklung von der Introjektion der versagenden Hauptperson ausgefüllt ist. Initiation und Introjektion lassen sich weder gleichsetzen noch sind die beiden Vorgänge in jeder Hinsicht vergleich bar. Soweit ich es sehen kann, erfüllt die Initiation vor allem in zwei Richtungen ähnliche Aufgaben wie die Introjektion. Sie führt einerseits zur Überwindung des Ödipuskomplexes, wodurch sie das genitale Primat garantiert, und sichert anderseits durch Aufrichtung des Clangewissens die soziale Gemeinschaft.

Die psychische Entwicklung über Initiation isoliert und materialisiert sowohl den ödipalen Konflikt, wie auch die Überichfaktoren des Clangewissens und erzwingt mit diesen Mitteln die Herrschaft des Bewusstseins. Es gibt keine unbewussten ödipalen Konflikte wie es auch keine unbewussten Üeberichinhalte gibt: denn was an unbewussten Strebungen dem Ödipuskomplex und dem Überich zugehört – die Inhalte des ganzen animistischen Denkens – fällt mit dem erhalten gebliebenen Primärvorgang im Es zusammen, welches frei mit dem Ich kommuniziert.

Die seelische Entwicklung über Initiation benützt offenbar die ganz frühen archaischen Projektionsmechanismen, die beim Durchlaufen der frühinfantilen Sexualphase im Dienste der Libidobeherrschung mächtig ausgebaut und umformt werden. Genau wie beim Vorgang der Introjektion spielen Imitation und Identifikation mit den elterlichen Vorbildern eine große vorbereitende Rolle. Gerade durch die Identifizierung mit den initiierten Vorbildern wartet der kleine schwarze Afrikaner vorausschauend auf den Tag, da zusammengeballt und materialisiert die ödipale Auseinandersetzung ausgetragen werden muss. Das hat dann mit Introjektion nichts mehr zu tun. Da wird Kastrationsangst manifest erlebt, da wird grausam gekämpft, gefressen und geschnitten, da ist man ausgeliefert und muss vieles erleiden. Der zur Initiation Bestimmte ist in dieser Zeit wahrhaftig das Objekt der Gottheit, wie wir es auch beim Guerzée-Mädchen deutlich sehen konnten, welches passiv die Gewalt der ödipalen Mutter mit all ihren kastrativen Zügen über sich ergehen lassen muss. Dieser Passivität bei der Initiation steht die Aktivität des Subjektes beim Introjektionsvorgang gegenüber.

Wir können nach all diesen Betrachtungen wohl sagen, dass die seelische Entwicklung über Initiation grundsätzlich andere Wege geht, als jene über Introjektion. Wir können die Ansicht nicht vertreten, es handle sich bei der Überwindung des Ödipuskomplexes durch Initiation um eine Art Vorstufe introjektiver Erledigung des Konfliktstoffes, etwa in dem Sinne, dass die praeödipalen Introjektionen besonders stark in den Vordergrund treten würden. Gewiss haben diese praeödipalen Introjektionen auch beim Afrikaner ihre Bedeutung, aber sie erhalten nicht die Bedeutung, die sie in unserer seelischen Entwicklung erlangen. Die Entwicklung in unserer westlichen Kultur benützt die archaischen Introjektionsmechanismen, die beim Durchlaufen der frühinfantilen Sexualphasen im Dienste der Libidobeherrschung ebenso mächtig umgeformt und ausgebaut werden, wie bei den Afrikanern die archaischen Projektionsmechanismen. Je nach dem in welche Entwicklungstradition das Kind geboren wird, entsteht im weiteren Verlauf des Lebens der mächtige Ausbau der einen oder anderen Grundtendenz ursprünglichster Abwehr gegen die in jedem Falle zu erwartende ödipale Auseinandersetzung.

Die Vertreter der einen oder anderen Entwicklung vermögen sich das notwendige Maß von Narzissmus zu sichern. Von dieser Warte aus belächelt der eine den andern, indem er die eigenen Errungenschaften höher einschätzt.

Nennen wir die Schwarzen im Busch nicht primitiv und unzivilisiert? Gewiss, wir dürfen stolz sein, denn wir wollen es so. Dem Neger liegt an unseren Werten weniger, er lächelt auch.

Auf dem Markte in Ouagadougou kaufte sich eine unserer Begleiterinnen ein ledernes Amulett, welches hübsch in der Mitte ein Stückchen Fell trug. Dieses legte sich die europäische Frau um den Hals, als Schmuck natürlich, denn woher nähmen wir die Kraft diesem Ding den magischen Zauber zu verleihen, der sich im kleinen Leder mit dem Stück Fell materialisieren könnte? Die Reaktion der schwarzen Frauen war groß. Freudig stimmten sie zu: »Ça c'est bon« sagten sie immer wieder zu unserer Begleiterin und meinten damit, es sei endlich Zeit gewesen, sich vernünftigerweise mit dem schützenden Amulett zu verbinden. Was soll mit uns allen geschehen, wenn Gefahren und Drohungen des täglichen Lebens auf uns fallen und wir ohne materialisierten magischen Amulettschutz herumgehen? Sie lachen über uns, die Afrikaner, wenn sie sehen, wie alle unsere Dinge, die wir tragen, die Uhr, die Socken, die Brille für uns nichts weiter als einen nützlichen Wert haben. Sie glaubten doch es seien unsere Amulette und dann erwies sich in völliger Lächerlichkeit, dass es bloß Gebrauchsgegenstände sind.

Die Afrikaner versuchen voller Neugier und Interesse die Errungenschaften der Weißen an sich zu reißen. Sie verschaffen sich den Tropenhelm und lackieren ihn mit Ölfarbe. Sie tragen ihn auch nachts zusammen mit der Sonnenbrille. Sie wollen eine Uhr, ob sie geht oder nicht ist wenig bedeutsam. Sie wollen Maschinen, Medikamente, Wissenschaft und weiße Kultur und gehen damit ebenso ungeschickt um, wie wir mit ihren Amuletten, die wir im besten Falle als ästhetisches Schmuckstück zu verwenden verstehen.

Die zivilisatorischen Errungenschaften der Weißen dienen aber dem Afrikaner auch wirklich. Sie heben den Lebensstandard ganz wesentlich. Viele unter ihnen haben sich eine europäische Kultur angeeignet und stehen in keiner Weise unter unserem Niveau sowohl in Bezug auf manuelle Geschicklichkeit als auch im Hinblick auf die geistige Differenzierung. Es ist eben so, dass der menschlichen Psyche die Fähigkeit zur Introjektion bestimmter Eigenschaften und Haltungen so wenig abgeht, wie die prinzipielle Fähigkeit Projektionen auszubilden und sie in Ritualen zu materialisieren. Auch wir benützen diesen Vorgang in unserer Entwicklung nicht selten, erkennen Ansätze zu einer Art Initiationsritual im Christentum bei der Communion und bei der Konfirmation, bei den Studentenschaften in ihrem Burschenzeremoniell, bei vielen unserer alten Bräuche, in welchen oft animistische Denkweisen und magischer Zauber aufleben. Wir finden schließlich all das in unseren Träumen und Fantasien wieder. Hier kommt es uns auf Grund unserer psychoanalytischen Kenntnisse vom Unbewussten gar nicht mehr so fremd und so uneinfühlbar vor.

In unserem Leben verwenden wir offenbar immer dort den Projektionsmechanismus nach dem Vorbild der Initiation, wo aus dem einen oder anderen Grund eine Introjektionsleistung besonders schwer fällt oder wo eine Introjektionslücke besonders schmerzlich empfunden wird. Der grundlegende Unterschied aber zwischen dem Vorgang der Initiation der Afrikaner und unseren Ansätzen zu initiationsähnlichen Erscheinungen liegt darin, dass solche Episoden in unserer Entwicklung nie eine zentrale Bedeutung für die Errichtung des genitalen Primates einnehmen, während bei den Afrikanern der Ödipuskomplex mit seinen weittragenden Auswirkungen ganz in diesem Geschehen enthalten ist.

Zusammenfassung

Die Persönlichkeit der heidnisch lebenden Negergesellschaften weist keine scharfe Sonderung von Ich, Es und Überich auf wie man es gewohnt ist, in der zivilisierten Welt anzutreffen. An Stelle des Überichs steht beim heidnischen Neger das Clangewissen. Die Funktion dieses Clangewissens kann im Vergleich zum Überich rudimentär genannt werden. Die Folge davon ist eine viel weiter gehende Kommunikation zwischen Ich und Es ähnlich wie Freud es mit dem Primärvorgang beschrieben hat. Es wird dann die Frage gestellt, auf welchem Wege beim heidnischen Neger psychische Sicherungen aufgebaut werden, die sowohl das soziale Zusammenleben als auch die Erreichung der genitalen Entwicklungsstufe garantieren. Beim zivilisierten westeuropäischen Menschen ist die scharfe Sonderung von Ich, Es und Überich Voraussetzung zur Introjektion der versagenden Hauptperson auf der Hochblüte des Ödipuskonfliktes. Beim »primitiven« Neger wird der Vorgang der Initiation für eine analoge Funktion, nämlich der der Überwindung des Ödipuskonfliktes, abgeleitet. Es wird darauf hingewiesen, dass die beiden Vorgänge, die Introjektion beim Zivilisierten und die Initiation beim »Primitiven« nicht in jeder Beziehung miteinander vergleichbar seien und auch nicht gleichgesetzt werden könnten.

Introjektionsprozess und Initiationsritual erfüllen in den beiden von einander sehr verschiedenen Sozietäten insofern ähnliche Aufgaben, als sie die Überwindung des Ödipuskomplexes und die Aufrichtung des sozialen Gewissens ermöglichen.

Summary

The personality in primitive African Negro societies does not reveal any strict demarcation between Ego, Id and Super-Ego such as we are familiar with among civilized poeples. In the case of primitive African the function of the Super-Ego is exercised by the clan conscience. The function of this clan conscience can, in comparison with the Super-Ego, be described as rudimentary. This results in a much more far-reaching communication between Ego and Id similar to what Freud has described as the primary process. The question thereupon arises how psychological safeguards are developed in the primitive African which can not only provide a basis for a stable community life but also guarantee that the individual reaches the genital phase of development. Among civilized Western European peoples the strict demarcation between Ego, Id and Super-Ego is the condition for the introjection of the stern authority figure at the height of the Ödipus conflict. In the case of the »primitive« African the initiation procedure can be taken as an analogous function, namely that of surmounting the Ödipus conflict. Attention is drawn to the fact that the two processes, introjection among civilized peoples and initiation among primitive peoples are not comparable in every respect and that it would not be possible to treat them as exactly equivalent phenomena. The process of introjection and the initiation ritual in the two widely disparate societies perform similar functions in so far as they both render possible the surmounting of the Ödipus complex and the establishment of the social conscience.

Literatur

Carothers, J. C. (1954): Psychologie normale et pathologique de l'Africain. O.M.S. Genève.

Fassoù Moriba, Mathias (1956): L'éducation de la fille Guersée. Traits d'Union (Organe de liaison des Centres culturels de 1'A.O.F.) Dakar No.11.

Freud, Sigmund (1940): Das Unbewusste. Bd. X, Imago Publishing Co Ltd., London.

Freud, Sigmund (1940): Totem und Tabu. Bd. IX, Imago Publishing London.

Freud, Sigmund (1940): Hemmung, Symptom und Angst. Bd. XIV, Imago Publishing London.

Freud, Sigmund (1940): Der Untergang des Ödipuskomplexes. Bd. XIII, Imago Publishing London.

Freud, Sigmund (1940): Massenpsychologie und Ich-Analyse. Bd. XIII, Imago Publishing London.

Laye, Camara (1954): Einer aus Kurussa. Speer-Verlag Zürich.

Parin, Paul & Morgenthaler, Fritz (1956/57): Charakteranalytischer Deutungsversuch am Verhalten »primitiver« Afrikaner. Psyche, Heft 5/X.

Geschützter Raum, Zeichen und Symbol

Übersetzt von Antje Becker

Die Repräsentationen der unbelebten wie der belebten Objekte unserer Umwelt sind nicht zwangsläufig die gleichen wie die Objekte selbst. Wir geben Objekten subjektive oder kollektive Bedeutungen. Eine Nationalflagge oder ein Fetisch in einer animistischen Kultur drücken zum Beispiel eine solche Bedeutung aus, die kollektiv verstanden wird. Der Sinn repräsentiert ein Symbol, während das Objekt als solches ein Zeichen für dieses Symbol ist. Die Kultur basiert auf Regelsystemen, welche sich wiederum, neben anderen Faktoren, in Zeichen und Symbolen spiegeln. Auch die Sprachen basieren auf diesen Gesetzen. Sprachen bestehen zum größten Teil aus Symbolen und Zeichen und spielen eine wichtige Rolle in der Kultur. Die emotionalen Bedeutungen, die einerseits mit unserem Lebensstil, unseren Ambitionen, Wünschen, Zielen und Interessen und andererseits mit der emotionalen und symbolischen Bedeutung der Objekte verbunden sind – all dies ist in einer intakten Gesellschaft eine organische Einheit. Man kann in Phasen kultureller Veränderungen Fluktuationen zwischen einer progressiven Tendenz hin zum Wandel und einer konservativen hin zur Erhaltung sehen. Diese wechselnden Tendenzen sind emotionalen Ursprungs und entsprechen Schwankungen um ein mittleres Niveau herum, das schwierig zu charakterisieren ist. Was ich meine ist, dass der Zusammenhang zwischen Symbol und Objekt keine starre Verbindung ist. Innerhalb eines kulturell bestimmten Bezugsrahmens kann sich das Verhältnis zwischen Symbol und Objekt verändern, obwohl die innere Kohärenz dieses Verhältnisses bestehen bleibt.

Wenn ein Nomade in der Sahara in einem Zelt aufwächst und später in einem modernen Gebäude in Dakar lebt, würde diese Tatsache alleine nicht bedeuten, dass die innere Kohärenz zwischen geschütztem Raum und Symbol zerstört ist. Andererseits reicht der anhaltende Wunsch eines italienischen Geschäftsmannes, in einem mittelalterlichen toskanischen Turm zu leben, nicht aus, das Vorhandensein der gleichen inneren Kohärenz zu beweisen. Ein Zerfall der organischen Einheit tritt ein, wenn durch die Lebensumstände die bisher integrierte Bedeutung eines Objektes ihren Sinn verliert. Es ist deshalb wesentlich, dass sich die Abweichungen vom traditionellen, kultur-immanenten Symbol innerhalb der Grenzen der Integrationsfähigkeit bewegen. Es ist nicht die Abweichung an sich, die eine Störung des kulturellen Gleichgewichts darstellt. Das Unvermögen, ein konstantes mittleres Niveau zu halten, um welches die progressiven und die konservativen Tendenzen schwanken können, oder eine Erweiterung des Schwankungsspielraumes würden die Kultur erschüttern.

Es ist ein interessantes Phänomen, dass wir uns intuitiv des Ausmaßes der Assimilation bewusst sind, welches kulturellem Wandel zu Grunde liegt oder lag. Es gibt Anzeichen – Signale, sozusagen –, die auf die Art eines gestörten oder ungestörten kulturellen Gleichgewichts verweisen. Für mich ist zum Beispiel die Skyline von Manhattan ein gut integriertes Zeichen für einen Wandel in der Beziehung zwischen geschütztem Raum und Symbol. Die zunehmende Trennung jedoch in Wohn- und Arbeitsviertel innerhalb einer Stadt scheint mir ein erschreckendes Zeichen für fehlende Assimilation zu sein. Die architektonische Produktivität entlang der spanischen Mittelmeerküste, die sich in den letzten zwei Jahrzehnten unter dem steigenden Druck der Tourismusindustrie gezeigt hat, ist für mich ein Zeichen der Desintegration mit höchst destruktiven Auswirkungen auf kulturelle Aspekte. Die nicht enden wollende Zerstörung der Stadt, in der ich selbst lebe, spiegelt meines Erachtens ein klares Zeichen für eine fehlende Assimilation des eigentlich laufenden Zivilisationsprozesses. Meine persönliche Meinung ist jedoch nicht relevant, auch nicht Ihre oder die irgendeiner einzelnen Person. Es ist seltsam genug, dass die große Masse der Bevölkerung, die als das eigentliche Opfer der gestörten kulturellen Entwicklung anzusehen ist, in die sterilen Wohnanlagen entlang der spanischen Küste einfällt und ihre Urlaubszeit offensichtlich ohne erkennbare Anzeichen für psychisches Unbehagen verbringt. Die großen Stadtzentren der Welt ziehen weiterhin jedes Jahr Millionen Menschen an, trotz der Tatsache, dass die Lebensbedingungen in den Slums und in den neuen, rechtwinkligen Wohnanlagen zwangsläufig ein immer weiter steigendes allgemeines Unbehagen hervorrufen muss.

Ich würde gerne die romantisch anhaftende Tendenz vermeiden, die häufig in dem Gedanken in den Vordergrund tritt, das Vermächtnis der Vorfahren auf museale Art zu bewahren. Ich vermeide auch die Annahme, dass fehlende ausreichende und angemessene architektonische Konzeptionen oder die Unfähigkeit, diese umzusetzen, die Ursachen unserer alltäglichen Krise sein könnten. Es ist vielmehr meine Absicht, mich auf die Dynamiken zu konzentrieren, d. h. auf die wechselseitigen Veränderungen, die sich zwischen sich ausdehnenden Zivilisationsprozessen und den Kulturen, die durch diese Mittel umgewandelt werden, abspielen.

Der ungeheure Zivilisationsprozess in der westlichen Welt spiegelt sich praktisch vollständig in den vielfältigen Aspekten des wachsenden Einflusses der Technifizierung und Industrialisierung. Die Untersuchung der Konsequenzen eines solch überwältigenden Prozesses für die sozio-kulturellen Veränderungen auf der einen Seite und für die psychologischen Auswirkungen, die diese sozio-kulturellen Veränderungen in jedem Individuum hervorrufen, auf der anderen Seite erscheint sehr komplex und schwierig, weil Inkongruenzen, welche von der Kollision kultureller Muster und zivilisatorischer Einflüsse, die in der Anfangsphase solcher Prozesse auftreten, provoziert werden, bereits der Vergangenheit angehören. Diese Schwierigkeiten jedoch erscheinen in einem anderen Licht, wenn man bedenkt, dass die westlichen Gesellschaften die technisch am weitesten entwickelten der heutigen Welt sind und ihre industrielle Entwicklung integrierten, indem sie selbst mit diesen Mitteln eine evolutionäre Beschleunigung erschufen (Ribeiro). In einer solchen Evolution unterliegen die oben genannten Inkongruenzen, obwohl sie ständig präsent sind, einer unauffälligen, sukzessiven sekundären Anpassung, die schwer auszumachen ist. Ich bevorzuge es deshalb, einige Formen dieser wechselseitigen Veränderungen zwischen den Zivilisationsprozessen und den kulturellen Veränderungen aufzuklären, in dem ich mich auf die Entwicklungsgesellschaften konzentriere. Für meine Beispiele wurden sozio-kulturelle Aspekte westafrikanischer Kulturen und aus Papua-Neuguinea ausgewählt. Wenn man solche Aspekte betrachtet, wird man mit Phänomenen konfrontiert, die interessante Inkongruenzen in fast allen Ebenen und Aktivitäten des sozialen Lebens aufweisen. In diesem Zusammenhang hilft *The Civilisational Process* (1968; *Der zivilisatorische Prozess*, 1971) von Darcy Ribeiro zum besseren Verständnis. Er zeigt mit einleuchtender Klarheit, welches die Einflüsse sind, die eine höher entwickelte Zivilisation auf eine weniger entwickelte ausübt. Rückständige Völker werden zwangsweise den höher entwickelten technologischen Systemen unterworfen, mit dem Folgeeffekt der »Reflex-Modernisierung«, die für die eingegliederten Gruppen einen Autonomieverlust und das Risiko ethnischer Desintegration mit sich bringt. Aus dem Blickwinkel des Zivilisationsprozesses geschieht eine Eingliederung oder »Aktualisierung« (Ribeiro) der weniger entwickelten Gruppe. So viel ist sicher: Die kulturelle Ebene wird nicht durch diese Prozesse charakterisiert. Ribeiro sagt, dass man »the tendency to view the most highly developed societies of today as the ideal socio-cultural system and the objective toward which all peoples are moving« überwinden muss (Ribeiro p. 20). »Viewed within this frame work, the developed and the underdeveloped peoples of the modern world do not represent distinct and unequally advanced stages of cultural evolution. Whereas the developed societies show an evolutionary acceleration, the underdeveloped ones are those that were drawn in by historical incorporation as ›external proletariats‹ which are destined to provide not only the necessities of life but prosperity for the developed peoples to which they are related« (Ribeiro p. 22). Um Ribeiros Aussagen für meine Zwecke zusammenzufassen, die Kulturen Westafrikas und Neu-Guineas mit dem vordringenden Zivilisationsprozess der westlichen Welt zu konfrontieren, betone ich den Prozess der Reflex-Modernisierung, welcher einer der bedeutsamsten Zeichen in Entwicklungsgesellschaften ist. Entlang der Entwicklungslinie der Reflex-Modernisierung werden allgemein bestimmte Wege ausgewählt, auf denen sich die Unterminierung der traditionellen Kultur ausbreitet.

Mein erstes Beispiel betrifft die Dogon (Mali, Westafrika) und basiert auf Einblicken, die im Rahmen einer ausgedehnten ethnopsychoanalytischen Forschungsarbeit von Paul Parin, Goldy Parin-Matthèy und mir 1960 und 1965 gewonnen wurden.[1] In meinem Beispiel spielt die islamische Welt die Rolle, die wir oben dem vordringenden westlichen Zivilisationsprozess zugeschrieben haben.

Die Dogon leben in einer bergigen Region am Niger im Südosten Malis. Sie sind Animisten mit einer hochdifferenzierten spirituellen Welt, und ihre geschnitzten Holzartefakte wie auch ihre Maskentänze sind weltberühmt. Obwohl der Einfluss der sie umgebenden islamischen Kulturen seit Jahrzehnten wächst, haben die Dogon ihre eigene kulturelle Autonomie weitgehend bewahrt. Unsere psychoanalytischen und sozio-kulturellen Studien der

[1] Veröffentlicht in unserem Buch *Die Weißen denken zuviel.*

Dogon machen sehr deutlich, dass die Dogon-Kultur, so lange wie die Großfamilie die fundamentale Einheit der Gesellschaft, die grundlegenden sozio-ökonomischen sowie die emotionalen Bedürfnisse ihrer Mitglieder befriedigte, ihre innere Kohärenz und Autonomie aufrecht erhalten konnte. Das architektonische Setting in einem Dorf drückt die innere Kohärenz und die symbolischen Verbindungen von einer Raumform zur anderen aus. Eine entsprechende Harmonie besteht zwischen den Räumen, Werkzeugen und all den Objekten des alltäglichen Lebens auf der einen Seite und den emotionalen innerpsychischen Bedingungen der lebenden Dogon auf der anderen.

Dies war besonders beeindruckend als Dommo, einer meiner Dogon-Exploranden, mir sein Haus in seinem Dorf Andioumbolo zeigen wollte. Nachdem wir den Hügel bestiegen hatten, auf dem das Dorf lag, zeigte Dommo mir bei einer ausgedehnten Führung nacheinander die Hütten der alten Männer, das Haus des Häuptlings, den Hof des Zauberers, die »Ginna Bana« (Hüttenkomplex seiner eigenen Großfamilie) mit all den Kornkammern, die dazu gehörten. Schließlich, am Ende der Führung, stand Dommo vor seiner eigenen Hütte, einem Doppelhaus in welchem bereits sein Vater mit seinen beiden Ehefrauen wohnte. Ich erinnerte mich daran, dass wir zu Beginn der Führung an dieser Stelle vorbeigekommen waren, da Dommos Zuhause direkt am Dorfeingang lag. Dommo konnte mir sein Haus nicht zeigen, bevor er nicht dieses, sich selbst und seinen Besucher wieder und wieder in die gesamte Einheit von Raum, Zeichen und Symbol integriert hatte, die grundlegend seine persönliche Identität repräsentiert, die eine Gruppenidentität ist.

Die Dogon-Persönlichkeit weist ein hohes Maß an Flexibilität auf, weil sich aus bestimmten Gründen die psychische Organisation allgemein in eine Richtung entwickelt, welche die konstante Oszillationen zwischen einer Form der Gratifikation und einer anderen fortsetzt. Manchmal wird ein Objekt gegen ein anderes getauscht. Ein anderes Mal verändert sich die Beziehung zu ein und derselben Person. Ein Dogon kann sich einfach als ein Gefährte aller seiner Alters- und Geschlechtsgenossen fühlen. Oder er kann in die Hierarchie seiner jüngeren und älteren Brüder eingebunden sein, die sich bis zu den Vätern und den toten Vorfahren des gesamten Volkes erstreckt und in der er selbst den Älteren untergeordnet ist sowie über denen steht, die jünger sind. Diese Tendenz der Identifizierung ist von

Kindheit an die Basis für die außergewöhnliche Fähigkeit zum sozialen Zusammenhalt, den die Dogon besitzen. Ressentiments, Habgier oder Neid tauchen fast nie im Verhalten der Erwachsenen auf. Der Drang, sich etwas anzueignen, wird häufig von dem Wunsch zu teilen gemildert. Zusammen arbeiten, an gemeinschaftlichen Aktivitäten teilnehmen, Singen und Tanzen beschwichtigen instinktive Bedürfnisse, welche das gesamte kulturelle Gefüge gefährden könnten.

Das Hauptdorf im Land der Dogon ist Sanga. Der Häuptling des Dorfes, Ogobara, gehört einer Großfamilie von großer sozialer und politischer Bedeutung an. Deren Einfluss hat offensichtlich viele der Anpassungsschritte geformt, die in den vergangenen Jahrzehnten unvermeidbar waren, auch um die weitere Autonomie und den Erhalt der Dogon-Kultur zu sichern. Für das Volk der Dogon ist Ogobara eine ungewöhnliche Persönlichkeit. Für viele ist er ein Vorbild, für andere ein Stolperstein. Obwohl er der Führer der Maskentänzer war und dadurch einer der wichtigen Verfechter traditioneller Sitten und Rituale, war Ogobara Mohammedaner. Er neigte zu einer islamischen Lebens- und Denkweise und drückte dies dadurch aus, dass er ein moderner und zivilisierter Dogon war. Fünf Jahre, nachdem wir die Forschungsarbeit bei den Dogon durchgeführt hatten, besuchten wir Sanga erneut und waren von den erheblichen Veränderungen beeindruckt, die zwischenzeitlich stattgefunden haben. Viele, fast ausschließlich aus der jüngeren Generation, trugen nicht die traditionelle Gewänder, sondern zeigten sich in der modernen Kleidung, die in den benachbarten islamischen Städten üblich war. Vor allem war im Zentrum von Saga eine Moschee gebaut worden. Die Moschee jedoch zeigte nicht die typischen Zeichen des islamischen Stils. Sie war fast komplett in die traditionelle Dogon-Architektur integriert. Ogobara war der Initiator des neuen Gebäudes, und er wollte es möglichst nahe an seinem eigenen Haus bauen. Da die Industrialisierung und die Technifizierung das entfernte Gebiet des Dogon-Landes noch nicht erreicht hat, stieß Ogobara auf große Schwierigkeiten bei der Umsetzung seiner Pläne. Man muss die Tatsache betonen, dass keine Opposition aus den mächtigen Vertretern der traditionellen animistischen Gesellschaft Einspruch gegen Ogobaras zudringliche und offensichtlich kulturzerstörende Neigungen erhob. Das nicht verfügbare Fachpersonal, der Mangel an Rohstoffen und Einrichtungen waren die eigentlichen Gründe für Ogobaras Probleme. Schließlich fragte er die traditionelle Ratsversammlung um Rat. Der Rat der ältesten Männer in Sanga beriet sich, um Möglichkeiten zu finden, wie sie es immer getan haben, wenn die Dogon-Gesellschaft um eine traditionell-bedeutsame Lösung einer problematischen Situation ersucht. Im Falle von Ogobaras Moschee-Projekt entschied der Ältestenrat, das vorliegende Problem genau so zu lösen, wie es der Fall gewesen wäre, wenn eine neue Ginna Bana (die Wohnanlage der Großfamilien), ein Götzenhaus für den Zauberer oder eine Hütte für die alten Männer hätte gebaut werden sollen. Auf die traditionelle kooperative Art arbeiteten alle Männer des Dorfes zusammen und sangen, tranken und lachten zwischendurch. Sie nahmen teil an der gemeinschaftlichen Erfüllung von etwas, das von allgemeinem Interesse war, weil die Alten, die den Vorfahren am nächsten standen und deshalb dazu bestimmt waren, darüber zu wachen, dass das Richtige getan wurde, sie geheißen hatten, dies zu tun.

Das Beispiel zeigt, dass sogar starke Elemente eines höchst eindringlichen zivilisatorischen Einflusses fast vollständig in den noch stabilen Rahmen einer traditionellen Kultur integriert werden konnten. Dieses Beispiel ist typisch für eine Übergangsphase in einem laufenden Zivilisationsprozess. Jedoch bleibt die Frage offen, ob dieser Prozess erfolgreich in eine kulturadäquate Evolution mündet oder ob die Kultur die katastrophalen Auswirkungen einer ungleichen Reflex-Modernisierung erleiden wird.

Mein zweites Beispiel betrifft Mauretanien, die unabhängige Republik der Südwestsahara. Ungenutzte Technifizierung, eingeführt von der westlichen Zivilisation, hat nicht nur natürliche Ressourcen des Landes zerstört, sondern auch tiefgreifende kulturelle Veränderungen hervorgerufen. Ungeachtet dieser Tatsachen scheint das einzelne Individuum irgendwie zu zögern, seinen hoch besetzten Wünschen nach Modernisierung und Evolution voll und ganz zu folgen.

Die geringe Bevölkerung des großen Gebietes – überwiegend Nomaden mit Viehherden, die in Zelten leben und den Pfaden entlang der wenigen Wasserlöcher in der Südsahara folgen – gilt als eine Entwicklungsgesellschaft. Mit dem Ziel, die Modernisierung des Landes voranzutreiben, wurde der Savannendistrikt im Süden des Landes mit künstlichen Bohrlöchern überzogen, mit deren Hilfe die Wasserlöcher vergrößert wurden. Die Folge war, dass sich die Viehherden explosionsartig vergrößerten. Bald reichte das natürliche Nahrungsangebot in der Savanne nicht mehr aus, und deshalb fand innerhalb weniger Jahre zwangsläufig eine enorme Zerstörung der spärlichen Vegetation statt. Das gesamte Gebiet der Oasenkultur in der südmauretanischen Savanne unterlief eine zweite Transformation zu einem sandigen, unfruchtbaren Land. Die Nomaden waren gezwungen, ihre Viehherden zu verkaufen, und da sich ihre sozio-ökonomischen Lebensbedingungen verändert hatten, bevorzugten sie es, das Kamel mit dem Auto zu tauschen und sich in Dörfern niederzulassen oder zumindest in den neuen stadtähnlichen Zentren, die meist künstlich hochgezogen worden waren.

In der weit abgelegenen Oase von Chinguetti, die in dem bergigen Gebiet der mauretanischen Sahara liegt, beobachteten wir ein Übergangsphänomen eines laufenden Zivilisationsprozesses. Nomaden aus dem Süden hatten sich in der Oase niedergelassen. Den traditionellen Gesetzen der Lebensweise in der Oase entsprechend, bauten sie neue Lehmhäuser mit einem zusätzlichen Hof hinter dem Wohnraum, sorgfältig mit Lehmwänden eingezäunt. Während die einheimische Chinguetti-Bevölkerung in diesen Höfen üblicherweise ihre Gärten anlegten, stellten die nomadischen Einwanderer dort ihre Zelte auf. Bereits gewöhnt an eine sehr andere Lebensweise – z. B. als Benzinhändler –, organisierten sie ihr alltägliches Leben in den neugebauten Lehmhütten praktisch wie immer. Besucher jedoch wurden in den Zelten willkommen geheißen. Das traditionelle Symbol des ursprünglichen geschützten Raumes war noch immer lebendig, obwohl der Sinn eines solchen Empfangs seinen Inhalt verloren zu haben schien. Im weiten Wüstengebiet ist das Zelt eines Nomaden der einzige Schutz für jeden, der vorbei kommt. Für die traditionelle Gastfreundlichkeit, die in der Kultur der Sahara-Nomaden eine wichtige Rolle spielt, ist es Zeichen und Symbol in einem. Das Zelt im Hof der Lehmhütte stellt ein Relikt der symbolischen Natur eines geschützten Raumes im traditionellen Sinn dar.

Vor diesem Beispiel kann man die emotionalen Kräfte erahnen, die in jedem Individuum wirken und die zur Kohärenz zwischen den Objekten und ihrem symbolischen Wert genutzt werden. Es scheint etwas von grundlegender Wichtigkeit zu geschehen, wenn diese Kohärenz endgültig zusammenbricht.

Mein drittes Beispiel betrifft die Agni, eine westafrikanische Kultur, die 1965 und 1970 das Objekt unserer zweiten ethnopsychoanalytischen Studie war.[2] Das folgende Beispiel zeigt die andere Seite der Medaille – sozusagen der Auswirkungen der Reflex-Modernisierung. Es veranschaulicht, wie nicht-integrierte Tendenzen kontra Modernisierung Wege entlang den Schwachpunkten der Sozialstruktur suchen und die traditionelle Kultur unterminieren.

Die Agni, ein Volk der Akan, leben an der Elfenbeinküste nahe der Grenze zu Ghana. Sie sind in die industrialisierte Agrarproduktion von Kaffe und Kakao involviert, die hauptsächlich durch ausländische Arbeiter unterhalten wird, welche sich in gesonderten Bereichen der Agni-Dörfer niedergelassen haben. Ihre Arbeitgeber, aristokratische Agni, sind eher zur Ruhe gesetzte Gentlemen als Führer und Geschäftsleiter. Die alten Traditionen und die Träume von einer großen Vergangenheit verhindern ein effizientes Wirtschaftsmanagement ihrer Projekte. Die Gesellschaft weist eine Organisation nach den mütterlichen Linien auf, was jedoch nicht einfach als Gegensatz zu einer Organisation nach den väterlichen Linien angesehen werden kann. Das Familiensystem der Agni besteht aus einer großen Zahl funktionaler Zirkel, die häufig widersprüchlich sind. Das soziale Leben des Individuums fluktuiert zwischen und orientiert sich an den institutionalisierten Hintergründen ritualisierter Verhaltensmuster. Die Agni-Gesellschaft zeichnet sich durch diese inhärenten Widersprüche aus. Die Persönlichkeit ihrer Mitglieder ist konfliktreich, komplex und spannungsgeladen. Stolz und argwöhnisch misstrauen sie jedem. Eines ihrer wichtigsten Devisen lautet: »Folge deinem Herzen, und du wirst untergehen«. Bei sozialen Kontakten vermeiden sie lang andauernde Beziehungen. Ihre Liebesbeziehungen sind oberflächlich, mehrere Scheidungen im Leben von fast jedem üblich.

Diese charakteristischen Persönlichkeitsmerkmale spiegeln sich in der Architektur ihrer »Städte«. Ein Agni-Dorf wird als Stadt empfunden – ein Mikro-Manhattan. Rechtwinklige »Straßen« trennen die Wohneinheiten, und jeder Komplex hat in seinem Mittelpunkt einen Hof mit mehreren Ein- und Ausgängen. Hierdurch wird eine der wichtigsten Identitätsempfindungen der Agni-Persönlichkeit verstärkt: die Überzeugung, ein Stadtmensch zu sein. Die Agni genießen es, durch die Straßen und Höfe zu laufen, nicht

2 Veröffentlicht bei Suhrkamp: *Fürchte deinen Nächsten wie dich selbst.*

anonym, aber ungehindert zu tun, was sie wollen. »Ich weiß niemanden, der mich nicht interessiert. Ich mag meine Freunde, aber wenn mich einer beleidigt, kenne ich ihn zukünftig nicht mehr. Er ist wieder einer unter vielen«. Ein Agni, der sein Land verlässt, würde nie in einem typisch afrikanischen Dorf leben. Er würde in die Stadt gehen, nach Abidjan, der großen Hauptstadt der Elfenbeinküste, und davon träumen, dort Glück und innere Erfüllung zu finden.

Die Ambiguität der Agni-Persönlichkeit führt zu furchtbarer Selbstzerstörung. Von Zeit zu Zeit zerstören sie ihre eigenen »Städte«, um ihre Bauten in verbesserter Form wieder zu errichten. Die Realität zeigt jedoch, dass sie nicht umsetzen können, was sie erhoffen. Die dekadenten Aspekte der Agni-Kultur zeigen sich als ein ideales Feld für Neuorganisation, Modernisierung und Zivilisation. Unter der Überschrift eines zentralisierten Regierungsziels, alles durch den Import ausländischer Zivilisationsgüter zu entwickeln, hat man nur im Blick, den Status als Entwicklungsgesellschaft zu überwinden. Im Falle der Agni erhöhten Regierungskredite die architektonische Produktivität. Unangemessene Gebäude wurden errichtet, die sich an den billigsten, französischen Arbeiter-Unterkünften orientierten. Dörfer, die auf diese Art neu erbaut und modernisiert wurden, passten keinesfalls zu der Persönlichkeitsstruktur der Agni. Die Agni zogen weg und die monotone Reihe von Beton-Bauten wurden von sozial entwurzelten Einwanderern bewohnt, die als Arbeiter aus dem Ausland kamen.

Obwohl sich das Bedürfnis nach sozialer Strukturierung als stärker erwies als die verlockende Tendenz zur Modernisierung, kann man an diesem Beispiel sehen, wie inkohärent und instabil die Beziehung zwischen dem Raum und seinem symbolischen Gehalt war. In diesem Fall war der Bruch in der Kohärenz zwischen dem Objekt und seiner traditionell-basierten symbolischen Bedeutung nicht das Resultat einer eindringenden Reflex-Modernisierung. Trotzdem muss betont werden, dass innerkulturelle Transmutationen dafür empfänglich sein können, Schwachpunkte innerhalb differenzierter kultureller Gesellschaften zu werden, die noch genügend inneren Widerstand zeigen, um den Verlust ihrer Autonomie und die Zerstörung ihrer ethnischen Werte in einem beginnenden Zivilisationsprozess hinauszuzögern.

In Papua-Neuguinea habe ich eine andere Art der kulturellen Selbstzerstörung angetroffen. Während die Agni in Westafrika ihre Bauten zerstören, weil rastlose, instinktgeleitete Bedürfnisse Konflikte mit der Realität hervorrufen, tat die Bevölkerung von Masanthony, einem abgelegenen Dorf im Korewari-Distrikt am mittleren Sepik, dies mit innerer Überzeugung. In Neuguinea steckt der Zivilisationsprozess der Modernisierung und Technifizierung noch in den Kinderschuhen. Trotz zahlreicher Versuche, eine Reflex-Modernisierung hervorzurufen, scheint der Zugang schwierig. Nur wenige Zentren, zumeist entlang der Küste, stellen isolierte Punkte westlicher Zivilisation dar. In Papua-Neuguinea sind jedoch die Missionare die wirklichen Pioniere der erwarteten Reflex-Modernisierung. Unter den verschiedenen Missionen ist die Seven Days Missionsorganisation eine der eindringlichsten und invasivsten, obwohl sie bei weitem nicht die wichtigste im Land ist. Sie ließ sich zum Beispiel in Masanthony nieder und brachte die neuen, modernen Ideen mit. Sie verboten das Rauchen, sexuelle Aktivitäten vor der Hochzeit, das Essen des traditionellen Schweinefleischs und vor allem das Ausüben der traditionellen, institutionalisierten Rituale sowie die künstlerische Darstellung der einheimischen Götzen. Auf ekstatische und eindringliche Weise wurden die Einheimischen gewaltsam überzeugt, dass das Denken und der Glaube von Seven Days das Beste und einzig Wahre für Masanthonys Bevölkerung sein muss. Die Missionare waren erfolgreich und bauten eine Kirche. Das Baumaterial erinnert zwar an die kulturelle Bedeutung der traditionellen Räume, aber die Nutzung von Sago-Palmen als Säulen und Wände stellen nicht mehr dar als ornamentale Zeichen, die auf ein steriles, karges Gebäude aufgesetzt wurden. Dem Rat ihrer Verführer folgend, zerstörte die Dorfbevölkerung ihre symbolüberfrachteten Häuser, verwarf ihre Vorstellung eines traditionellen Tambaran-Hauses und baute ihr Dorf im neuen Stil wieder auf, in dem sie die Häuser in zwei Reihen mit einer Art Niemandsland dazwischen aufstellten.

In diesem Fall fand die Reflex-Modernisierung durch ein spirituelles Eindringen auf der Basis direkter Verführung statt. Der Haupteffekt war die Tatsache, dass die Einzelnen zutiefst überzeugt schienen, den Status moderner und entwickelter Personen erreicht zu haben. Mit dieser Überzeugung im Hinterkopf propagierten sie die Modernisierung und Entwicklung in ihrer immer noch animistischen Nachbarschaft. Im persönlichen Kontakt waren die affektiven Reaktionen der Menschen so offen und differenziert, wie man es in den Dörfern des mittleren Sepik allgemein antraf, wo die traditionell-animistische Kultur noch am Leben war. Wenn man jedoch Diskussionen über religiöse oder politische Bereiche begann, änderten die Menschen ihre Einstellung fast unverzüglich und nahmen dieses typisch sektiererische Verhalten an, auf dass man in solchen Momenten allgemein auf der ganzen Welt stößt. Eine versteckte Abneigung und Verteidigungshaltungen kamen dann sowohl in Masanthony zum Vorschein als auch im Hochland Neuguineas, wo sich ähnliche Bedingungen finden lassen. Sobald jedoch der affektive Kontakt wieder hergestellt war – die abgeneigte Einstellung war nur eine oberflächliche Schale –, kamen eindrucksvolle melancholische Züge zum Vorschein, wenn sie, emotional aufgewühlt, ihre alten traditionellen Lieder sangen oder schüchtern ein altes Steinwerkzeug ihrer Ahnen zeigten, das in einer dunklen Ecke eines Raumes versteckt war.

Dieses Beispiel zeigt die künstliche Spaltung der animistisch-repräsentationalen Welt. Da Prozesse magischen Denkens eine wichtige Rolle für das psycho-ökonomische Gleichgewicht einheimischer animistischer Gesellschaften spielten, finden verführende und suggestive Tendenzen, die von außen kommen, im kulturellen Hintergrund einen fruchtbaren Boden. Der »Cargo-Kult« in melanesischen Kulturen ist ein spektakuläres Beispiel. Obwohl eine effektive kulturelle Veränderung im Allgemeinen die Folge relevanter Änderungen der Produktionsmittel ist, darf man den unterminierenden Einfluss nicht unterschätzen, den ein einleitendes spirituelles Eindringen auf die traditionelle Kultur haben kann. Mein Beispiel ist jedoch nicht typisch für die Kulturen des mittleren Sepik. Ich habe mehrere Dörfer angetroffen, wie Tambanum oder Palimbei, wo alle Aspekte des sozialen Lebens und vor allem die Architektur ausdrucksvolle Zeichen einer immer noch kohärenten traditionellen Kultur waren. Dort ist die Kongruenz zwischen den Funktionen der Objekte und ihrer emotionalen und symbolischen Bedeutung für jeden offensichtlich.

Die Bewertung der vier Beispiele, die ich bisher vorgestellt habe, muss berücksichtigen, dass sich die wichtigsten Punkte unserer Untersuchung auf die Bedingungen konzentrierten, unter denen eine angemessene Integration neuer Symbolmuster gesteigert oder beeinträchtigt wird, besonders derer, die mit der Repräsentation der Räume verbunden sind.

Ich denke, dass die große Fähigkeit der Dogon-Gesellschaft zur Integration außer Frage steht. In der erstaunlichen Integration von Ogobaras

Moschee-Projekt ist der wesentliche Faktor die Tendenz des Dogon-Volkes, zuallererst gute persönliche Beziehungen untereinander aufrecht zu erhalten. Ich denke, man sollte zwei Punkte betonen: erstens die Tatsache, dass sich Ogobara nicht von der sozialen Gruppe abtrennen konnte. Er bat schließlich um Rat auf dem traditionell institutionalisierten Weg. Zweitens, weil die Moschee genau im Zentrum des Dorfes gebaut werden sollte, nahe dem Haus des Häuptlings. Beide Faktoren verstärkten die Integration. Wenn ich versuche, die Dynamik dieses Prozesses zu verallgemeinern, würde ich sagen, dass, je mehr eine Gesellschaft als ganzes aktiv involviert ist, d. h. nicht passiv verführt wird, und je mehr eine Zivilisationsinnovation im Zentrum des kulturellen Lebens steht, desto größer ist die Fähigkeit zur Integration. Wendet man dies auf unsere westliche Welt an, so könnten der Pariser Eiffelturm und – für mich – die Skyline von Manhatten gute Beispiele sein.

Wenn ich das Mauretanische Beispiel bewerte, würde ich sagen, dass bei einer bereits weitreichenden Störung der kulturellen Organisation fremde Verhaltensmuster zum Vorschein kommen können, die isolierte Einzelpersonen oder kleine soziale Gruppen entwickeln. Diese Inkongruenzen können ein Zeichen für einen gesunden Widerstand gegen noch nicht Besorgnis erregende regressive Tendenzen kontra einem kulturellen Kollaps sein. Wenn ich versuche, die Dynamik dieser Phänomene zu verallgemeinern, würde ich sagen, dass man sich in einer sozio-kulturellen Phase der Krise auf scheinbar inkongruente exzentrische Einstellungen konzentrieren sollte, die im sozialen Leben erscheinen. Sie könnten besonders für Architekten von Bedeutung sein, die nach besseren Bedingungen Ausschau halten müssen, d. h. nach einem besseren Verständnis möglicher Integrationsprozesse. Wenn man diese Ansichten auf unsere westliche Welt überträgt, können zahlreiche Aktivitäten der jungen Generation gute Beispiele geben.

Das Beispiel der Agni-Kultur zeigt, dass Ambivalenzkonflikte eine wichtige Rolle in den persönlichen Beziehungen spielen. Im Gegensatz zu den Dogon, die gute soziale Beziehungen hoch schätzen, sind die Agni ständig mit ihren persönlichen Problemen beschäftigt. Solche Neigungen erschaffen in den westafrikanischen Kulturen Schwachpunkte in der sozialen Kohäsion. Entlang dieser Wege werden Zivilisationsinnovationen häufig importiert und infiltrieren z. B. ein isoliertes Gebiet eines zerstörten Agni-Dorfes, welches nach der Verwüstung kulturell irrelevant scheint. Wie ein Findling wird somit ein Fremdkörper irgendwo an der Peripherie einer Kultur platziert und stört später den Assimilationsprozess der gesamten Gesellschaft. Es ist daher prinzipiell ein konzeptueller Fehler, eine Zivilisationsinnovation in ein Gebiet des Landes zu verbannen, in dem Teile der Gesellschaft in einer möglichen vorübergehenden sozialen Krise leben. Diese konzeptuellen Fehler trifft man auch häufig in der westlichen Welt an, z. B. wenn riesige Industriekomplexe in abgelegenen Tälern errichtet werden, um den noch »unterentwickelten« Viehbauern die Möglichkeit zu geben, zum Fabrikarbeiter-Proletariat zu werden.

In meiner abschließenden Bewertung des Masanthony-Beispiels von Neuguinea möchte ich betonen, wie wichtig die ideologischen Vorläufer von Zivilisationsinnovationen sein können, ganz besonders in ihren verwirrenden Auswirkungen und darin, dass sie später angemessene Integrationsprozesse behindern. Auf unsere sozio-kulturelle Umwelt mag die riesige Werbe- und Propagandaindustrie ähnliche Auswirkungen haben wie die sektiererische Indoktrination auf die Bevölkerung von Masanthony.

Meine wenigen Beispiele zu bewerten, zu konzeptualisieren und zu verallgemeinern, die tatsächlich nur ein blasses Abbild der vielfältigen Erfahrungen aus unserer Forschungsarbeit sind, veranlasst mich mehr und mehr, von einer weiteren Erfahrung mit westafrikanischen Gesellschaften zu berichten. Dies betrifft eine besondere Form der Identifizierung, die als psycho-pathologische Form der Beziehung verstanden werden muss. Sie kommt im allgemeinen vor, wenn eine ausländische Person, ausgestattet mit hohem Prestige, eine stark emotionale Beziehung mit einem Einheimischen eingeht. Dies geschieht, wenn ein Partner sehr idealisiert wird und ein Vorbild für den anderen darstellt. Wenn der idealisierte Partner die zu Grunde liegende affektive Höherstellung nicht wahrnimmt und versteht und wenn daher nichts getan wird, diese verwirrende Tendenz zu demaskieren und aufzuheben, erwartet der idealisierende afrikanische Partner mehr und mehr die volle Befriedigung all seiner Triebe und instinktiven Bedürfnisse. Sein neues Idol wird zum Stellvertreter der projizierten Selbstachtung, während er gleichzeitig die frühere innerpsychische Autonomie verliert. Da diese Autonomie eng mit der kulturimmanenten Vorstellungswelt verbunden ist, kann man erkennen, wie schädlich sich der Zusammenbruch der Autonomie der Persönlichkeit gestalten kann. In völliger Unterwerfung präsentiert sich der Einheimische als das einzige wertvolle Geschenk für den vergötterten Partner. Wenn der »Gönner«

diese Rolle akzeptiert, dauert es nicht lange, bis die unrealistische enge Beziehung in einem dramatischen Umsturz endet. Der Afrikaner, Opfer einer unfreiwilligen Verführung, fordert mit wachsender Aggressivität sein Recht darauf, beschützt und umsorgt zu werden, während der naive Gönner zu diskutieren beginnt und von mangelnder Dankbarkeit und der Notwendigkeit besserer Bildung spricht. Starke aggressive Impulse kommen auf beiden Seiten zum Vorschein, und nur eine schnelle Abreise des »Gönners« kann dann noch die manchmal gefährlichen Folgen vermeiden.

Eines Abends kamen wir in Faranah an, einem Dorf im westafrikanischen Guinea, und entschlossen uns, über Nacht zu bleiben. Wie es Brauch war, stellten wir uns dem Häuptling des Dorfes vor, der die Gäste mit den in der Kultur für diese Anlässe vorgesehenen Ehren akzeptierte. Seine Rede an die versammelte Dorfbevölkerung und an uns jedoch war zu lang und zu überfrachtet mit Hervorhebungen unseres hohen Prestiges und wie dieses Prestige zum Vorteil des Dorfes andauern würde. Unsere beiden voll ausgerüsteten Landrover und vor allem die Tatsache, was wir Mediziner waren, hatte offensichtlich einen überwältigenden Effekt und ließ beim Häuptling und bei der Bevölkerung die Erwartung nach großen Belohnungen entstehen. Die Gefahr, dass wir über Nacht in eine enge »Gönner-Beziehung« mit der gesamten Dorfbevölkerung involviert würden, nahm dramatische Formen an, als wir darum gebeten wurden, eine kranke Frau zu behandeln, die drei Tage zuvor das Bewusstsein verloren hatte. Uns war nämlich im voraus klar, dass die Verabreichung eines Antibiotikums die offensichtlich ansteckende Meningitis wahrscheinlich heilen würde. Um unangenehme Probleme zu vermeiden, baten wir den Häuptling, bei unserer medizinischen Behandlung persönlich zu assistieren. Der Häuptling schickte seinen ältesten Sohn, den wir in die Prozedur mit einbezogen. Er musste die Haut mit Alkohol reinigen, die Spritze halten usw. Natürlich waren viele Menschen des Dorfes anwesend. Am nächsten Morgen fühlte sich die behandelte Frau gesund und lief im Dorf herum. In diesem Moment nahm unser Prestige gigantische Ausmaße an. Der Häuptling begegnete uns unterwürfig, Erwachsene verlangen, sich uns anzuschließen, und wollten ab sofort in unserem Land leben, Kinder wurden als Geschenk gebracht, und die Menschen standen bereits um unsere Autos herum und freuten sich auf die Dinge, die sie vielleicht bekommen könnten, wenn die große

Vereinigung zwischen ihnen und uns stattfinden würde. Gestützt auf unser Prestige wiesen wir den Häuptling an, einen dem Brauch entsprechenden Rat einzuberufen mit all den traditionellen Ritualen, die ein solches Ereignis erfordert. Wir verlangten, dass die gesamte Dorfbevölkerung anwesend sein sollte. Der Häuptling gab plötzlich seine vormals unterwürfige Haltung auf und organisierte in kürzester Zeit, worum wir gebeten hatten. Dann hielten wir lange Reden, in denen wir wieder und wieder Beispiele anführten, wie alles, was innerhalb des Dorfes geschieht, von der Stärke und der spirituellen Ausstrahlung der Persönlichkeit des Häuptlings abhängt. Wir machten deutlich, dass wir die kranke Frau nie hätten heilen können, wenn der Häuptling uns nicht darum gebeten und nicht zugestimmt hätte, dass sein Sohn uns die Hütte zeigt, wo die Frau schlief. Schließlich hatte uns der älteste Sohn des Häuptlings bei der Injektionsprozedur assistiert und keiner konnte wissen, ob der Gesundungseffekt nicht auf die eine oder andere Weise mit diesen Umständen verknüpft war. Wir haben nicht gelogen. Wir haben vielmehr versucht, ihre Denkweise und ihren Realitätsbezug zu konzeptualisieren. Tatsächlich übertrugen wir unser Prestige zurück auf die Persönlichkeit des Häuptlings. Der Häuptling erwiderte unsere Reden mit wieder hergestellter Selbstachtung. Jeder folgte wieder seinen Anweisungen. Als wir unsere Autos beluden, half uns die Bevölkerung achtsam. Niemand fragte mehr nach unrealistischer Hilfe. Wir verließen Faranah in dem selben Zustand, in dem wir tags zuvor angekommen waren.

Was hatten wir getan?

Ich erlaube mir, dies mit Bezug zu den Zusammenhängen der oben beschriebenen Beispiele auszudrücken. Wir handelten wie die Dogon, die den Fremdkörper, d. h. uns selbst, in den traditionellen kulturellen Rahmen integrieren. Wir richteten uns auf die Person des Häuptlings aus. Indem wir den Sohn des Häuptlings auf eher ungewöhnliche Weise in unser medizinisches Handeln mit einbezogen, brachten wir ein traditionelles Objekt in unsere moderne Umwelt ein. Wir taten, was der Nomade in Chinguetti getan hatte. Wir beschränkten uns darauf, so zu handeln, wie die Regierung der Elfenbeinküste mit den Agni umging und vermieden es, gute Ratschläge zu erteilen oder sinnlose europäische Objekte zu verschenken. Wir hatten keine missionarischen Absichten, indem wir versucht hätten, davon zu überzeugen, dass unsere Denkweise besser sein könnte als die kulturimmanente der Bevölkerung, aber wir haben durch Anpassung die integrative Fähigkeit des Häuptlings erweitert.

Was in Faranah hätte passieren können, lässt sich wie folgt zusammenfassen: Als Vertreter der stark idealisierten modernen Zivilisation hätten wir zu Idolen werden können, von denen die bleibende Befriedigung aller instinktiver Bedürfnisse erwartet worden wäre. Die Gefahr des möglichen Versagens der Fähigkeit des Häuptlings, das kulturell festgelegte Prestige seiner Rolle aufrecht zu erhalten, entstand dadurch, dass er selbst dazu geneigt hatte, eine »Gönner-Beziehung« mit uns einzugehen. Somit hätte leicht eine Störung des sozio-kulturellen Gleichgewichts unserer Gastgeber hervorgerufen werden können.

In dem ich dieses Beispiel in diesem Zusammenhang vorstelle, hoffe ich, dass man besser verstehen kann, auf welche Weise ein Autonomieverlust und ein Zerfall ethnischer Besonderheit entstehen können. Im Fall einer »Gönner-Beziehung« betreffen diese Symptome die psychischen Reaktionen von Individuen, und man darf solche Phänomene nicht mit offensichtlich ähnlichen Vorkommnissen im sozio-kulturellen Wandel von ganzen Gesellschaften gleichsetzen, die unter dem Druck von Zivilisationsprozessen entstehen. Ich bin mir bewusst, dass Vergleiche zwischen Psychologie und Soziologie fragwürdig sind, solche Vereinfachungen sind häufig konzeptuell falsch. Es war nicht meine Absicht, Verwirrung zu stiften. Mein Ziel war einfach, unsere Vorstellung in eine bestimmte Richtung zu lenken, nämlich hin zu der Annahme, dass sich ein Zerfallsprozess innerhalb eines sozio-kulturellen Wandels entwickeln könnte, der uns in seinen phänomenologischen Aspekten an die schlimmsten Szenarien einer Beziehung entsprechend der Identifikation mit einem Gönner erinnern würde. Um sicher zu gehen – noch einmal: Ein Vergleich ist falsch. Soziokultureller Wandel geschieht nicht mit psychologischen Mitteln. Er wird durch Veränderungen der Produktionsmittel herbeigeführt, und dieser Wandel vollzieht sich unter dem Druck technischer Revolutionen.

Welches auch immer die realen sozio-ökonomischen Bedingungen in Zivilisationsprozessen sein mögen, wenn eine Zerfallsentwicklung stattfindet und die ethnische Besonderheit der Kultur zusammenbricht, lassen sich Anzeichen erkennen, die denen sehr ähnlich sind, die ich oben beschrieben haben. In diesem Fall jedoch ist nicht nur eine Einzelperson oder wenigstens eine kleine Gruppe von Personen involviert. Tausende und

Abertausende tagträumender Menschen verlangen dann die Modernisierung ihres Lebensstils, als ob dadurch alle ihre Konflikte gelöst und all ihre Triebe und instinktive Bedürfnisse befriedigt würden. Aus psychologischer Sicht besteht der wichtigste Effekt dieser emotionalen Schwankungen der Massen in der Tatsache, dass jedes Individuum, das am stärksten daran interessiert sein könnte, die traditionellen, kreativen Muster seiner materiellen wie seiner spirituellen Umwelt zu erhalten, genau entgegen seinem vorherrschenden Interesse aktiv wird. Aus sozio-ökonomischer und praktischer Sicht repräsentieren der Drang der kulturell desorientierten Massen in die großen Industriezentren, die stetig zunehmende Forderung nach weiterer Technifizierung und Zivilisationsentwicklung zusammen mit den zahlreichen anderen Aspekten einen gigantischen peripheren Druck auf alle staatlichen und sozio-ökonomischen Aktivitäten des öffentlichen Interesses. Meines Erachtens wird dieser Aspekt immer noch unterschätzt. Als eine von vielen anderen Bereichen steht die heutige Architektur unter der Last dieses peripheren Drucks. Da architektonische Produkte sichtbare und berührbare Objekte sind, visualisieren sie am besten die versteckten Regeln dieser laufenden Prozesse. Es stimmt einfach nicht, dass die leeren, öden neuen Formen der großen afrikanischen Städte oder das neue Zentrum Djakartas oder die spanische Mittelmeerküste oder die Reihe neuer Häuser in der Stadt, in der ich lebe, lediglich das Ergebnis der zweifelhaften kreativen Intuition der Architekten sind, die sie konzipiert und gebaut haben. Die Zerstörung der Städte und der architektonische Dschungel in den Ländern sind vielmehr die unvermeidbare Konsequenz einer passiven Unterwerfung unter den hypnotisierenden peripheren Druck der Massen.

Sozio-ökonomische Faktoren sind der Grund für die Zerrüttung der kulturrelevanten Verbindung zwischen den Objekt-Repräsentationen und ihrem symbolischen Wert. Die integrative Fähigkeit wurde überwältigt. Getarnt als Forderungen nach Zivilisationsinnovationen kommen unkontrollierbare instinktive Ansprüche zum Vorschein und initiieren den peripheren Druck, den man nicht nur in den Gesellschaften mit unterentwickelter Zivilisation sehen kann, sondern auch in den am weitesten entwickelten. In der Strömung dieses Drucks schwimmen die Überbleibsel von Symbolen mit. Sie können unerwartet als ornamentale Zeichen an den Wänden der vereinheitlichten, rechteckigen Wohnanlagen, Industriegebäude etc.

auftauchen. Manchmal sind sie sogar als exzentrische Bruchstücke in die architektonischen Konzepte eingebaut.

Ist es wahr, dass die kreative Originalität von Zeichen und Symbolen in dem Reich, dass für einen heute lebenden Menschen ein Haus, ein Dorf, eine Stadt meinen kann, verloren ist, oder müssen wir – vor den ornamentalen Zeichen, die Zivilisationsinnovationen manchmal aufweisen – vielleicht an den Nomaden in Chinguetti erinnert werden, der sein Zelt im Hof hinter dem Lehmhaus aufstellte? Ist die symbolische Bedeutung in beiden Fällen wirklich die gleiche? Ich bezweifle das, aber ich weiß es nicht. Es wäre besser, wenn es sich als gleich erweisen würde. Wir könnten dann getrost vorwärts in die Zukunft schauen.

Psychoanalytische Ausbildung heute

Im Allgemeinen wurden bisher alle wichtigen Fragen der psychoanalytischen Ausbildung von Senior-Analytikern in Unterrichtsgremien beraten und entschieden, ohne die Studierenden selbst beizuziehen. Man hat eigentlich nie ernsthaft in Erwägung gezogen, angehende Analytiker, die ihre persönliche Analyse abgeschlossen haben, und die ihre eigenen Fälle kontrollieren lassen, als gleichberechtigte Mitglieder in den Unterrichtsausschuss aufzunehmen.

Besonders in der heutigen Zeit sollte man daran denken, das Bestimmungsrecht der Studierenden in allen Unterrichtsfragen der Psychoanalyse einzuführen, bevor es zu einer Spaltung zwischen Studenten und Lehrkörper kommt, wie man es jetzt an vielen Universitäten zahlreicher Länder beobachtet. Überall wird sichtbar, dass die ältere Generation, die die Lehrkräfte stellt und die die administrativen Aufgaben erfüllt, aus mangelhafter Flexibilität dazu neigt, autoritär aufzutreten.

Aus verschiedenen Gründen wäre es die eigentliche Sache der Psychoanalyse, gleichsam als Pioniere, mit der Lösung dieser Fragen zu beginnen, ehe sie durch äußeren Druck dazu gezwungen wird. Ein treibendes Motiv dazu liegt in der Psychoanalyse als Wissenschaft vorgezeichnet bereit. Wenigstens innerhalb der Berufsgruppe der Psychoanalytiker sollte der Generationenkonflikt unneurotisch gelöst werden können. Das ödipale Muster der Vater-Sohn-Rivalität widerspricht dem Sinn und Ziel einer psychoanalytischen Ausbildung. Mehr als in irgend einem anderen Zweig der Wissenschaft ist gerade bei der Psychoanalyse das Mitbestimmungsrecht der Studierenden bei der Regelung der Ausbildungsfragen nicht nur eine soziale oder administrative Frage, sondern ein besonders sinnvoller Bestandteil der Ausbildung selbst. Das Mitbestimmungsrecht der Studierenden stellt heute das unmittelbare Erbe des früher so verbreiteten autodidaktischen Werdeganges zum Analytiker dar. Man muss sich nur vor Augen halten, wie unfruchtbar der Lernprozess in der Entwicklung zum Psychoanalytiker ist, wenn er auf analen Reaktionsbildungen in der Beziehung zwischen Lehrern und Schülern beruht. Tatsächlich ist es bei den heute bestehenden Richtlinien der psychoanalytischen Ausbildung sehr schwierig – vielleicht sogar unmöglich – Auswirkungen analer Reaktionsbildungen bei Lehrern und Studierenden ganz auszuschließen. Eine Reihe von Analytikern, die den Studenten vieles zu bieten hätten, ziehen sich resigniert zurück und wollen von der Ausbildung nichts wissen. Andere versuchen aus persönlichen Interessen an Unterrichtsfragen, das Beste aus der Ausbildung zu machen. Sie sind zum großen Teil davon überzeugt, dass sie als Lehrer in den Seminaren und Kursen und als Kontrollanalytiker verstehend, gewährend und kollegial sind, und dass sie auf die angehenden Analytiker nicht autoritär wirken. Sie übersehen dabei, dass sie es dennoch sind, und dass sie daran nichts ändern können.

Es ist eine Tatsache, dass dem Berufsstand des Psychoanalytikers ein hohes gesellschaftliches Prestige zukommt. Das Selbstgefühl, dieses Prestige zu genießen und die Sehnsucht, dasselbe zu erlangen, kennzeichnet die ödipale Rivalität der Väter und Söhne innerhalb des psychoanalytischen Unterrichtswesens. Der dabei zum Ausdruck kommende Ehrgeiz sowohl der psychoanalytischen Väter, wie der Söhne, schlägt sich in der analen Reaktionsbildung nieder, für erwartete Leistungssteigerungen hochbewertete Prämien bereitzustellen. Wenn alle Entscheidungen ausschließlich vom Lehrkörper selbst beansprucht werden, stellen die geforderten Leistungssteigerungen autoritär auferlegte Erwartungen an den noch Unerfahrenen dar. Darüber darf man sich als Analytiker keinen Täuschungen hingeben.

Man kann ruhig feststellen, dass eine derartige Regelung der Ausbildung der Psychoanalyse selbst zutiefst widerspricht. Die Sorge der Lehrkörper, die psychoanalytische Methode reinzuhalten und das ferne Ziel anzustreben, leistungsfähige Analytiker heranzubilden, dienen der Rationalisierung einer anal-retentiven Haltung, wenn echter Austausch und wirkliche Teilnahme verhindert werden.

Die Studierenden reagieren auf diese vage Repression und den uneingestandenen Ausschluss mit einer Regression. Sie geraten oft einzeln, oft als Gruppe, in eine infantile, oral-rezeptive Einstellung zu ihrer psychoanalytischen Ausbildung. Sie wollen selektioniert werden, als Kandidaten einen Status in der Gesellschaft erhalten und dann als angenommene Zöglinge den Lehrgang absolvieren, der ihnen schließlich die Türen öffnet, als anerkannte Analytiker und Mitglieder der Vereinigung zu gelten.

Es wäre an der Zeit, die Reform des psychoanalytischen Unterrichts auf internationaler Ebene großzügig durchzuführen. Alle Unterrichtsausschüsse und Konferenzen, auf welchen psychoanalytische Fragen der Ausbildung zur Diskussion stehen und Entscheidungen getroffen werden, sollten mitbestimmungsberechtigte Studenten der Psychoanalyse beiziehen, die aus der Mitte aller Studierenden der Psychoanalyse von diesen selbst gewählt werden.

Schweizerische Gesellschaft für Psychoanalyse

Memorandum über Ziel, Sinn und Organisation des Seminars Zürich

1. Allgemeines

Das psychoanalytische Seminar Zürich wurde im Jahr 1958 auf Grund gemeinsamer Interessen an der Freudschen Psychoanalyse von jüngeren und älteren, erfahreneren und unerfahreneren Analytikern gegründet. Es sollte in gewissem Sinne die Mittwochabend-Diskussionen fortsetzen, die seit Anfang der fünfziger Jahre in einer kleinen Gruppe regelmäßig abgehalten werden, um Erfahrungen auszutauschen. Die Ausbildung war größtenteils autodidaktisch.

An den Mittwochabend-Diskussionen fanden sich im Laufe der Jahre immer mehr Interessenten ein, sodass sich die Gründung eines Seminars aufdrängte.

Die Schweizerische Gesellschaft für Psychoanalyse hat sich den Bemühungen der Zürcher Gruppe zugewandt und das Seminar unterstützt, weil seine Ziele mit den Zielen der Gesellschaft, die Freudsche Psychoanalyse zu fördern, identisch sind.

Zusammen mit dem Centre d'Enseignement Romand von Genf und Lausanne repräsentiert das Seminar Zürich das psychoanalytische Unterrichtsinstitut der Gesellschaft, analog den Unterrichtsinstituten, wie sie andere Tochtergesellschaften der I.P.A. in anderen Ländern aufgebaut haben.

2. Ausbildung

Obschon die Schweizerische Gesellschaft für Psychoanalyse ihre eigene Auffassung über psychoanalytische Ausbildung vertritt, schließt sie sich in allen wesentlichen Punkten den Richtlinien der I.P.A. an und legt Wert darauf, dass an den psychoanalytischen Instituten ausschließlich Psychoanalyse vorgetragen und gelehrt wird. Der Unterrichtsausschuss ist die Institution, die die Tätigkeit der Lehrinstitute überwacht, aber die Leitung der Seminare ist ortsgebunden und selbständig. Der wesentliche Gesichtspunkt, der von jeher von der Schweizerischen Gesellschaft für Psychoanalyse im Gegensatz zu anderen Gesellschaften der I.P.A. vertreten wird, bezieht sich auf die Frage, in wie fern ein Lehrinstitut für Psychoanalyse eine Schule mit folgerichtigem Lehrgang und Abschlussprüfung etc. sein kann oder nicht. In unserem Land sind die ordentlichen Mitglieder der Gesellschaft der Meinung, dass das psychoanalytische Seminar Zürich und jene Seminare, die in Genf und Lausanne geführt werden, keine Schulen sind. Das psychoanalytische Seminar war jedenfalls nie als Schule gedacht. Es sollten vielmehr Vorträge und Kurse abgehalten werden, die all jenen, die sich dem Studium der Psychoanalyse zuwenden wollen, Anregungen vermitteln.

Das Seminar Zürich bietet seit Jahren seinen Hörern Ausschnitte aus Theorie und Praxis der Psychoanalyse ohne damit einen systematischen Lehrgang für Studenten zu formulieren. Es bleibt den Hörern überlassen aus eigener Initiative auf autodidaktischem Wege ihre Ausbildung durchzuführen.

3. Zulassung

Die Kriterien, die von der Seminarleitung geltend gemacht werden, ob jemand zum Seminarbesuch zugelassen wird oder nicht, entsprechen im Grossen und Ganzen den Kriterien, die der Unterrichtsausschuss in gemeinsamen Besprechungen mit seinen Mitgliedern über jeden einzelnen Bewerber ausarbeitet. Nur wer sich beim Unterrichtsausschuss meldet und es diesem ermöglicht, über genügend Unterlagen über seinen Ausbildungsgang zu verfügen, kann damit rechnen, im Verlaufe seiner psychoanalytischen Ausbildung als Kandidat betrachtet zu werden. Da in der Schweiz keine eigentliche Selektion der Kandidaten durchgeführt wird, wie dies in anderen Ländern der Fall ist, haben eine relativ große Zahl von Interessierten Zugang zu den Kursen und Seminarien, die nicht Fortgeschrittenen reserviert sind. Mit anderen Worten wird zu Beginn der psychoanalytischen Ausbildung selten jemand ausgeschlossen, wenn nicht offensichtliche Gründe vorliegen, die eine Zulassung nicht rechtfertigen würden. Zahlreiche Gäste, die sich nicht psychoanalytisch ausbilden wollen, aber an der Freudschen Psychoanalyse interessiert sind, werden ebenfalls zugelassen. Erst im fortschreitenden Verlauf der Ausbildung – meint der Unterrichtsausschuss – könne man allmählich beurteilen, ob der

Student, der sich der Psychoanalyse zuwendet, auch wirklich zum Psychoanalytiker geeignet sei. Daher kann es vorkommen, dass erst später Einschränkungen des Seminarbesuches durch den Unterrichtsausschuss auferlegt werden, besonders was den Besuch der technischen Seminare, aber auch die Zulassung zum Seminar überhaupt betrifft.

4. Beurteilung

Wie überall auf der Welt, wo Psychoanalyse betrieben wird, ist es unvermeidlich, dass größtenteils durchaus persönliche Meinungen und Ansichten der Mitglieder der Gesellschaft darüber bestimmen, wer als Psychoanalytiker und eventuelles Mitglied der Gesellschaft anerkannt wird oder nicht. Dies ist deshalb berechtigt, weil die Gesellschaft eine private Vereinigung von Spezialisten darstellt, die, wenn sie gemeinsame Ziele verfolgen, praktisch ausschließlich die Ziele der Freudschen Psychoanalyse vertreten.

5. Psychoanalytisches Seminar und Gesellschaft für Psychoanalyse

Die konkreten administrativen Voraussetzungen (persönliche Analyse bei einem ordentlichen Mitglied der I.P.A., Kontrollanalysen bei zwei verschiedenen Mitgliedern der I.P.A. unter Ausschluss des eigenen Analytikers und theoretische Kenntnisse der Literatur) sind nur der äußere Rahmen der Diskussion um die Anerkennung als Mitglied der Gesellschaf. Der Besuch des psychoanalytischen Seminars ist grundsätzlich fakultativ. Auch ist der Studiengang, der einen Studenten im Rahmen des Seminars zum Kandidaten des Seminars bringt, nichts anderes als die Feststellung des Unterrichtsausschusses, dass dieser Student als Fortgeschrittener im psychoanalytischen Studium zu betrachten ist und daher die technischen Seminare für Kandidaten mit Kontrollfällen besuchen kann. Es zeigt weiterhin an, dass der Unterrichtsausschuss seine Empfehlung für eine eventuelle Aufnahme an die Mitgliederversammlung weiterleitet, sofern der Kandidat nach Abschluss seiner Ausbildung die Mitgliedschaft bei der Gesellschaft ansucht. In keiner Weise ist es aber so, dass jemand, der sich zum Psychoanalytiker ausgebildet hat ohne das Seminar besucht zu haben, aus diesem Grunde nicht Mitglied der Gesellschaft werden könnte.

6. Zukunft des Seminars Zürich

Das psychoanalytische Seminar Zürich soll als erstes Ausbildungsinstitut einer psychoanalytischen Gesellschaft der I.P.A, von den Studenten selbst übernommen und geführt werden. Neben den praktischen Aufgaben, die im folgenden kurz dargelegt werden, kommt der zukünftigen Seminarleitung, die ein Kollegium darstellen wird, die Aufstellung der Semesterprogramme zu. Die bisherigen Dozenten werden alles tun, um die Anforderungen, die an sie gestellt werden, zu erfüllen. Die bisherige wird der neuen Seminarleitung bei allen Fragen, die sich stellen und bei den Problemen, die sich zeigen, behilflich sein. Die neue Seminarleitung soll aus Studenten bestehen, deren Ausbildung soweit fortgeschritten ist, dass sie vom Unterrichtsausschuss als Kandidaten betrachtet werden. Die von den Studenten gewählten Vertreter, die im Unterrichtsausschuss teilnehmen, sollen im Kreis der Studenten des Seminars die Wahl des Gremiums der zukünftigen Seminarleitung durchführen.

Der Unterrichtsausschuss wünscht, dass mindestens einer der drei Vertreter der Studenten im Unterrichtsausschuss der zukünftigen Seminarleitung angehört.

Ein ordentliches Mitglied wird auch zukünftig der Schweizerischen Gesellschaft für Psychoanalyse gegenüber die Verantwortung für das Seminar Zürich tragen, sofern es möglich ist, das Seminar so zu führen, dass es den Interessen der Gesellschaft nicht zuwiderläuft. Diese Interessen sind ausschließlich auf die Förderung des Gedankenguts der Psychoanalyse Freuds ausgerichtet. Es käme nur dann zu einer Interessenkollision, wenn die neue Seminarleitung, das heißt die gewählten Studenten, andere Ziele, als die erwähnten, verfolgen wollte.

So müsste auch von der zukünftigen Leitung berücksichtigt werden, dass Seminare und Kurse von Psychoanalytikern geführt werden und dass Dozenten anderer Wissensgebiete nur im Rahmen von Veranstaltungen beigezogen werden, die unter der Leitung eines Analytikers stehen. Sollte die zukünftige Leitung sich mit einer solchen Verpflichtung nicht einverstanden erklären können, würde der Versuch, den wir in Zürich planen, auf den Widerstand der Gesellschaft und der I.P.A. stoßen. Ich meine mit Recht, weil das psychoanalytische Seminar Zürich seinem Wesen nach eine zu kleine Institution ist, um etwas anderem zu dienen, als der Vermittlung der Psychoanalyse als Wissenschaft und als Behandlungsmethode.

Die Übergabe des Seminars ist auf Ende des Wintersemesters 1969/70 möglich. Die Ausarbeitung des Sommersemester-Programmes fällt bereits in den Aufgabenkreis der neuen Seminarleitung. Sie hat darüber zu entscheiden, wie dieses Programm ausfallen soll und wie es publiziert wird.

Auf der bevorstehenden Jahresversammlung der Gesellschaft am 4. April 1970 in Bern wird das ordentliche Mitglied, welches das Seminar der Gesellschaft gegenüber vertritt die Vorschläge und Pläne der neuen Seminarleitung vorlegen und versuchen, den finanziellen Beitrag der Gesellschaft für das Seminar zu erhalten.

Die praktischen Aufgaben der Seminarleitung

1. Räumlichkeiten

Die Räume an der Kirchgasse 32, 2. Stock, wurden von Prof. Dr. U. Moser, Freiestrasse 17, 8032 Zürich, durch einen von ihm unterzeichneten Mietvertrag im Auftrag der Schweizerischen Gesellschaft für Psychoanalyse vom Hauseigentümer, der Firma Samen-Mauser, Zürich, gemietet. Der Hauseigentümer lässt das Haus von der Securitas bewachen. Er verlangt, dass die Haustüre ab 19 Uhr dauernd geschlossen bleibt und drohte wiederholt mit Kündigung, wenn der Hauseingang offen angetroffen wird. Es liegen eine Reihe von Schlüsseln vor, die an die jeweiligen Dozenten, an die Bibliothekarin und an die Benützer des Analysezimmers verteilt werden. Ein Schlüsselverzeichnis liegt bei Prof. Moser.

Beim Verlassen der Räume müssen alle Vorfenster und Fenster geschlossen, die Aschenbecher geleert und die Stühle geordnet hingestellt werden. Für diese Aufgaben ist im Prinzip die Seminarleitung unter Mitwirkung aller verantwortlich.

Das Seminar wird wöchentlich einmal von einer Putzfrau (Frl. C. Conti, Luegislandstrasse 149, 8051 Zürich, Tel. 41 98 31) gereinigt.

Im Winter ist die Seminarleitung in Zusammenarbeit mit Dozenten und Hörern dafür besorgt, dass die Gasheizung rechtzeitig angestellt, später aber auch wieder abgestellt wird.

Das Analysenzimmer, welches den Kandidaten zur Verfügung gestellt wird, ist zur Zeit noch von Frau Prof. Keller, Rapperswil, möbliert. Sie ist auch Inhaberin des Telefons No. 47 81 32 und bezahlt regelmäßig die Telefonrechnungen. Die Benützer des Telefons sollten die Taxen für die Gespräche in eine kleine Kasse legen, was in den letzten Monaten größtenteils nicht der Fall war. Es ist vorgesehen, Frau Prof. Keller bei der Übergabe des Seminars an die Studenten zu entlasten und das Telefon der Seminarleitung zu überschreiben.

Die im Seminar stehenden Möbel, Gegenstände und Bilder sind Leihgaben, mit Ausnahme der Holzstühle, die das Seminar in seinen guten Zeiten aus eigenen Mitteln angeschafft hatte und die damit ins Eigentum der Schweizerischen Gesellschaft für Psychoanalyse übergegangen sind.

Die Bibliothek gehört mit allen Einrichtungen der Gesellschaft, mit Ausnahme der Schreibmaschine, die von der Praxis Parin/Morgenthaler zur Verfügung gestellt worden ist.

2. Finanzen

Das Seminar führt den Postcheck 80–25288. Zeichnungsberechtigt sind zur Zeit Dr. F. Morgenthaler und Prof. Dr. U. Moser.

Außerdem besteht eine Seminarkasse, die in den letzten Jahren von der Praxis Parin/Morgenthaler geführt wurde.

Es werden alle Eingänge und Spesen verbucht. Honorare für Sekretariatsarbeiten, Dozenten und sonstige Umtriebe werden nicht bezahlt. Auf Jahresabschluss erstellt die Seminarleitung eine Abrechnung zu Händen des Kassiers der Schweizerischen Gesellschaft für Psychoanalyse. Diese Abrechnung wird in die Gesamtabrechnung der Gesellschaft eingefügt und von der Jahresversammlung gutgeheißen. Außerdem legt die Seminarleitung der Jahresversammlung einen Bericht über die wissenschaftliche Tätigkeit des Seminars, die Anzahl der Hörer und der unter ihnen befindlichen Kandidaten vor.

Der Mietzins beträgt Fr. 10.640,– für 1970.

Der Hausbesitzer fordert zusätzlich Fr. 304.20,– (1969) als Beitrag für die Bewachung des Hauses durch die Securitas.

Die Putzfrau kostet Fr. 15,– pro Woche.

Elektrisch und Gas kosten Fr. 30,– bis 50,– pro Monat.

Die Benützung des Analysezimmers bringt dem Seminar pro Analytiker, der dass Zimmer verwendet und pro Monat Fr. 50,– ein.

Für die Unterbringung der Bibliothek und als Beitrag für das Seminar erhielt das Seminar von der Gesellschaft Fr. 3000,– (1969).
(Beiliegend Abrechnung des Seminars auf 31. Dezember 1969).

3. Organisation der Kurse und Seminare

Alle Hörer werden angehalten, eine Auditorenkarte im Doppel auszufüllen, auf welcher die besuchten Kurse und die dafür erhobene Gebühr vermerkt werden. Das Doppel der Auditorenkarte wird in die Kartei der Seminarleitung eingeordnet, die die Übersicht über alle Hörer und Einzahlungen von Hörergebühren darstellt.

Es ist die Aufgabe der Seminarleitung, die eingegangenen Geldbeträge auf ihre Vollständigkeit zu prüfen und außerdem in Zusammenarbeit mit den Dozenten darauf zu achten, dass die Bestimmungen für die Kurse, die fortgeschrittenen Kandidaten vorbehalten bleiben, beachtet werden.

4. Das Seminarprogramm

Das Seminarprogramm wird von der Leitung des Seminars in einer Besprechung mit den Dozenten und den Vertretern der Studenten innerhalb des Unterrichtsausschusses jeweils für das Winter- und Sommersemester zusammengestellt.

Die Richtlinien für die Auswahl der Kurse sind durch die Wünsche der Hörer und die Möglichkeiten der Dozenten gegeben. Es wird darauf geachtet, dass die Dozenten jeweils wenn möglich über das sprechen, was sie gerade besonders interessiert. Außerdem beschließt der Unterrichtsausschuss auf Vorschlag des Seminarleiters oder eines anderen Mitgliedes oder eines Kandidaten die Einladung von Gastdozenten, die aus dem In- und Ausland beigezogen werden. Die Honorierung der Gastdozenten kann durch den wissenschaftlichen Fonds René A. Spitz, der von Dr. M. Roch, Lausanne, verwaltet wird, erfolgen, doch ist dafür die Zustimmung der Gesellschaft notwendig.

Die Seminarleitung stellt mit ihrem eigenen Programm für Zürich und dem Seminarprogramm von Genf und Lausanne ein gemeinsames Programm in zwei Sprachen zusammen und lässt es durch die Buchdruckerei Birkhäuser, Elisabethenstrasse 19, 4000 Basel, drucken. Die Auflage beträgt 300

Exemplare, wovon 100 Exemplare entsprechend einer Liste an die Dozenten in Genf und Lausanne gesandt werden. Die Seminarleitung Zürich verschickt auf Grund einer Liste ca. 160 Seminarprogramme an alle Hörer des Seminars auf Grund der Auditorenkarten und an alle ordentlichen und außerordentlichen Mitglieder der Gesellschaft.

Zum Versand werden die Adressen von fotokopierten Adressboden aufgeklebt. Die Fotokopiermaschine, die Eigentum der Gesellschaft ist, steht zur Zeit in der Praxis Parin/Morgenthaler.
Die Programme werden als Massensendung mindestens drei Wochen vor Semesterbeginn als Drucksache der Post übergeben.
Die Seminarleitung muss dafür sorgen, dass der Druck des Programms mindestens sechs Wochen vor Semesterbeginn in Auftrag gegeben wird.
Die Auditorenkarten werden in einer Auflage von 60 Exemplaren durch den City Service, Stadelhoferstrasse 38, 8001 Zürich, angefertigt. Die Rechnung der Buchdruckerei Birkhäuser wird direkt an den Kassier der Gesellschaft gesandt (bisher Prof. Moser).
Die Auslagen für die Auditorenkarten und Versandtspesen gehen zu Lasten der Seminarkasse.

Alle Rechte und Pflichten, die Pflege und Verwaltung der Räumlichkeiten, der Postcheck, die Kasse und die Verwaltung der Finanzen, sowie die Gestaltung, Auswahl und Publikation der Programme sollen der neuen Seminarleitung übergeben werden, sofern die Kandidaten Interesse daran haben und unter sich einig sind, Sinn und Zweck des Seminars zu verfolgen: nämlich die Freudsche Psychoanalyse zu fördern.

Dr. med. F. Morgenthaler
Leiter des Seminars Zürich
und des Unterrichtsausschusses
der Schweiz. Gesellschaft
für Psychoanalyse
Zürich, Januar 1970

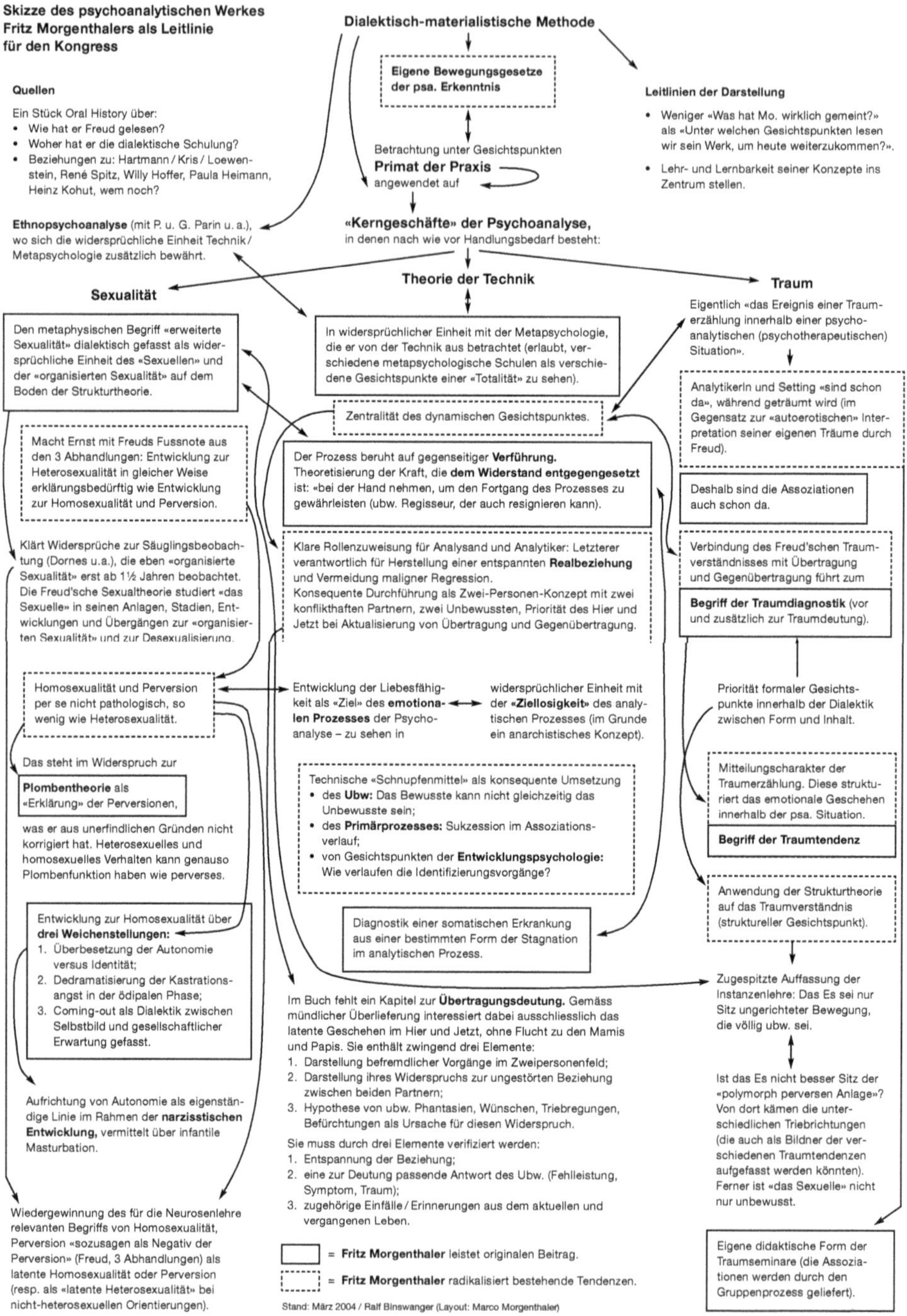

Skizze des psychoanalytischen Werkes Fritz Morgenthalers als Leitlinie für den Kongress

Quellen

Ein Stück Oral History über:
- Wie hat er Freud gelesen?
- Woher hat er die dialektische Schulung?
- Beziehungen zu: Hartmann / Kris / Loewenstein, René Spitz, Willy Hoffer, Paula Heimann, Heinz Kohut, wem noch?

Ethnopsychoanalyse (mit P. u. G. Parin u. a.), wo sich die widersprüchliche Einheit Technik / Metapsychologie zusätzlich bewährt.

Dialektisch-materialistische Methode

Eigene Bewegungsgesetze der psa. Erkenntnis

Betrachtung unter Gesichtspunkten
Primat der Praxis
angewendet auf

«Kerngeschäfte» der Psychoanalyse,
in denen nach wie vor Handlungsbedarf besteht:

Leitlinien der Darstellung
- Weniger «Was hat Mo. wirklich gemeint?» als «Unter welchen Gesichtspunkten lesen wir sein Werk, um heute weiterzukommen?».
- Lehr- und Lernbarkeit seiner Konzepte ins Zentrum stellen.

Sexualität

Den metaphysischen Begriff «erweiterte Sexualität» dialektisch gefasst als widersprüchliche Einheit des «Sexuellen» und der «organisierten Sexualität» auf dem Boden der Strukturtheorie.

Macht Ernst mit Freuds Fussnote aus den 3 Abhandlungen: Entwicklung zur Heterosexualität in gleicher Weise erklärungsbedürftig wie Entwicklung zur Homosexualität und Perversion.

Klärt Widersprüche zur Säuglingsbeobachtung (Dornes u.a.), die eben «organisierte Sexualität» erst ab 1½ Jahren beobachtet. Die Freud'sche Sexualtheorie studiert «das Sexuelle» in seinen Anlagen, Stadien, Entwicklungen und Übergängen zur «organisierten Sexualität» und zur Desexualisierung.

Homosexualität und Perversion per se nicht pathologisch, so wenig wie Heterosexualität.

Das steht im Widerspruch zur

Plombentheorie als «Erklärung» der Perversionen,

was er aus unerfindlichen Gründen nicht korrigiert hat. Heterosexuelles und homosexuelles Verhalten kann genauso Plombenfunktion haben wie perverses.

Entwicklung zur Homosexualität über **drei Weichenstellungen:**
1. Überbesetzung der Autonomie versus Identität;
2. Dedramatisierung der Kastrationsangst in der ödipalen Phase;
3. Coming-out als Dialektik zwischen Selbstbild und gesellschaftlicher Erwartung gefasst.

Aufrichtung von Autonomie als eigenständige Linie im Rahmen der **narzisstischen Entwicklung,** vermittelt über infantile Masturbation.

Wiedergewinnung des für die Neurosenlehre relevanten Begriffs von Homosexualität, Perversion «sozusagen als Negativ der Perversion» (Freud, 3 Abhandlungen) als latente Homosexualität oder Perversion (resp. als «latente Heterosexualität» bei nicht-heterosexuellen Orientierungen).

Theorie der Technik

In widersprüchlicher Einheit mit der Metapsychologie, die er von der Technik aus betrachtet (erlaubt, verschiedene metapsychologische Schulen als verschiedene Gesichtspunkte einer «Totalität» zu sehen).

Zentralität des dynamischen Gesichtspunktes.

Der Prozess beruht auf gegenseitiger **Verführung.** Theoretisierung der Kraft, die **dem Widerstand entgegengesetzt** ist: «bei der Hand nehmen, um den Fortgang des Prozesses zu gewährleisten (ubw. Regisseur, der auch resignieren kann).

Klare Rollenzuweisung für Analysand und Analytiker: Letzterer verantwortlich für Herstellung einer entspannten **Realbeziehung** und Vermeidung maligner Regression.
Konsequente Durchführung als Zwei-Personen-Konzept mit zwei konflikthaften Partnern, zwei Unbewussten, Priorität des Hier und Jetzt bei Aktualisierung von Übertragung und Gegenübertragung.

Entwicklung der Liebesfähigkeit als «Ziel» des **emotionalen Prozesses** der Psychoanalyse – zu sehen in widersprüchlicher Einheit mit der **«Ziellosigkeit»** des analytischen Prozesses (im Grunde ein anarchistisches Konzept).

Technische «Schnupfenmittel» als konsequente Umsetzung
- des **Ubw:** Das Bewusste kann nicht gleichzeitig das Unbewusste sein;
- des **Primärprozesses:** Sukzession im Assoziationsverlauf;
- von Gesichtspunkten der **Entwicklungspsychologie:** Wie verlaufen die Identifizierungsvorgänge?

Diagnostik einer somatischen Erkrankung aus einer bestimmten Form der Stagnation im analytischen Prozess.

Im Buch fehlt ein Kapitel zur **Übertragungsdeutung.** Gemäss mündlicher Überlieferung interessiert dabei ausschliesslich das latente Geschehen im Hier und Jetzt, ohne Flucht zu den Mamis und Papis. Sie enthält zwingend drei Elemente:
1. Darstellung befremdlicher Vorgänge im Zweipersonenfeld;
2. Darstellung ihres Widerspruchs zur ungestörten Beziehung zwischen beiden Partnern;
3. Hypothese von ubw. Phantasien, Wünschen, Triebregungen, Befürchtungen als Ursache für diesen Widerspruch.

Sie muss durch drei Elemente verifiziert werden:
1. Entspannung der Beziehung;
2. eine zur Deutung passende Antwort des Ubw. (Fehlleistung, Symptom, Traum);
3. zugehörige Einfälle / Erinnerungen aus dem aktuellen und vergangenen Leben.

Traum

Eigentlich «das Ereignis einer Traumerzählung innerhalb einer psychoanalytischen (psychotherapeutischen) Situation».

AnalytikerIn und Setting «sind schon da», während geträumt wird (im Gegensatz zur «autoerotischen» Interpretation seiner eigenen Träume durch Freud).

Deshalb sind die Assoziationen auch schon da.

Verbindung des Freud'schen Traumverständnisses mit Übertragung und Gegenübertragung führt zum

Begriff der Traumdiagnostik (vor und zusätzlich zur Traumdeutung).

Priorität formaler Gesichtspunkte innerhalb der Dialektik zwischen Form und Inhalt.

Mitteilungscharakter der Traumerzählung. Diese strukturiert das emotionale Geschehen innerhalb der psa. Situation.

Begriff der Traumtendenz

Anwendung der Strukturtheorie auf das Traumverständnis (struktureller Gesichtspunkt).

Zugespitzte Auffassung der Instanzenlehre: Das Es sei nur Sitz ungerichteter Bewegung, die völlig ubw. sei.

Ist das Es nicht besser Sitz der «polymorph perversen Anlage»? Von dort kämen die unterschiedlichen Triebrichtungen (die auch als Bildner der verschiedenen Traumtendenzen aufgefasst werden könnten). Ferner ist «das Sexuelle» nicht nur unbewusst.

Eigene didaktische Form der Traumseminare (die Assoziationen werden durch den Gruppenprozess geliefert).

[durchgezogener Rahmen] = **Fritz Morgenthaler** leistet originalen Beitrag.

[gestrichelter Rahmen] = **Fritz Morgenthaler** radikalisiert bestehende Tendenzen.

Stand: März 2004 / Ralf Binswanger (Layout: Marco Morgenthaler)

Erläuterungen zu den Schemata über das Werk Fritz Morgenthalers

Ralf Binswanger

Gebrauchsanweisung zum folgenden Text: Er bezieht sich sowohl auf das ursprüngliche, handgezeichnete als auch auf das von Marco Morgenthaler transkribierte Schema. Letzteres enthält einige Korrekturen und Aktualisierungen.

Kursivschrift zitiert aus den beiden Schemata, wobei die Lokalisation in [eckigen Klammern] angegeben wird. Falls die Lokalisationen unterschiedlich sind, wird zuerst die im handgezeichneten Schema erwähnt, dann die im transkribierten. Die Textstellen von Morgenthaler stehen in (runden Klammern).[1] An einigen Stellen des Schemas fließen meine eigenen Interpretationen seines Werkes ein, insbesondere dort, wo es unvollendet geblieben ist. Dies ist nicht speziell gekennzeichnet. Vor allem an den Rändern des Schemas finden sich meine Ergänzungen und Kritikpunkte.

Der Versuch einer Gesamtschau der theoretischen Beiträge Fritz Morgenthalers zur psychoanalytischen Praxis und Metapsychologie ging von der Hypothese aus, dass er stets die *dialektische Methode* zur Anwendung brachte [Einstieg oben Mitte]. Dass diese Methode gleichzeitig nicht anders als *materialistisch* sein kann, entspricht der Tradition des dialektischen Materialismus: Dieser studiert nicht nur das Materielle im engeren Sinn – als das, was man anfassen kann – sondern verwirklicht sich in erster Linie dadurch, dass sie gesellschaftliche »Dinge« untersucht, die man weder anfassen noch sehen kann, deren materielles Wesen sich nur mittels Abstraktion erschließt. Für die Produktion einer Ware »gesellschaftlich notwendige, abstrakte menschliche Durchschnittsarbeit«, wie die »Wertsubstanz« einer Ware definiert wird ,[2] erscheint durch und durch »immateriell«, obschon

1 TE = Technik. Zur Dialektik der psychoanalytischen Praxis (1978); TM = Der Traum (1986); SE = Homosexualität, Heterosexualität, Perversion (1984); alle in Neuauflage, Giessen: Psychosozial-Verlag 2004 resp. 2005. Die Seitenzahlen stimmen mit allen früheren Ausgaben überein.

2 Karl Marx: Das Kapital Band I, MEW Bd. 23, S. 51ff.

sie den kapitalistischen Produktionsprozess ganz materiell bestimmt. Ebenso schließt die dialektisch-materialistische Methode auch *unsere geistige Tätigkeit*[3] oder *das Denken*[4] ein – womit wir bei der zentralen Tätigkeit jedes Analytikers und jeder Analytikerin angekommen sind.[5]

Die materialistische Dialektik wandte Morgenthaler auf drei »Kerngeschäfte« der Psychoanalyse an,[6] in denen heute noch Handlungsbedarf besteht: auf die Sexualität [linker Teil], die Theorie der Technik [mittlerer Teil] und den Traum [rechter Teil]. Mit durchgehenden Linien sind Morgenthalers *originale Beiträge* umrahmt, während gestrichelte Linien Themen kennzeichnen, bei denen er *bestehende Tendenzen* innerhalb des psychoanalytischen Diskurses speziell betonte bzw. *radikalisierte* [oben rechts rot, unten Mitte]. Ein Beispiel für Letzteres ist die *konsequente Durchführung* der Analyse *als 2-Personen-Konzept* [Zentrum], was sich damals noch lange nicht in gleicher Weise durchgesetzt hatte wie heute.

Theorie der Technik

Die Beiträge zur Theorie der Technik [Mitte, von oben nach unten] stehen unter der Grundannahme, dass die praktische psychoanalytische Erkenntnis *eigenen Bewegungsgesetzen* folgt, die nicht den Kategorien der *Metapsychologie* entsprechen. Diese bildet mit der Theorie der Technik eine widersprüchliche Einheit (TE 13, TM 55–59), wobei für Morgenthaler die Technik die Hauptseite bildet: Metapsychologische Konzepte leuchten ihm nur dann ein, wenn sie aus der Technik heraus evident werden (TE 17). Das erlaubt, verschiedene metapsychologische Strömungen oder Schulen innerhalb der Psychoanalyse *als verschiedene Gesichtspunkte*

3 Friedrich Engels: Die Entwicklung des Sozialismus von der Utopie zur Wissenschaft, MEW 19, S. 202.

4 Friedrich Engels: Anti-Dühring, MEW 20, S. 132.

5 Ausführlich dazu Ralf Binswanger, Zur Praxis der Dialektik in der Psychoanalyse, Werkblatt 51, 20. Jahrgang 2/2003, 3 – 23.

6 S. dazu ausführlicher Ralf Binswanger und Ulrike Körbitz: Im Gespräch über Fritz Morgenthaler, Werkblatt, Sondernummer zum Traum, Nr. 46, 1/2001, S. 13–31.

einer Totalität zu sehen. Aus dieser Gewichtung folgt zwanglos der *Primat der Praxis* vor der Theorie [oberhalb Zentrum, oben Mitte]. Daraus folgend versteht sich auch die *Zentralität des dynamischen Gesichtspunktes* [Mitte oberes Drittel] (TM 42f, 177).

Einzigartig ist die Auffassung, dass der psychoanalytische Prozess *auf gegenseitiger Verführung* beruht [transkribiertes Schema oberes Drittel, mit Verbindung zum Bereich *Sexualität*] (TE 25, 78, 90). Durch diese wird bei beiden Partnern der Analyse eine *emotionale Bewegung*[7] ausgelöst (TE 20, 61, 111, 138), die zu einer Vertiefung der Beziehung (TE 21) und damit zu einer Aktualisierung des Übertragungskonfliktes führt (TE 58ff, 62). Es geht in der Folge darum, dass der Wiederholungszwang durch eine *emotionale Neuerfahrung* (TE 16, 62) modifiziert und dadurch neu formuliert wird (TE 58). Morgenthaler betonte immer wieder, dass z. B. die ödipale Situation nicht in erster Linie Initiative des Kindes ist, sondern dass es durch die Erwachsenen in diese Situation hinein verführt wird. Die Nähe zum aktuellen Denken Laplanches ist hier offensichtlich.

Die Verführung des Analysanden[8] durch den Analytiker bewirkt beim Analysanden, dass eine Kraft wirksam wird, *die dem Widerstand entgegengesetzt ist* [Mitte oberes Drittel] (TE 113, 114). Meines Erachtens gehört es zu den wichtigsten theoretischen Neuerungen Morgenthalers, diese Kraft theoretisiert zu haben:[9] »Ist einmal das Feld der Übertragung breit eröffnet, nimmt der Analysand den blinden Analytiker bei der Hand und führt ihn von Stolperstein zu Stolperstein, bis ihm das nächste Brett vom Kopfe fällt, um den Fortgang des Prozesses zu gewährleisten.«[10] Dabei braucht Morgenthaler die Metapher vom *unbewussten Regisseur*, der den Analysanden zu Inszenierungen motiviert, die im Dienste der Progression der Analyse stehen. Bleibt der Analytiker trotz allem blind, entstehen Situationen, in denen der unbewusste Regisseur *resigniert*, was eine spezifische depressive Verstimmung des Analysanden zur Folge hat.

7 S. dazu auch Ulrike Körbitz: ... im Fluss der emotionalen Bewegung, Werkblatt 50, 1/2003, 20. Jahrg., S. 52ff.

8 Die weibliche Form ist immer mitgedacht.

9 S. dazu auch meine Lesehilfe zu Morgenthalers Technik-Buch unter www.werkblatt.at/morgenthaler, S. 13f.

10 Meine Version der mündlichen Überlieferung Morgenthalers in der erwähnten Lesehilfe, S. 14.

Die Beachtung solcher Verstimmungen ist ein technisches Werkzeug, um Widerstände des Analytikers bei sich selbst zu diagnostizieren (TE 114).

Davon abzugrenzen ist *eine bestimmte Form der Stagnation im analytischen Prozess,* aus dem Morgenthaler das Vorliegen einer *somatischen Erkrankung* diagnostiziert [Mitte unteres Drittel] (TE 141f); ich schließe hier »endogene« Depressionen ein, bei denen somatische Mangelerscheinungen im zentralen Nervensystem überwiegende Ursache sein dürften, was eine medikamentöse Behandlung erfordert.

Die weiteren Eintragungen in der Rubrik Technik beziehen sich auf die *klare Rollenzuweisung von Analysand und Analytiker* [links Zentrum, oberhalb Mittellinie] (TE 20ff, TM 56f), auf die *konsequente Durchführung der Analyse als Zwei-Personen-Konzept* [unterhalb Zentrum, oberhalb Mittellinie] (TE 14, 28), auf die *Ziellosigkeit des analytischen Prozesses* [darunter] und auf technische Prinzipien, welche Morgenthaler einmal mit *Schnupfenmitteln* verglich, die in der Apotheke geholt werden (TN 48). Diese interpretiere ich als *konsequente Umsetzung* verschiedener, mindestens dreier theoretischer Konzepte der Psychoanalyse [gegen rechts im unteren Drittel]: *Das Bewusste kann nicht gleichzeitig das Unbewusste sein* (TE 33); die Aneinanderreihung von Assoziationen entspricht wirklich einer Kausalität *(Sukzession im Assoziationsverlauf)* (TE 32, 36, 114ff); die Schicksale von *Identifikationen* sind von zentraler Bedeutung für die Entwicklung des Kindes und sind hier nicht im Sinn von Abwehrmechanismen zu verstehen, sondern als Gesichtspunkt der Technik (TE 76ff, 87). Schließlich fehlt im Technikbuch *ein Kapitel zur Übertragungsdeutung,*[11] die in Morgenthalers mündlicher Überlieferung einen zentralen Stellenwert hatte.

Der Traum

Der *Traum* kann als Spezialfall innerhalb Morgenthalers Theorie der Technik verstanden werden. Es entspricht auch hier seinem Primat der Praxis und der Zentralität des dynamischen Gesichtspunktes (TM 42f,

[11] S. dazu die in FN 9 erwähnte Lesehilfe, S. 2, 20, 22, 25.

177), dass die genaue Betrachtung der Situation, in welcher ein Traum geträumt wird, Ausgangspunkt der Morgenthaler'schen Neuerungen gegenüber der psychoanalytischen Konvention ist. Der Analytiker, die vergangene und die kommende Analysestunde und das *Setting »sind schon da«, während der Traum geträumt wird* [rechter Rand oberes Drittel] (TM 183f). Was wir untersuchen können, ist nicht der Traum, sondern nur *das Ereignis einer Traumerzählung innerhalb einer psychoanalytischen Situation*[12] [rechter Rand oberes Drittel] (TM 49) . Dieses Ereignis fällt in eine schon laufende Assoziationskette (TM 87), so dass es überflüssig oder gar schädlich ist, den Analysanden zum Traum »assoziieren zu lassen«. *Die Assoziationen sind schon da, während der Traum erzählt wird* [rechter Rand unterhalb Mitte], in der entsprechenden Stunde, nach und vor allem vor der Traumerzählung (TM 79–80, 181). In der Morgenthaler *eigenen didaktischen Form der Traumseminare* [rechter Rand unten] geht er so weit, dass die Assoziationen des Träumers gar nicht erzählt werden sollen, weil sie von den formalen und strukturellen Merkmalen des Traums ablenken (TM 91, 150, 173f, 180f). Er arbeitete dann mit den *Assoziationen* der Gruppenteilnehmer, die *durch den Gruppenprozess geliefert werden*, um Hypothesen zu bilden.

Die Beachtung der *formalen Gesichtspunkte* [rechts unterhalb Mitte] – unter anfänglicher Abstraktion von allen Inhalten – liefert einerseits Anhaltspunkte dafür, mit welchen Mitteln die Traumzensur arbeitet; dadurch ist sie exquisites Werkzeug für die Traumdeutung. Andererseits führt sie den Autor auf eine ganz andere Ebene im Umgang mit Träumen, die er als *Traumdiagnostik* (*vor und zusätzlich zur Traumdeutung*) [rechts oberhalb Mittellinie] definiert[13] (TM 27, 64f, 68, 71–75, 160). Wie in der Technik allgemein, geht es auch in diesem Spezialfall darum, in erster Linie ein Verständnis über die Entwicklung von *Übertragung und Gegenübertragung* zu erreichen, wozu der Traum »via regia« ist. Der *Mitteilungscharakter der Traumerzählung strukturiert das emotionale Geschehen innerhalb der psychoanalytischen Situation* [rechts oberhalb Zentrum,

12 Ralf Binswanger: Hat der Traum in der Psychotherapie (noch) eine Bedeutung? Journal des PSZ 35, Juli 1998, S. 14–23, insbes. S. 16.

13 S. auch meinen Beitrag Formale Gesichtspunkte bei der psychoanalytischen Arbeit mit Träumen, Werkblatt 46, 1/2001, 18. Jahrg., S. 33–43.

rechts unter Mittellinie]. Morgenthaler spricht in diesem Zusammenhang von der *Traumtendenz* [Zentrum rechts unten, rechts unter der Mitte], die man als den »Witz des Traumes« auffassen kann:[14] Was ist der Witz der Traumerzählung, wie beeinflusst sie gerade jetzt die Übertragungs- und Gegenübertragungsreaktionen? Die Traumtendenz leitet Morgenthaler häufig aus der Bewegung ab, welche innerhalb einer Traumerzählung und ihren Begleitumständen erkennbar ist (TM 69, 155).

Die *Anwendung der Strukturtheorie auf das Traumverständnis*[15] [Zentrum rechts oben, rechts unteres Drittel] (TM 20, 60, 152ff, 181) ist das Geheimnis des *strukturellen Gesichtspunktes* [Zentrum rechts, rechts unteres Drittel], den Morgenthaler meist in einem Zug mit dem formalen erwähnt. Unter dem strukturellen Gesichtspunkt versteht er den Gesichtspunkt von *Freuds Strukturtheorie*. Er beachtet gleichsam die Architektur des manifesten Traumes, d. h. die Architektur seiner Produktion, Erinnerung und Erzählung, was in eine Analogie mit der zu vermutenden Ich-Organisation sowie der Libidoentwicklung und ihrer Fixierungsstellen gesetzt wird (TM 74f, 152f). Dadurch können sowohl über die Funktionsweise der Traumarbeit und der Traumzensur Hypothesen gebildet als auch Aussagen gemacht werden über die entwicklungspsychologische Stufe, auf welcher der durch die Traumerzählung aktualisierte Übertragungskonflikt angesiedelt ist. Deshalb ist der strukturelle Gesichtspunkt ebenfalls ein wichtiges Instrument der Traumdiagnostik. Schließlich habe Freud vergessen, seine »Traumdeutung« an die später entwickelte Strukturtheorie auch sprachlich anzupassen.[16] Dabei entwickelt Morgenthaler eine *zugespitzte Auffassung der Instanzenlehre* [rechts unteres Drittel], in der *das Es nur Sitz ungerichteter Bewegung ist, die vollständig unbewusst ist* (TM 59f, 66ff). Der Wunsch und seine Erfüllung werden konsequent dem unbewussten Ich zugeordnet (TM 62f, 70). Allerdings geht dabei verloren,

[14] S. mein Theorieelement »Die Traumtendenz«, Werkblatt 46, 17/2001, 18. Jahrg., S. 44–45.

[15] Zur Anwendung der Strukturtheorie auf Freuds Traumkonzept s. auch Arlow, J. A. und Brenner, C. (1964): Psychoanalytic Concepts and the Structural Theory, New York: International Universities Press, Inc.

[16] Was Freud im 5. Kapitel von Abriss der Psychoanalyse in groben Zügen umsetzte, ohne das explizit zu sagen (GW XVII, S. 87–95).

dass das Es als *Sitz der polymorph perversen Anlage*, als Ausgangspunkt *unterschiedlicher Partialtriebe zu sehen ist, die auch als Bildner der verschiedenen Traumtendenzen aufgefasst werden können* [rechter Rand unteres Drittel].

Sexualität

Die erwähnte zugespitzte Auffassung der Instanzenlehre scheint Voraussetzung (SE 137f) für die meines Erachtens zentrale Errungenschaft Morgenthalers in der Theorie der Sexualität zu sein: den metaphysischen Begriff »erweiterte Sexualität« als widersprüchliche Einheit des *Sexuellen* mit der *organisierten Sexualität* gefasst zu haben [links von oben]. Die organisierte Sexualität (SE 142f) sieht er konsequent als Funktion des Sekundärprozesses, gesteuert vom Ich (SE 146), weil sie im Lauf eines streng vorgezeichneten Entwicklungsprozesses der Triebe und der Abwehrorganisation eine hohe Strukturierung erhalten hat, der etwas Diktatorisches (SE 143) anhaftet, insbesondere dann, wenn sie mit der Abhängigkeit vom Sexualobjekt einhergeht (SE 145, 147f). Diese Diktatur hat die Tendenz, das »Sexuelle«, unter dem Morgenthaler die ungerichtete triebhafte Bewegung aus dem Es versteht (SE 138f), die sich normalerweise jeder menschlichen Aktivität beimischt, zu strangulieren (SE 149). Dies lässt *Aggressionen* entstehen (149f). Ein gelungener analytischer Prozess mit Heterosexuellen, Homosexuellen oder Perversen kennzeichnet sich dadurch, dass die Verschränkung von Sexualität und Abhängigkeit vom Objekt (das auch ein Fetisch sein kann) gelockert wird, wodurch die *Liebesfähigkeit* erreicht wird [Zentrum unterhalb der Mitte] (SE 155–165) . Das ist ein *emotionaler Prozess*, getragen von einer *emotionalen Bewegung* (TE 20, 61, 111, 138), in der mit dem Analytiker eine *Neuerfahrung* (TE 16, 62, TM 146) gemacht wird, die den Wiederholungszwang dedramatisiert und die habituellen neurotischen Vergegenwärtigungen anachronistischer Konflikte in die Vergangenheit entlässt, zur Geschichte macht. Die postulierte Ziellosigkeit des analytischen Prozesses (TE 15, 147) steht also in einer widersprüchlichen Einheit mit klaren Zielvorstellungen [unterhalb Zentrum].

Die erwähnte Dialektik schließt den Begriff »erweiterte Sexualität« insofern ein, als das, was konventionell unter Sexualität verstanden wird,

»organisierte Sexualität« ist, deren Vorstufen, Umformungen, Sublimierungen, Erotisierungen und Desexualisierungen verschiedene Ausdrucksweisen des »Sexuellen« enthalten. Wenn Martin *Dornes* [links Mitte] schreibt,[17] er beobachte Sexualität bei Kindern erst ab dem Alter von 18 Monaten, hat er dann Recht, wenn er Stufen fertig organisierter Sexualität meint. »Das Sexuelle« und seine Entwicklungsprozesse beginnen, in Übereinstimmung mit Freud, natürlich viel früher.

Dadurch, dass Morgenthaler Freuds Fußnote[18] aus den »Drei Abhandlungen« [links unterhalb Mitte, oberes Drittel] ernst nimmt – ohne sie zu erwähnen! – d. h., dass die Entwicklung zur Heterosexualität in gleicher Weise erklärungsbedürftig ist wie die Entwicklung zur Homosexualität (SE 99), schafft er die Voraussetzungen für seine Theorie der *drei Weichenstellungen* in der Entwicklung zur Homosexualität – im Vergleich mit der Entwicklung zur Heterosexualität [links unteres Drittel] (SE 86ff 99ff). Jede dieser Weichenstellungen eröffnet Perspektiven, welche weit über die Frage der unneurotischen Entwicklung zur Homosexualität hinausgehen:

1. Er entwirft eine eigenständige Linie im Rahmen der narzisstischen Entwicklung, welche die Aufrichtung von Autonomie, vermittelt über die infantile Masturbation,[19] betrifft [links unten] (SE 87ff, 104ff).
2. Es ist nicht, wie es jahrzehntelang psychoanalytische Lehrmeinung war, übersteigerte Kastrationsangst, die zu Homosexualität und Perversionen führt, sondern die Kastrationsangst wird durch die zweite Weichenstellung bei der unneurotischen Entwicklung zur Homosexualität entdramatisiert (SE 90f, 121). *Homosexualität und Perversionen*, also nicht-heterosexuelle Orientierungen, sind *keine Neurosen oder sonstwie schwere Pathologien* [links unter der Mitte] (SE 86, 98), sondern *»sozusagen das Negativ der Perversion« im Sinn von Freuds Drei Abhandlungen* [unteres Drittel gegen die Mitte, zuunterst links] (SE 97). Diese Auffassung von »Perversion« oder »sexuellen Abirrungen« ist Voraussetzung für die *Neurosenlehre, also für das Verständnis latenter Homosexualität, latentem Sadomasochismus* etc. Mutatis mutandis

[17] Persönliche Mitteilung.

[18] Freud, Sigmund: Drei Abhandlungen zur Sexualtheorie, GW V, S. 44, FN 1.

[19] Binswanger, Ralf (1996): Kindliche Masturbation – ein genetischer Gesichtspunkt, insbesondere bei Anorexia und Bulimia nervosa, Psyche 50, S. 644–670.

kann es bei Homosexualität und Perversion natürlich ein neurotisches Phänomen der *latenten Heterosexualität* geben.

3. Der umgangssprachliche Begriff *Coming-out* wird auf einen klaren psychoanalytischen Begriff gebracht, als Bewusstseinsprozess (SE 92f, 127f) im Rahmen der *Dialektik zwischen* sexuell minoritärem *Selbstbild und den* dominierenden heterosexuellen *gesellschaftlichen Erwartungen*. Durch diesen Bewusstseinsprozess wird der Widerspruch nicht aufgelöst, sondern in eine lebbare Form gebracht, was einen Vitalitätsschub ermöglicht, nicht nur im Bereich der organisierten Sexualität, sondern in allen Lebensbereichen, infolge der damit einhergehenden Freisetzung des »ungerichteten Sexuellen«.

Zu kritisieren bleibt die *Plombentheorie* [links unterhalb Mitte] (SE 31ff), soweit sie als Erklärungsversuch für die Entstehung von Perversionen (als besondere sexuelle Orientierung) verstanden wird. Sie steht in einem totalen Widerspruch zur Position, dass Sexualität per se, also auch die perverse, niemals eine Pathologie sein kann (SE 86, 98). Wenn eine Plombe eine schwere narzisstische Störung auszugleichen hat, handelt es sich eben doch um eine Pathologie. Die Plombentheorie erscheint mir geeignet, verschiedenste pathologische Zustände zu verstehen, insbesondere bei psychosomatischen und psychosenahen Störungen. Sie erklärt auch »perverses«, dranghaftes, absonderliches sexuelles Verhalten, das bei jeder sexuellen Orientierung vorkommt: zwanghafte Masturbation, besondere Rituale dabei, zwanghafter Pornographie-Konsum und Konsum von Prostitution, Kleptomanie u.v.a.m. Meines Erachtens wären hier, im Aufsatz »Die Stellung der Perversion in Metapsychologie und Technik« (SE 27–48), Präzisierungen notwendig gewesen, wann von einer Pathologie und wann von einer unneurotischen Entwicklung zur Perversion gesprochen wird.[20] Dass es bei der Plombentheorie gerade nicht um Letzteres geht, zeigt sich an den beiden Fallbeispielen: Bei beiden bestand

[20] »Weil Homosexualität und Perversion von der psychoanalytischen Theorie grundsätzlich als Psychopathologie beschrieben wurden, wird es in der Neuformulierung Morgenthalers notwendig abzugrenzen, wann, wie und weshalb Homosexualität, Heterosexualität oder Perversion eine unneurotische Entwicklung genommen haben oder einer neurotischen Entwicklung unterworfen sind«, erläutert Hans-Jürgen Heinrichs im Vorwort einen wesentlichen Grundsatz der Überarbeitung der publizierten Arbeiten (SE S. 14).

die »Perversion« nicht in einer ausschließlichen oder dominanten sexuellen Orientierung (»Abirrung«). Der erste brauchte »die physische und psychische Erniedrigung« als Voraussetzung, »die homosexuelle Gier zu stillen«, war aber gleichzeitig fähig, »sich seiner Frau und seinem Sohn liebenswert zu zeigen« oder »verführte bald eine Kranke, nachdem er in die Klinik eingewiesen war« (SE 27). Der zweite entwickelte sich während seiner Analyse anscheinend zu einem gewöhnlichen Homosexuellen (SE 43 oben). Diesen eindeutigen pathologischen Fällen steht »Samuel, ein Fetischist, dessen Sexualität auf gelbe Stiefel fixiert war«, in »Sexualität und Psychoanalyse« gegenüber (SE 163f). Richtigerweise steht dort kein Wort von einer Plombentheorie, sondern es handelt sich um die Entwicklung der Liebesfähigkeit bei einem tendenziell unneurotischen Fetischisten (SE 165).

Soweit der Überblick über die drei »Kerngeschäfte«. Im transkribierten Schema links oben ist auch die *Ethnopsychoanalyse* erwähnt, in der Morgenthaler zusammen mit Goldy Parin-Matthèy, Paul Parin[21] und anderen[22] sich ebenfalls zu einem eigenständigen Forscher und Denker entwickelte. Meines Erachtens bewährt sich auf diesem Gebiet in besonderer Weise, die Metapsychologie von der Technik aus zu betrachten. Zwar muss auch die Technik in ethnopsychoanalytischen Studien der fremden Situation angepasst werden. Und doch fällt auf, wie sehr die genannten AutorInnen immer wieder auf dem spezifisch Psychoanalytischen der Untersuchungsmethode beharrten und sich mittels Deutungen einer Metapsychologie der untersuchten Gesellschaftsmitglieder annäherten, mit ihren Besonderheiten, wie sie für die entsprechenden Gesellschaftsstrukturen spezifisch erscheinen. Am Schluss des zweiten großen Afrikabuches[23] sind die entsprechenden Aussagen im Kapitel *Metapsychologie*[24] systematisch zusammengefasst.

---

[21] Paul Parin, Fritz Morgenthaler, Goldy Parin-Mathèy (1963): Die Weissen denken zuviel. Psychoanalytische Untersuchungen in Westafrika, Zürich, Atlantis; dies. (1971): Fürchte Deinen Nächsten wie Dich selbst. Frankfurt am Main, Suhrkamp Taschenbuch Wissenschaft.

[22] Fritz Morgenthaler, Florence Weiss, Marco Morgenthaler (1984): Gespräche am sterbenden Fluss. Frankfurt am Main, Fischer TB.

[23] Fürchte Deinen Nächsten ... S. 495–556.

[24] Das Kapitel kann implizit als Zusammenfassung der metapsychologischen Positionen Fritz Morgenthalers verstanden werden (s. dazu die nächste Fußnote, S. 233).

Woher hatte Morgenthaler die Schulung, um die materialistische Dialektik derart konsequent auf die Psychoanalyse anwenden zu können? Auf diese Frage bezieht sich der Eintrag *Quellen* [oben links]. Die Frage konnte durch ein Interview mit Paul Parin und dem älteren Sohn Jan Morgenthaler schlüssig beantwortet werden[25] : Im Schweizer Bildhauer Karl Geiser[26] hatte er einen engagierten Lehrer des dialektischen Materialismus, und bestimmte klassische Bücher aus diesem Gebiet trug er oft jahrelang in seiner Rocktasche. Das Interview nennt auch wichtige psychoanalytische Quellen, auf die er sich regelmäßig bezogen hatte, ohne diese in konventioneller Weise in seinen Werken zu zitieren.

[Oben rechts] sind schließlich meine Prioritäten angegeben, von denen ich mir wünsche, dass sie im Umgang mit dem Werk Fritz Morgenthalers im Zentrum stehen: Nicht die schillernde, vielfach auch stark ambivalente Gefühle mobilisierende Person des Autors, sondern seine theoretische Hinterlassenschaft sollte im Licht der heutigen Fragestellungen gesehen und »zum Arbeiten gebracht«[27] werden.

---

[25] Aus welchen Quellen schöpfte Fritz Morgenthaler? Paul Parin, Jan Morgenthaler und Ralf Binswanger im Gespräch. Werkblatt Nr. 53, 27/2004, 21. Jahrg., S. 5–21; die Rohfassung ist zugänglich unter www.werkblatt.at/morgenthaler.

[26] Karl Geiser gilt in der Schweiz als der proletarische Bildhauer. 1932 trat er der Gesellschaft Das neue Russland bei. Er war auch 1947 bei der Gründung der Nachfolgeorganisation (PdA) der 1940 verbotenen Kommunistischen Partei der Schweiz anwesend. Siehe Jan Morgenthaler (1988): Der Mann mit der Hand im Auge. Die Lebensgeschichte von Karl Geiser. Zürich, Limmat-Verlag.

[27] Kongresstitel »Faire travailler Morgenthaler«, frei nach Jean Laplanche, Die unvollendete kopernikanische Revolution, dt. Übersetzung, Frankfurt: Fischer, 1996, S. 151.

Werkverzeichnis der Arbeiten von Fritz Morgenthaler

Aus dem Internet: www.chambre.at/lex-epsa

Morgenthaler, Fritz (1919–1984): Arzt. Psychoanalytiker, Maler, Pionier der Ethnopsychoanalysc, psychoanalytischc Praxis in Zürich. Ethnopsychoanalytische Forschungsreisen nach Westafrika zusammen mit Paul Parin und Goldy Parin-Matthèy, Forschungsreise ins Sepik-Gebiet von Papua Neuguinea.

Bibliographie

1948: Untersuchungen über die Phänomenologie des Fußsohlenreflexes beim Gesunden. Inaugural-Dissertation zur Erlangung der Doktorwürde der medizinischen Fakultät der Universität Zürich (Prof. Dr. M. Minkowski). Zürich: Art. Institut Orell Füssli.

1951: a) Übertragungs- und Widerstandsmechanismen in der Psychoanalyse. Darstellung einer Analyse. In: Schweizerische Zeitschrift für Psychologie und ihre Anwendungen. 10, 2, 116–135, und 10, 3, 185–200.

b) Zur Frage der primären und postprimären Nervennaht bei peripheren Nervenverletzungen. In: Schweizerische Medizinische Wochenschrift. 81, 18, 418.

1952: a) Mischneurose und psychosomatische Krankheit. Die doppelt geführte Reaktionsbildung. In: Schweizerische Zeitschrift für Psychologie und ihre Anwendungen, 11, 33–45.

b) Père et fils. Analyse d'un cas clinique. In: Psyche (Paris), 7, 65, 204–215.

c) Père et fils. Analyse d'un cas clinique (suite). In: Psyche (Paris), 7, 66, 297–302.

d) Père et fils. Histoire d'un cas clinique (suite et fin). In: Psyche (Paris), 7, 67, 343–356.

e) Histopathologische Untersuchungen über Myoklonie-Epilepsie. Mitteilung. In. Schweizer Archiv für Neurologie und Psychiatrie, 69, 1/2, 379–382.

f) (gem. mit C. Lian und Henri Welti) Remarques sur la ligature de la veine cave inférieure dans l'insuffisance cardiaque. In: La Presse Medicale, 60, 15, 5 Mars 1952. 313–315.

1955: a) Wüste, Savanne, Urwald. Notizen von einer Autoreise durch die Sahara nach Westafrika. In: Du. Schweizerische Monatsschrift, 15. Nr. 10, Oktober, 44.

b) Bilderbogen einer Autoreise durch die Sahara nach Westafrika. In Du. Schweizerische Monatsschrift, 15, Nr. 10, Oktober, 46–47.

1956: c) (mit Paul Parin): Charakteranalytischer Deutungsversuch am Verhalten ›primitiver‹ Afrikaner. In: Psyche. 10, 5, 311–330.

1957: a) Der schwarze Widerspruch. In: Du. Schweizerische Monatsschrift. 17, Nr. 7, Juli, 60–66.

1961: a) Psychoanalytische Technik bei Homosexualität. In: Jahrbuch für Psychoanalyse. 2, 174–198.

1963: a) (mit Paul Parin & Goldy Parin-Matthèy): Die Weissen denken zuviel. Psychoanaytische Untersuchungen bei den Dogon in Westafrika. Zürich: Atlantis Verlag.

1964: a) (mit Paul Parin): Typical Forms of Transference among West Africans. In: The International Journal of Psycho-Analysis, 45, 2–3, 446–449.

b) (mit Paul Parin): Ego and Orality in the Analysis of West Africans. In: Muensterberger. Warner & Sidney Axelrad (Eds.): The Psychoanalytic Study of Society. New York: International Universities Press. Vol. 3, 197–202.

1965: a) (mit Paul Parin): Formen der Übertragung bei Westafrikanern. In: Schweizerische Zeitschrift für Psychologie und ihre Anwendungen. 24, 2, 336–341.

b) (mit Paul Parin): Orale Eigenschaften des Ich bei Westafrikanern. In: Schweizerische Zeitschrift für Psychologie und ihre Anwendungen, 24, 4, 342–347.

1966: a) (mit Paul Parin & Goldy Parin-Matthèy): Les blancs pensent trop. Paris: Payot.

b) Psychodynamic Aspects of Defence with Comments on Technique in the Treatment of Obsessional Neurosis. In: Int. Journal of Psychoanalysis, 47, 2/3. 204–209.

1967 : a) Regression fonctionnelle du Moi et problèmes techniques dans l'analyse des névroses obsessionelles. In: Revue Française de Psychanalyse, 31, 4693–705.

b) (mit Paul Parin): Observations sur la genese du Moi chez les Dogon. In: Revue Française de Psychoanalyse, 31, 1, 29–58.

1968: a) The Dogon People 2. In: A. van Eyck: A Miracle of Moderation, Via 1, Ecology in Design. Fine Arts University of Pennsylvania.

b) (mit Paul Parin & Goldy Parin-Matthèy). Aspekte des Gruppen-Ich. Eine ethnopsychologische Katamnese bei den Dogon von Sanga (Republik Mali). In: Schweizerische Zeitschrift für Psychologie und ihre Anwendungen, 27, 2, 133–154. Abdr. in: Parin. Paul: Der Widerspruch im Subjekt. Ethnopsychoanalytische Studien. Frankfurt/Main: Syndikat. 1978, 153–174.

c) Psychoanalytische Ausbildung heute. In: Bulletin (Schweizerische Gesellschaft für Psychoanalyse), Nr. 8, Winter 1968/69. 1–2.

d) Psychoanalytic Training Today. In: Bulletin (Schweizerische Gesellschaft für Psychoanalyse), Nr. 8, Winter 1968/69, 2–3.

1969: a) Aspekte der Anwendung der Psychoanalyse. In: Jahrbuch der Psychoanalyse. Beiträge zur Theorie und Praxis. Bd. 6, 9–18.

b) Introduction to Panel on disturbances of male and female identity as met with in psychoanalytic practice. In: Int. Journal of Psychoanalysis, 50, Part 1, 109–112.

c) Introduzione als »Panel« sui disturbi dell'identità maschile e femminile riscontrati nella pratica psicoanalitica. In: Rivista di Psicoanalisis, XV, 1–2, 197–203.

d) (mit Paul Parin): Ist die Verinnerlichung der Aggression für die soziale Anpassung notwendig? In: Mitscherlich, A. (Hrsg.): Bis hierher und nicht weiter. Ist die menschliche Aggression unbefriedbar? München: Piper, 222–244.

e) (mit Paul Parin): Character Analysis Based on the Behavior Patterns of ›Primitive‹ Africans. In: Muensterberger, Warner (Ed.): Man and his Culture. Psychoanalytic Anthropology after, Totem and Taboo'. London: Rapp & Whiting. 187–208.

1970: a) Introducción a la mesa retonda sobre trastornos de la identidad masculina y feminina tal como se observan en la prática psicoanalitica. Comentado por Marie Langer. In: Revista de Psicoanálisis, 17. 2, 249–257.

1971: a) (mit Paul Parin & Goldy Parin-Matthäy): Fürchte deinen Nächsten wie dich selbst. Psychoanalyse und Gesellschaft am Modell der Agni in Westafrika. Frankfurt/Main: Suhrkamp.

1972: a) (mit Paul Parin & Goldy Parin-Matthèy): Die Weissen denken zuviel. Psychoanalytische Untersuchungen bei den Dogon in Westafrika. München: Kindler.

b) Störungen der männlichen und weiblichen Identität in der psychoanalytischen Praxis. In: Psyche, 26, 1, 58–77.

1974: a) Die Stellung der Perversionen in Metapsychologie und Technik. In: Psyche, 28, 12, 1077–1098.

1975: a) Reflex-Modernisation in Tribal Societies. In: P. Oliver: Shelter, Sign and Symbol. London.

b) (mit Paul Parin & Goldy Parin-Matthèy): La méthode psychoanalytique au service de la recherche ethnologique. Aperçu de psychosociologie pratique. In: Connexions (Paris), 4, 15, 25–42.

c) (mit Paul Parin): Moi et oralité dans l'analyse des Dogons. In: Connexions (Paris). 4, 15, 43–48.

1976: a) La posizione delle perversioni nella metapsicologia e nella tecnica. In: Psicoterapia e Science Umane. 10, 4, 1–8.

1977: a) Verkehrsformen der Perversion und die Perversion der Verkehrsformen. Ein Blick über den Zaun der Psychoanalyse. In: Kursbuch 49. Berlin: Rotbuch Verlag. 135–148.

1978: a) Technik. Zur Dialektik der psychoanalytischen Praxis. Frankfurt/Main: Syndikat.

1979: a) Forme di rapporto della perversione e perversione delle forme di rapporto. In: Psicoterapia e Science Umane, Nuova serie, 2, 2, aprile-giugno, 1–14.

b) Innere und äußere Autonomie. In: Neue Zürcher Zeitung, 7./8. Juli).

1980: a) Tecnica: dialettica della prassi psicoanalitica. Torino: Boringhieri.

b) (mit Paul Parin und Goldy Parin-Matthèy): Fear Thy Neighbor as Thyself. Psychoanalysis and Society among the Anyi of West Africa. Chicago and London: The University of Chicago Press.

c) Homosexualität. In: Sigusch, Volkmar (Hg.): Therapie sexueller Störungen. 2. Neubearbeitete und erweiterte Auflage. Stuttgart. New York: Georg Thieme Verlag. 329–367.

1981: a) Technik. Zur Dialektik der psychoanalytischen Praxis. 2. Auflage. Frankfurt am Main: Syndikat Verlag.

b) Brief an Heinz Kohut. In: Journal Nr. 4, Psychoanalytisches Seminar Zürich. 3–5.

1982: a) (mit Paul Parin & Goldy Parin-Matthèy): Temi il prossimo tuo come te stesso. Milano: Feltrinelli.

b) (mit Paul Parin & Goldy Parin-Matthèy): Unsere Vorstellungen von normal und anormal sind nicht auf andere Kulturen übertragbar. In: Heinrichs, Hans-Jürgen (Hrsg.): Das Fremde verstehen. Frankfurt/Main: Qumran. 31–50.

c) (mit Paul Parin & Goldy Parin-Matthèy): Reply to D. Paul Lumsden Review. In: Journal of Psychoanalytic Anthropology, 5, 4, 404–418.

d) L'Omosessualitá. In: Psicoterapia e Scienze Umane, 16, 1, 1982, 4–37.

1983: a) (mit Paul Parin & Goldy Parin-Matthèy): Die Weissen denken zuviel. Psychoanalytische Untersuchungen bei den Dogon in Westafrika. 3., überarbeitete Auflage. Mit einem neuen Vorwort der Autoren. Frankfurt/Main: Fischer Taschenbuch Verlag.

b) Einleitung: Zur Taschenbuchausgabe 1985. In: Psychoanalytisches Seminar Zürich (Hrsg.): Die neuen Narzissmustheorien: Zurück ins Paradies? Frankfurt am Main: Syndikat Verlag. 7–12.

c) Sexualität und Psychoanalyse. In: Dannecker, Martin und Volkmar Sigusch (Hg.): Sexualtheorie und Sexualpolitik. Ergebnisse einer Tagung. Stuttgart: Enke Verlag. 20–38.

1984: a) (mit Florence Weiss & Marco Morgenthaler): Gespräche am sterbenden Fluß. Ethnopsychoanalyse bei den Iatmul in Papua Neuguinea. Frankfurt/Main: Fischer Taschenbuch Verlag.

b) Homosexualität Heterosexualität Perversion. Frankfurt/Main, Paris: Qumran.

c) Das Fremde verstehen. In: Morgenthaler, Fritz/Florence Weiss & Marco Morgenthaler (1984) Gespräche am sterbenden Fluß. Ethnopsychoanalyse bei den Iatmul in Papua Neuguinea. Frankfurt/Main. Fischer Taschenbuch Verlag. 9–16.

d) Sessualitá e Psicoanalisi. In: Psicoterapia e Scienze Umane 18, 2, 3–28.

1985: a) Diagnostica del sogno. Il significato dei punti di vista formali e strutturali. In: Psicoterapia e Scienze Umane 19, 1, 7–26.

1986: a) Der Traum. Fragmente zur Theorie und Technik der Traumdeutung. Mit Zeichnungen des Autors. Frankfurt am Main.. Paris: Edition Qumran im Campus Verlag.

1987 : a) (mit Florence Weiss & Marco Morgenthaler): Conversations au bord du fleuve mourant. Ethnopsychanalyse chez les Iatmouls de Papouasie/Nouvelle

Guinée. Préface de George Balandier. Traduit de l'allemand par Monique Picard. Carouge-Genev: Editions Zoe.

b) Homosexualität, Heterosexualität. Perversion. Frankfurt am Main: Fischer Taschenbuch Verlag. Neuausgabe 1984.

c) Un sogno come mezzo di prova. In: Psicoterapia e Scienze Umane, 21, 2, 3–24.

1988: a) Homosexuality, Heterosexuality, Perversion. With an introduction by Werner Muensterberger. Hillsdale. Hove & London: The Analytic Press.

1989: a) (mit Paul Parin & Goldy Parin-Matthèy): Die Weissen denken zuviel. Psychoanalytische Untersuchungen bei den Dogon in Westafrika. 3., überarbeitete Auflage. Mit einem neuen Vorwort der Autoren. Frankfurt/Main: Fischer Taschenbuch Verlag.

1990: a) Der Traum. Fragmente zur Theorie und Technik der Traumdeutung. Frankfurt am Main. New York: Campus Verlag.

1991: a) Technik. Zur Dialektik der psychoanalytischen Praxis. Hamburg: Europäische Verlagsanstalt.

1993: a) (mit Paul Parin und Goldy Parin-Matthèy): Die Weissen denken zuviel. Psychoanalytische Untersuchungen bei den Dogon in Westafrika. Mit einem neuen Vorwort von Paul Parin und Goldy Parin-Matthèy. Hamburg: Europäische Verlagsanstalt.

1994: a) Homosexualität Heterosexualität Perversion. Frankfurt am Main. New York: Campus Verlag. 1997

a) (mit Goldy Parin-Matthèy & Paul Parin): Unsere Vorstellungen von normal und anormal sind nicht auf andere Kulturen übertragbar. In: Heinrichs, Hans-Jürgen (Hg.): Das Fremde verstehen. Giessen: Psychosozial Verlag, 33–50.

2000: a) L'omosessualitá. In: Bassi, Fabiano & Pier Francesco Galli (eds.): L'omosessualitá nella osicoanalisi. Piccola Biblioteca Einaudi. Nuova Serie. Psicologia. Psicoanaiisi. Psichiatria. Torino 2000. 167–208.

2001: a) Der Traum vom Zauberer. In: Werkblatt 46, 18, 1, 6–8.

2004: a) Homosexualität, Heterosexualität, Perversion. Mit einem Vorwort von Hans-Jürgen Heinrichs und einem biographischen Nachwort von Paul Parin. Gießen: Psychosozial-Verlag. Neuausgabe 1994.

b) Der Traum. Fragmente zur Theorie und Technik der Traumdeutung. Gießen: Psychosozial-Verlag. Neuausgabe 1990.

c) Paul Parin: Psychoanalyse, Ethnopsychoanalyse, Kulturkritik. 245 Veröffentlichungen auf CD-ROM. Hg. von Johannes Reichmayr, Willem van den Broek & Michael Reichmayr. Gießen (Psychosozial-Verlag).

Diese CD-ROM enthält alle Gemeinschaftsarbeiten von Fritz Morgenthaler mit Paul Parin bzw. mit Paul Parin und Goldy Parin-Matthèy.

2005: a) Technik. Zur Dialektik der psychoanalytischen Praxis. Gießen: Psychosozial-Verlag. Neuausgabe 1978.

b) Psychoanalyse, Traum, Ethnologie. Vermischte Schriften. Hrsg. von Judith Valk. Gießen: Psychosozial-Verlag.

c) Per un pugno di colori. Ein Takagol. Zeichnungen, Aquarelle und Ölbilder. Hrsg. von Jan und Marco Morgenthaler. Gießen: Psychosozial-Verlag.

Archiv: »Technisches Seminar« (1974), 7 Tonbandkassetten und »Traumseminar« (1983), 1 Tonbandkassette, befinden sich in der Kassettothek des Psychoanalytischen Seminars Zürich.

Editorische Notizen

Lebenslauf

von Paul Parin
In: Lautmann, Rüdiger (Hg.): Homosexualität.
Campus-Verlag: Frankfurt/New York, 1993.

Brief an Heinz Kohut

Einleitung zur Taschenbuchausgabe vom PSZ (Hrsg.):
Die neuen Narzissmustheorien: Zurück ins Paradies?
Frankfurt am Main, Syndikat 1983: 7–12.

Ein Traum-Seminar mit Morgenthaler in Italien

Anfang der achtziger Jahre; *unveröffentlicht.*

Übertragungs- und Widerstandsmechanismen in der Psychoanalyse

Darstellung einer Analyse.
In: Schweiz. Z. für Psychologie und ihre Anwendungen, 1951, 10, 2, 116–135 und 10, 3, 185–200.

Mischneurose und psychosomatische Krankheit

Die doppelt geführte Reaktionsbildung.
In: Schweiz. Z. für Psychologie und ihre Anwendungen, 11,33–45.
Bearbeitet nach einem Referat am Internationalen Kongress für Psychoanalyse, Aug. 1951, Amsterdam.

Vater und Sohn

(Père et Fils)
Analyse eines klinischen Falls.
Vortrag Schweiz. Ges. für Psychoanalyse, 26.1.1952.
In: Auszug aus der Revue Psyché (Paris) 7, Ausgaben 65–67, März/April/Mai 1952. 7, 65: S. 204–215; 7,66: S. 297–302; 7,67: S. 343–356.

Exhibitionismus

(o. J.) Kasuistisches Beispiel; *unveröffentlicht.*

Psychodynamische Aspekte der Abwehr mit Kommentaren zur Behandlungsmethode von Zwangsneurosen

(Psychodynamic Aspects of Defense with Comments on Technique in the Treatment of Obsessional Neurosis)
Erstveröffentlichung in englisch im International Journal of Psycho-Analysis 47, 1966, No. 2/3, 5: S. 204–209.

Wüste, Savanne, Urwald

Notizen von einer Autoreise durch die Sahara nach Westafrika.
In: DU, Schweiz. Monatsschrift 1955, 15, Nr. 10, Oktober, 44.
Ölkreidezeichnungen von Fritz Morgenthaler.

Initiation und Introjektion

Vortrag, gehalten in der Schweizerischen Gesellschaft für Psychoanalyse, am 28. September 1957; *unveröffentlicht.*

Geschützter Raum, Zeichen und Symbol

(Shelter, Sign and Symbol)
In: Oliver, P. (Hrsg.), London.
Beitrag zu einem Architekturprojekt von A. van Eyck:
»A Miracle of Moderation«, Ecology of Design, Arts University of Pennsylvania.

Psychoanalytische Ausbildung heute

Bulletin (Schweiz. Gesellschaft für Psychoanalyse) Nr. 8, Winter 1968/69, 1–2.

Memorandum über Ziel, Sinn und Organisation des Seminars

1970 Mit diesem Text hat Fritz Morgenthaler die Institutionskritik und die Demokratisierungsinitiative der Zürcher Ausbildungsteilnehmer an der Jahresversammlung der Schweiz. Gesellschaft für Psychoanalyse im Januar 1970 vertreten und unterstützt; *unveröffentlicht.*

Werkverzeichnis der Arbeiten von Fritz Morgenthaler

Aus dem Internet: www.chambre.at/lex-epsa.

2004 · 205 Seiten · Broschur
EUR (D) 19,90 · SFr 34,90
ISBN 3-89806-253-8

Sexuelles an sich, in welcher Form auch immer, kann nach Morgenthaler niemals krankhaft sein. Bei der Heterosexualität hat man dies auch nie angenommen. Entgegen vieler noch immer aktueller Theorien, die die Homosexualität als einen Defekt begreifen, der – z. B. mit Hilfe der Gentechnologie – über kurz oder lang behebbar sein wird, geht Morgenthaler den gesellschaftlichen und theoretischen Missverständnissen nach, die zur Pathologiesierung der Homosexualität und Perversion geführt haben. Der Band vereinigt die wichtigsten Beiträge des Autors zu diesem Thema.

»Morgenthaler gelingt es, die psychoanalytische Terminologie zum Leben zu erwecken. In seinen farbigen, präzisen Bildern schimmert die Lebendigkeit des Untersuchungsgegenstandes durch.«

Psycho-Analyse

P⧈V
Psychosozial-Verlag

www.ingramcontent.com/pod-product-compliance
Ingram Content Group UK Ltd.
Pitfield, Milton Keynes, MK11 3LW, UK
UKHW040024200726
13854UKWH00001B/341

9 783898 064712